W0040641

Oliver Hilmes
Schattenzeit

OLIVER HILMES

Schattenzeit

Deutschland 1943:
Alltag und Abgründe

Siedler

Klimaneutral*
Druckprodukt
ClimatePartner.com/14044-1912-1001

MIX
Papier | Fördert
gute Waldnutzung
FSC® C014496
FSC
www.fsc.org

Penguin Random House Verlagsgruppe FSC® N001967

1. Auflage
Copyright © 2023 by Siedler Verlag, München,
in der Penguin Random House Verlagsgruppe GmbH,
Neumarkter Straße 28, 81673 München
Umschlaggestaltung: FAVORITBUERO, München
Umschlagabbildung: Charlie Davis
Satz: KCFG–Medienagentur, Ness
Druck und Bindung: GGP Media GmbH, Pößneck
Printed in Germany
ISBN 978-3-8275-0159-2
www.siedler-verlag.de

Jemand musste Josef K. verleumdet haben,
denn ohne dass er etwas Böses getan hätte,
wurde er eines Morgens verhaftet.

Franz Kafka, *Der Prozess*

Inhalt

Ende Januar 1943 kommt der Film Casablanca
in die amerikanischen Kinos. In den Hauptrollen:
Ingrid Bergman und Humphrey Bogart.
»Spiel's noch einmal, Sam!«

Stalingrad

Karlrobert Kreiten ist ein ungewöhnlich ruhiges Kind. Wenn andere Kinder auf dem Trottoir spielen oder im Garten herumtollen, hockt er am liebsten still und ruhig im elterlichen Musiksalon direkt unter dem großen Konzertflügel des Vaters. Oft stundenlang. Nicht, dass er dazu gezwungen würde, ganz im Gegenteil. Den Eltern wäre es vermutlich recht, wenn sich ihr Sohn lebhafter zeigte. Nein, der kleine Karlrobert tut dies freiwillig, denn die Musik ist für ihn die beste Geschichtenerzählerin, die er sich denken kann. Und Musik erklingt bei den Kreitens eigentlich immer: Entweder spielt Vater Theo Klavier, oder er komponiert, oder Mutter Emmy singt, oder Freunde sind zu Gast und musizieren auf ihren mitgebrachten Instrumenten. Oft passiert all das auch gleichzeitig – dann sind die Geschichten, denen Karlrobert unter dem Flügel hockend lauscht, besonders spannend, und er träumt sich in andere Welten.

Die Kreitens sind eine richtige Künstlerfamilie. Emmy stammt aus dem Eifeldorf Mayen in der Nähe von Koblenz und hat in Saarbrücken Gesang studiert. Dort lernt sie den sieben Jahre älteren Theo kennen und lieben; die beiden heiraten 1913 und lassen sich zunächst in Bonn nieder. Schon rein äußerlich erinnert Theo an einen zerstreuten

Professor: schmales Gesicht, hohe Stirn, die leicht gelockten Haare stehen wie elektrisch geladen in alle Himmelsrichtungen ab. Ist Emmy von zupackender Natur und nahezu unerschöpflicher Vitalität, erscheint ihr Mann eher ruhig und in sich gekehrt. 1916 wird Karlrobert geboren, zwei Jahre später seine Schwester Rosemarie. In dieser Zeit zieht die Familie von Bonn nach Düsseldorf, wo Theo eine Anstellung als Klavierlehrer am Konservatorium findet.

Das emotionale Zentrum der Familie ist Emmys Mutter Sophie, die 1871 als Kind französischer Eltern in Spanien zur Welt kam. Sophie ist früh verwitwet und lebt seither bei Emmy und Theo. Sie spricht mit ihren Enkeln Französisch und bringt Weltläufigkeit und Eleganz nach Düsseldorf. Karlrobert und Rosemarie lieben Sophie und nennen sie zärtlich »Grand'maman«. Oft reist sie mit den Kleinen auch nach Frankreich, wo Verwandte leben. Überhaupt sind die Kreitens ein europäischer Clan, denn Vater Theo ist niederländischer Staatsbürger. Doch das spielt für sie keine Rolle. Man interessiert sich nicht sonderlich für Politik.

✳

Zu Beginn des Jahres 1943 gibt es nicht wenige Musikfreunde, die in dem inzwischen sechsundzwanzigjährigen Karlrobert Kreiten einen der vielversprechendsten Musiker seiner Generation erblicken. Der kleine Junge unter dem Flügel ist wie sein Vater Pianist geworden und hat sich bereits einen Namen gemacht. Wenn Karlrobert seinen bisherigen Werdegang Revue passieren lässt, kann ihm schon etwas schwindelig werden. Mit sechzehn Jahren gewann er 1933 den vom preußischen Staat gestifteten Mendelssohn-

Preis. Zwei Jahre später ging er nach Wien, um bei der berühmten Hedwig Kanner-Rosenthal zu studieren. Als seine Lehrerin wegen ihrer jüdischen Abstammung Wien verlassen musste und in die Vereinigten Staaten emigrierte, versuchte sie, Karlrobert zu überreden, ihr zu folgen. »Ich habe das Gefühl, dass Du in U.S.A. einschlagen würdest«, schrieb sie ihm. Doch Karlrobert winkte ab. Er wollte seine Karriere lieber in Europa fortsetzen, darüber hinaus hing er sehr an seiner Familie, die er nicht verlassen mochte. Und so kam er Ende 1937 schließlich nach Berlin, wo er seine Ausbildung bei dem weltbekannten chilenischen Pianisten Claudio Arrau fortsetzte. Für Arrau ist Karlrobert das größte Talent, das ihm jemals begegnet ist.

Schnell fasst Karlrobert im Berliner Musikleben Fuß, seine jährlichen Klavierabende in der Philharmonie sind stets ausverkauft. Wenn er sich an den Flügel setzt und mit atemberaubender Virtuosität Franz Liszts Klaviersonate h-Moll, akrobatische Stücke von Igor Strawinsky oder Sergej Prokofjews diabolische Toccata über die Tasten wuchtet, liegen ihm das Publikum und anderntags das Feuilleton zu Füßen. Neben seinem musikalischen Können kommt ihm dabei auch sein attraktives Äußeres zugute: Mit dem dezent gelockten Haar und der modischen Hornbrille sieht er aus wie ein Filmstar der Ufa. Nicht wenige junge Frauen himmeln ihn regelrecht an. Eine von ihnen ist Elisabeth Stützel, die von allen nur Anneli genannt wird. Die Achtzehnjährige ist die Tochter eines Düsseldorfer Freundes der Familie Kreiten und schwärmt sehr für den acht Jahre älteren Karlrobert. Doch der Funke scheint bislang noch nicht übergesprungen zu sein. Das liegt wohl auch daran, dass Karlrobert im

Grunde nur Musik im Kopf hat. Für eine Freundin ist daneben – vorerst – kein Platz.

Rosemarie, Karlroberts zwei Jahre jüngere Schwester, ist hingegen seit knapp drei Jahren mit Bruno Musolf verheiratet. Das Paar hat auch schon einen kleinen Sohn, Edgar, der oft bei den Großeltern Emmy und Theo Kreiten ist. Rosemarie würde gerne einmal eine richtige Schauspielerin werden. Derzeit hält sie sich regelmäßig zur Truppenbetreuung an der Ostfront auf und hat wenig Zeit, sich um den Kleinen zu kümmern.

Anfang 1943 befindet sich das Deutsche Reich seit über drei Jahren im Krieg. Nach anfänglichen Erfolgen waren die Kämpfe mit dem von Adolf Hitler befohlenen Überfall auf die Sowjetunion im Juni 1941 in eine neue Phase getreten. Das »Unternehmen Barbarossa« scheiterte allerdings bereits im Winter des Jahres, als der Angriff auf Moskau wegen arktischer Temperaturen von bis zu minus 50 Grad Celsius zum Erliegen kam. Damit endete die Serie der deutschen Blitzsiege, und die Wehrmacht verlor bis Ende Januar 1942 rund ein Drittel ihrer Soldaten. Hitlers bisher größte Niederlage zeichnet sich freilich nun, ein Jahr später, in der Stadt Stalingrad ab, wo seit November 1942 rund 230 000 Soldaten von der Roten Armee eingekesselt sind. Da Karlrobert dank seines Vaters ebenfalls die niederländische Staatsangehörigkeit besitzt, hat man ihn noch nicht eingezogen. So darf er weiterhin reisen und Konzerte spielen. Seine Karriere kennt nur eine Richtung – nach oben.

Manchmal kann er das alles selbst gar nicht glauben. Obwohl er noch so jung ist, wird sein Name bereits in einem Atemzug mit Walter Gieseking und Vladimir Horowitz genannt. Als Karlrobert und eine Freundin sich kürzlich darüber unterhielten, was die Zukunft wohl für sie bereithalte, nahm er nur zum Spaß ein Buch über die Kunst des Handlesens aus dem Bücherregal, das er dort zufällig entdeckt hatte. Lachend blätterten die beiden in dem Schmöker, verglichen ihre Handinnenseiten mit den Zeichnungen und lasen die entsprechenden Deutungen. Plötzlich stutzte Karlrobert:»Meine Lebenslinie bricht jäh ab, ich muss demnach jung sterben.«

*

Etwa 9000 Kilometer Luftlinie von Berlin entfernt liegt Pacific Palisades. Genau genommen ist Pacific Palisades ein Stadtteil von Los Angeles, doch wer hier lebt, bekommt vom Trubel der Westküstenmetropole nicht viel mit. Dieses wunderschöne Fleckchen Erde – ruhig, mit mildem Klima und immergrüner Vegetation – ist eine vornehme Gegend und geprägt durch ein Labyrinth kleiner, verwinkelter und kurvenreicher Straßen. Seitdem sich dort zahlreiche deutschsprachige Emigranten niedergelassen haben, erinnert »The Palisades« ein wenig an Schwabing unter Palmen. Am San Remo Drive Nummer 1550 leben seit gut einem Jahr die Eheleute Thomas und Katia Mann.

Der Literaturnobelpreisträger und seine Frau sind Liebhaber der ernsten Musik. Der Name Karlrobert Kreiten ist ihnen allerdings kein Begriff, was nicht verwunderlich ist: Als die Manns Deutschland im Februar 1933 verlassen mussten, war Karlrobert erst sechzehn Jahre alt. Mit Vorliebe legt Thomas Mann zu vorgerückter Stunde eine Schallplatte aus seiner umfangreichen Sammlung auf das Grammofon. Zu seinen bevorzugten Komponisten gehören Richard Wagner, Robert Schumann, Claude Debussy und Ludwig van Beethoven. Auch den gestrigen Nachmittag hätte der Schriftsteller wohl am liebsten mit Musikhören verbracht, doch bedauerlicherweise waren er und Katia in der Nachbarschaft auf einen Cocktail bei Mr und Mrs Thomas eingeladen: »er sehr dumm und unsympathisch; ein weiteres Ehepaar. Überflüssig.«

Heute nun, am Neujahrstag 1943, arbeitet Thomas Mann nach dem Frühstück am Schlusskapitel seines neuen Buches *Joseph, der Ernährer*, das die Romantrilogie *Joseph und seine Brüder* abschließen wird. Die Veröffentlichung ist im weiteren Verlauf des Jahres geplant. Nach dem Lunch liest er ausgiebig in der Wochenzeitschrift *The Nation*. In einem der vielen Artikel, die sich mit der Lage in Europa befassen, wird der deutsche Propagandaminister Joseph Goebbels zitiert: Wenn der Nationalsozialismus abtreten müsse, werde er die Tür hinter sich zuschlagen, dass der Welt Hören und Sehen vergehen werde. Thomas Mann schüttelt angewidert den Kopf und notiert in sein Tagebuch: »Wie dieser korrupte Schwindel sich wichtig nimmt.«

*

Heinrich Himmler, Reichsführer-SS und Chef der deutschen Polizei, erlässt am 6. Januar 1943 neue »Durchführungsbestimmungen für Exekutionen«: »Die Exekutionen sind an einem geeigneten, von außen nicht einzusehenden Orte (Steinbruch, Waldstück usw.) vorzunehmen. Innerhalb von Dörfern, Gehöften usw. werden sie nur in besonders bestimmten Ausnahmefällen vollzogen. Bei der Auswahl des

Exekutionsplatzes sind nach Möglichkeit die Anregungen des zuständigen Bürgermeisters und Ortsgruppenleiters sowie berechtigte Bedenken der Grundstückseigentümer zu berücksichtigen. Bei der Durchführung der Exekution ist die Öffentlichkeit auszuschließen, falls keine andere Weisung vorliegt. [...] Die Erhängung ist durch Schutzhäftlinge, bei fremdvölkischen Arbeitern durch Angehörige möglichst der gleichen Volksgruppe zu vollziehen. Die Schutzhäftlinge erhalten für den Vollzug je 3 Zigaretten. [...] Falls die Überführung der Leiche in das nächste Krematorium oder die nächste Anatomie nur unter großem Benzinverbrauch möglich ist, bestehen gegen die Beerdigung auf einem Judenfriedhof oder in der Selbstmörderecke eines großen Friedhofs keine Bedenken. Die entstehenden Kosten trägt die Geheime Staatspolizei.«

∗

»In einer Bäckerei wurde mir Brot verweigert«, vertraut Victor Klemperer am 6. Januar 1943 seinem Tagebuch an, »obschon das Verbot sich nur auf Weißgebäck bezieht – offenbar aus Angst und Dummheit, nicht aus Böswilligkeit der Verkäuferin –, es war aber doch bitter für mich.« Klemperer war einmal ein angesehener Romanist, der seit 1920 in Dresden als Professor an der Technischen Hochschule lehrte, bis er 1935 wegen seiner jüdischen Abstammung entlassen wurde und fortan nicht mehr publizieren durfte. Wurde er früher respektvoll mit »Herr Professor« angesprochen, behandelt man ihn heute wie einen Aussätzigen. Seit Ende 1938 darf Klemperer keine Bibliotheken mehr benutzen, und zwei Jahre später mussten er und seine Frau Eva –

die Eheleute sind seit 1906 verheiratet – ihr Eigenheim in Dölzschen bei Dresden verlassen und in ein sogenanntes Judenhaus ziehen.

Dass Eva Klemperer nicht jüdischer Herkunft ist und die beiden nach den Gesetzen des »Dritten Reiches« in einer »Mischehe« leben, bedeutet für den einundsechzigjährigen Victor einen gewissen Schutz vor den Deportationen. Doch wie lange noch? Bereits beim Aufwachen fragt er sich: »Werden ›sie‹ heute kommen?«»Sie« – das ist die Geheime Staatspolizei, die Gestapo. Klemperer weiß aus Erfahrung, dass es gefährliche und weniger gefährliche Tage gibt. Freitag ist ein gefährlicher Tag, da Juden dann besonders streng kontrolliert werden. Die Gestapo glaubt, dass sie verbotene Besorgungen für das Wochenende erledigen. Klingelt es an der Türe, hält er den Atem an: Sind »sie« es? Oder ist es nur die Briefträgerin? Doch was bringt die Postbotin? Eine Vorladung? Autos rollen über das Kopfsteinpflaster. Sind »sie« es? Stürmen »sie« gleich die Treppe herauf, um ihn abzuholen? In jedem Auto, auf jedem Fahrrad und in jedem Passanten vermutet Klemperer die Gestapo. Immerwährende Angst: »Mir fällt ein, ich habe die Mappe eben unter dem linken Arm getragen – vielleicht war der Stern verdeckt, vielleicht hat mich einer denunziert.«

Der Vorfall in der Bäckerei ist für Klemperer ein weiteres Kapitel in der langen Geschichte der Entrechtung und Verfolgung der Juden durch die Nationalsozialisten. Klemperer notiert diese Begebenheit in sein Tagebuch, wie er überhaupt nahezu alles aufschreibt, was er tagein, tagaus hört, erlebt und beobachtet. Die Zeitungslektüre, ein im Vorbeigehen aufgeschnapptes Gespräch auf der Straße, der fehlerhafte Umgang mit Fremdwörtern in der Rede eines führenden Nationalsozialisten – kein Detail ist ihm zu unbedeutend. Um das »Dritte Reich« zu verstehen, so Klemperers Überzeugung, müsse man seine Sprache begreifen: »Was jemand willentlich verbergen will, sei es nur vor andern, sei es vor sich selber, auch was er unbewusst in sich trägt: die Sprache bringt es an den Tag. Das ist wohl auch der Sinn der Sentenz: le style c'est l'homme; die Aussagen eines Menschen mögen verlogen sein – im Stil seiner Sprache liegt sein Wesen hüllenlos offen.«

Victor Klemperer hat einen Plan: Er will einmal ein Buch über die Sprache des »Dritten Reiches« schreiben, will die Monstrosität dieses Regimes anhand seiner Sprache entlarven: »Das ist mein Heldentum. Ich will Zeugnis ablegen, und exaktes Zeugnis!« Doch bis dahin ist es noch ein weiter Weg – Klemperer muss zunächst den heutigen Tag überleben. Der Titel des neuen Buches steht indes bereits fest: *LTI – Lingua Tertii Imperii.*

*

Die Dame war einmal eine Zeitschrift für den verwöhnten Geschmack. Ihre Leserinnen galten als modern und mondän, emanzipiert und elegant, klug und extravagant. Manche hielten sich aber auch nur dafür, doch das tut nichts zur Sache. In den Zwanzigerjahren war *Die Dame* so etwas wie ein gedruckter Salon. Für das Journal arbeiteten damals Autoren und Künstler wie Kurt Tucholsky, Hannah Höch, Carl Zuckmayer, Tamara de Lempicka, Joachim Ringelnatz, Bertolt Brecht und Vicki Baum. Arthur Schnitzlers *Traumnovelle* wurde hier 1925 erstmals veröffentlicht. Doch das ist

lange her. Nun, im Januar 1943, druckt *Die Dame* Kleidungs-
empfehlungen für die Frau im Krieg: »Jäckchen zu jeder
Tageszeit sind eine hübsche, modische Ergänzung des Klei-
des, die viel Anklang finden wird, da sie sehr praktisch ist
und fast stets aus gebrauchten Kleidungsstücken hergestellt
werden kann. Diese Jäckchen geben dem Kleid etwas Ferti-
ges, auch für die Straße ›Angezogenes‹ und sind zudem ein
angenehmer Wärmespender. Aus jeglichem Material werden sie hergestellt; sie sind kurz und haben meist ein kleines
abstehendes Schößchen.«

✳

»An der Wolga ist es Scheiße«, schreibt August Eberl seiner
Mutter Anfang Januar von der Ostfront. »Der dumme Russe,
warum macht er nicht Schluss? Seit Kurzem rauch ich ein
wenig und wenn es gibt, sauf ich viel Schnaps, alles, warum? Weil ich langsam dumm werd.« Der Fünfundzwanzig-
jährige gehört zu den über 200 000 deutschen Soldaten der
6. Armee und der 4. Panzerarmee, die Ende November von
sowjetischen Streitkräften in der Stadt Stalingrad eingeschlossen worden sind. Seither sitzen Eberl und seine Kameraden in der Falle.

Kälteschutzkleidung, die die Soldaten vor dem strengen
Frost geschützt hätte, ist Mangelware. Ebenso erweist sich
die Versorgung mit Lebensmitteln als völlig unzureichend.
Hermann Göring, Chef der deutschen Luftwaffe, will den
Kessel mithilfe einer Luftbrücke versorgen. Doch an keinem
Tag ist es bislang gelungen, die Mindestmenge von 500 Ton-
nen einfliegen zu lassen. Die Männer sind halb verhungert
und entsprechend entmutigt. In ihrer Not schlachten sie

massenhaft ihre eigenen Pferde, die sie eigentlich dringend bräuchten, und kochen selbst die Hufe der Tiere aus.

Beide Seiten kämpfen mit unerbittlicher Härte, da Stalingrad für Hitler wie für Stalin gleichermaßen von hoher strategischer Bedeutung ist. Nachdem Hitler im November den Fall der Stadt vorhergesagt hat, befürchtet er, bei einem Rückzug als Verlierer dazustehen. Stalin wiederum kann die Industriemetropole schon allein deshalb nicht aufgeben, weil sie seit 1925 seinen Namen trägt. Und so gehen die Scharmützel weiter – Straße für Straße, Haus für Haus, Mann für Mann. Stalingrad gleicht derweil einem apokalyptischen Schlachtfeld, das von Toten übersät ist. In den Straßen liegen gefallene Deutsche und Russen nebeneinander, dazwischen die Kadaver verendeter Tiere. Die Ruinen der zerbombten Häuser ragen wie flehende Hände in den Himmel. Auf der sowjetischen Seite sind die Verluste immens. Alle 20 Sekunden stirbt in der Stadt ein sowjetischer Kämpfer. Einfache Soldaten, die dort zum Einsatz kommen, überleben im Schnitt höchstens einen Tag, Unteroffiziere zwei und Offiziere drei Tage. Bataillonskommandeure überstehen in der Regel sieben, Regimentskommandeure etwa 20 Tage. Auch die Deutschen müssen gewaltige Verluste beklagen. Manche Einheiten haben während der Gefechte bis zu 90 Prozent ihrer Soldaten verloren. Insgesamt hat die 6. Armee 70 000 Mann, 1000 Panzer und 1400 Flugzeuge eingebüßt.

Am 10. Januar 1943 beginnen die sowjetischen Truppen mit einer Großoffensive gegen die im Kessel eingeschlossenen Truppen. Stalin hat die Vernichtung der 6. Armee befohlen. In den nächsten Tagen soll der Ring um den Stadtkern von Stalingrad immer enger gezogen werden. Damit ist das Schicksal der deutschen Soldaten besiegelt. Und Hitler? »Eine Kapitulation der 6. Armee ist schon vom Standpunkt der Ehre aus nicht möglich«, lässt der Diktator seine Männer wissen. Manche Soldaten klammern sich an vage Heilsversprechen –»Drum haltet aus, der Führer haut uns raus!« –, doch die Mehrzahl der Kämpfer hat jeden Lebensmut verloren.

*

Anweisungen der Pressekonferenz der Reichsregierung, 10. Januar 1943: »Die Geburtstagsartikel für Göring und Rosenberg sollen in der vorgesehenen Form nicht vor dem 12.1. gebracht werden. Meldungen über die Geburtstagsfeierlichkeiten und den Verlauf des Tages sind nicht zu bringen. Es sei denn, dass eine amtliche Meldung über dnb [Deutsches Nachrichtenbüro] kommt, die dann nur im Innern der Blätter zu veröffentlichen ist. Bilder des Reichsmarschalls und Rosenbergs sollen auf der ersten Seite gebracht werden, wobei das Bild des Reichsmarschalls etwas in den Vordergrund zu stellen ist.«

*

Hermann Göring wird heute fünfzig Jahre alt. Als ob er sich selbst daran erinnern müsste, hat er mit dickem Federstrich unter dem Datum des 12. Januar 1943 in seinen Terminkalender das Wort »Geburtstag« notiert. Göring ist Stellvertreter Hitlers; sollte diesem etwas zustoßen, würde Göring an dessen Stelle treten. Darüber hinaus beansprucht Göring seit 1933 eine Vielzahl weiterer Ämter: Preußischer Minister des Innern, Preußischer Ministerpräsident, Präsident des Preußischen Staatsrates, Präsident des Reichstags, Reichsforstmeister, Reichsjägermeister, Präsident des Reichsforschungsrats, Reichsluftfahrtminister, Präsident des Reichsluftschutzverbandes, Generaloberst, Generalfeldmarschall, Oberbefehlshaber der Luftwaffe, Reichskommissar für Rohstoffe und Devisen, Vorsitzender des Zentralen Planungsamts, Beauftragter für den Vierjahresplan und ein paar andere mehr. Für jedes Amt bezieht Göring ein separates Gehalt, und für jede Tätigkeit besitzt er eigene Uniformen, die er persönlich entwirft. Mal erscheint er ganz in Weiß, mal in Hellblau. Als Reichsmarschall, wozu Hitler ihn im Sommer 1940 ernannt hat, trägt er einen Marschallstab aus Elfenbein, Gold und Brillanten.

Die Vielzahl der Ämter und der Prunk der Lebensführung stehen in einem krassen Gegensatz zu Görings tatsächlicher Macht. Seit der Luftschlacht um England ist sein Einfluss im Sinkflug begriffen. Als die britische Royal Air Force im März und April 1942 zunächst Lübeck und Rostock und dann Ende Mai mit über 1000 Bombern Köln angriff und dabei große Teile der Domstadt in Schutt und Asche legte, verschlechterte sich das ohnehin bereits angespannte Verhältnis von Hitler und Göring weiter. Hitler reagiert auf Görings »Versagen«, indem er ihn nach und nach entmachtet. Andere, wie Albert Speer, der Lieblingsarchitekt des »Führers«, treten an seine Stelle. Spätestens seit Mitte 1942 verfügt Hermann Göring über keinen nennenswerten Einfluss mehr auf die deutsche Politik und Kriegsführung. Dass der Reichsmarschall nun auch sein großspuriges Versprechen, die in Stalingrad eingeschlossenen Soldaten aus der

Luft versorgen zu wollen, nicht halten kann, ist dann endgültig zu viel. Ganz auf Göring verzichten mag Hitler indes nicht. Göring ist im Volk beliebt, zudem befürchtet Hitler, dass die Amtsenthebung eines langjährigen Weggefährten von den deutschen Kriegsgegnern als Schwäche gedeutet werden könnte.

Der Reichsmarschall flüchtet ins Private, unternimmt monatelange Urlaubs- und Jagdreisen, lässt in halb Europa Kunstwerke rauben und gefällt sich in der Rolle eines Renaissancemenschen. In seiner pompösen Residenz Carinhall nördlich von Berlin führen er, Gattin Emmy und Töchterchen Edda ein Leben im Luxus. Alles in allem kümmern sich jeden Tag gut 150 Personen um das Wohl und die Sicherheit der Görings, darunter ein Haushofmeister, eine Hauswirtschafterin, drei Köche, zehn Putzfrauen, drei Küchenmädchen, eine Kinderschwester, zwei Zofen, eine Lehrerin, ein Tischler, ein Hausbursche, ein Maschinenmeister, ein eigener Postbeamter, zwei Heizer, vier Gärtner, ein gesonderter Gärtner, der jeden Tag frische Blumen aus Berlin bringt, ein Masseur, ein Elektriker, eine Bibliothekarin und zwei Sekretärinnen. Hinzu kommen zahllose Wachmänner, mehrere Kriminalbeamte sowie ein zehnköpfiger Löschzug der Berliner Feuerwehr.

Wochenlang hat sich Göring mit fast nichts anderem als seinen Geburtstagsvorbereitungen beschäftigt. Die Feierlichkeiten beginnen am Vorabend des 12. Januar mit einer Galavorstellung im Schauspielhaus am Gendarmenmarkt. Gustaf Gründgens, seit Herbst 1934 Intendant des Preußischen Staatstheaters, hat zu Görings Ehren Teile aus Heinrich von Kleists *Prinz Friedrich von Homburg* sowie den fünften Akt aus William Shakespeares *Sommernachtstraum* inszeniert. Zu den Künstlern, die er für diese einmalige Aufführung dienstverpflichtet hat, zählen neben Stars wie Heinz Rühmann, Theo Lingen, Gustav Knuth, Victor de Kowa, Bernhard Minetti und Werner Krauß auch Schauspielerinnen der jüngeren Generation: Lola Müthel, Antje Weisgerber, Käthe Gold sowie Gründgens Ehefrau Marianne Hoppe. In der Pause zwischen den beiden Werken bittet der Jubilar seine Gäste zum Souper in das Foyer des Hauses. Zum Roastbeef, das von Görings Lieblingsrestaurant Horcher stammt, lässt er Champagner servieren.

Am Geburtstag selbst setzt sich das Spektakel nahtlos fort. Göring hat gut 160 Gäste aus Politik, Wirtschaft und Gesellschaft zu einem festlichen Essen in sein Palais im Garten des Reichsluftfahrtministeriums eingeladen. Den vormaligen Dienstsitz des Preußischen Handelsministers hat Göring von Albert Speer zu Wohnzwecken pompös umgestalten lassen. Unter anderem wurden im Erdgeschoss zahlreiche Wände herausgerissen, um so vier große Säle zu erhalten. Görings Arbeitszimmer allein misst 140 Quadratmeter. Im weitläufigen Park um die Villa finden sich ein Tennisplatz, der allerdings ungenutzt bleibt – der Hausherr ist nicht sportlich –, ein Teehaus sowie ein Schwimmbad.

Zu den Gratulanten gehört der berühmte schwedische Entdecker und Forschungsreisende Sven Hedin. Der Siebenundsiebzigjährige hält sich nur für kurze Zeit in Berlin auf, denn eigentlich ist er auf dem Weg nach München, wo er in den nächsten Tagen mit der Goldmedaille der Bayerischen Akademie der Wissenschaften sowie einer Ehrendoktorwürde der Universität München geehrt werden wird.

Im Palais werden Hedin und die anderen Gäste Zeugen einer kuriosen Darbietung. Die zahllosen Geschenke, die Göring erhalten hat, liegen in dessen Arbeitszimmer auf einem gewaltigen Tisch, der sich unter dem Gewicht der Gaben förmlich zu biegen scheint. In Gegenwart der Anwesenden schreitet Göring nun das Möbel ab und schaut sich in aller Ruhe jedes einzelne Präsent an. Immer wieder hört man ein »Oh« oder »Ah«, gelegentlich ruft er nach seiner Frau Emmy, um ihr etwas Bestimmtes zu zeigen.

Große Überraschungen dürften sich unter den Geschenken nicht befinden, denn Göring hat die Angewohnheit, seine Gäste Wochen vorher mehr oder weniger dezent wissen zu lassen, was er gerne hätte: wertvolle Bilder und Plastiken, Diamanten, Gobelins, Möbel oder edle Weine und Zigarren. So erging es auch Kurt Schmitt, dem Vorstandsvorsitzenden der Münchener Rückversicherungs-Gesellschaft, der von Görings Adjutanten Erich Gritzbach auf eine mittelalterliche Statue hingewiesen wurde, die dem Chef besonders gut gefalle. Schmitt kaufte die Antiquität zum Preis von 18 000 Mark.

August Rosterg, der Generaldirektor des Wintershall-Konzerns, erfüllt Göring einen besonders kostbaren Wunsch. Der zweiundsiebzigjährige Industrielle pflegt seit vielen Jahren beste Kontakte zu führenden Nationalsozialisten. Bereits 1932 forderte er die Ernennung Hitlers zum Reichskanzler, mit Heinrich Himmler ist er sogar befreundet. Rostergs Unternehmen, das neben dem Bergbau auch im Gas- und Ölgeschäft aktiv ist, profitiert von dieser Nähe zur Macht. Die Wintershall AG gilt als »kriegswichtig« und erhält regelmäßig Zwangsarbeiter zugeteilt. Rosterg ist bislang der NSDAP nicht beigetreten. Wer weiß, wie sich der Krieg entwickeln wird?

Für Görings runden Geburtstag hat der Herr Generaldirektor bei der französischen Manufaktur Hermès einen luxuriösen Picknickkoffer erstanden. Das edle Stück ist mit hochwertigem hellbraunem Leder bespannt, wobei auf dem Deckel das Monogramm des neuen Besitzers prangt: »H.G.« An den Seiten befinden sich kräftige Trageringe sowie starke Ledergurte mit vernickelten Schlössern. Das Innere wurde mit gestepptem Wildleder versehen. Doch damit nicht genug, hat Rosterg den Koffer mit einem Porzellanservice für acht Personen der Manufaktur Sèvres ausstatten lassen. Auf den Tellern, Schüsseln und Platten dominieren Jagdmotive wie handgemalte Darstellungen von Rebhühnern und Wildenten. Die Tellerspiegel zeigen in goldener Aufglasurmalerei das Familienwappen Görings. Auf den Rückseiten der Geschirrteile steht: »Dem Reichsmarschall des Großdeutschen Reiches Hermann Göring zu seinem 50. Geburtstag 12. Januar 1943«.

Adolf Hitler, der sich im Führerhauptquartier »Wolfsschanze« in Ostpreußen aufhält, lässt sich von Generalfeldmarschall Wilhelm Keitel vertreten. Im Auftrag des »Führers« übergibt Keitel dem Gastgeber eine mit Edelsteinen besetzte Kassette sowie einen handschriftlichen Brief. Göring öffnet mit feierlicher Geste den Umschlag und liest das Schreiben langsam durch. Dann geht er plötzlich hinter seinen Schreibtisch, setzt sich auf den ausladenden Sessel, dessen Rückenlehne ihn überragt, und studiert den Brief erneut. Auf einmal beginnt er vor aller Augen zu weinen. Tränen, die an große Perlen erinnern, kullern über sein wächsernes Gesicht. Doch es ist kein Schluchzen der Trauer, nein, Göring weint vor Ergriffenheit. Nachdem die sichtlich irritierten Gäste eine Zeit lang diesem Schauspiel beigewohnt haben, werden sie von einem Adjutanten taktvoll gebeten, kurz den Raum zu verlassen, bis der so Gerührte die Fassung wiedergewonnen habe. Es dauert nicht lange, und Göring hat sich so weit erholt, dass er zum Souper bitten kann. Die Festtafel ist reichhaltig gedeckt. Als Zugeständnis an die allgemein schlechten Zeiten, in denen man lebt, servieren Kellner in weißer Livree zunächst eine Kohlsuppe. Danach gibt es Fisch mit Hummermayonnaise sowie Champagner.

✳

Alfred Rosenberg, der an diesem Tag ebenfalls fünfzig Jahre alt wird, ist der selbst ernannte Vordenker des Nationalsozialismus. Im Jahr 1930 war sein Buch *Der Mythus des 20. Jahrhunderts* erschienen – ein 670-Seiten-Wälzer, der in verquaster Sprache der »Religion des Blutes«, die das Christentum ersetzen soll, das Wort redet. Gut vier Wochen nach dem deutschen Angriff auf die Sowjetunion am 22. Juni 1941 war Rosenberg zum Reichsminister für die besetzten Ostgebiete ernannt worden. Hatte er bis dahin nur Ämter in der NSDAP innegehabt, verfügt er seitdem über Regierungsmacht. Als »Ostminister« ist er maßgeblich an der Entrechtung und Ermordung der europäischen Juden beteiligt.

Rosenbergs abendliche Geburtstagsfeier findet in seinem Ministerium in der einstigen sowjetischen Botschaft auf dem Boulevard Unter den Linden statt und verläuft bescheidener als die des Reichsmarschalls. Zwar erweisen ihm gut

200 Besucher die Reverenz, doch der Eintopf, den Rosenberg auftischen lässt, kann mit den Köstlichkeiten von Horcher, die bei Göring gereicht werden, nicht mithalten. Nachdem alle Gäste gegangen sind, öffnet Rosenberg das Handschreiben, das auch er von Hitler erhalten hat. In sein Tagebuch notiert er:»Wir beide wissen, wie verschieden wir sind, ihm ist bekannt, dass ich manche Menschen, die er wohl aus Gründen höherer Staatsraison im Vordergrunde wirken lässt, als Schädlinge ansehe.«

Hitler überlässt Rosenberg schließlich eine Dotation in Höhe von 250 000 Reichsmark –»zur Ausgestaltung Ihres persönlichen Lebens«, wie der Diktator schreibt.

✳

In der marokkanischen Hafenstadt Casablanca beginnt am 14. Januar 1943 eine Konferenz des amerikanischen Präsidenten Franklin D. Roosevelt und des britischen Premierministers Winston Churchill samt ihrer jeweiligen militärischen Führungsstäbe. Die Initiative dazu ging von Roosevelt aus, der auch Josef Stalin nach Casablanca einlud. Der sowjetische Staatschef lehnte die Offerte allerdings ab, da in der Schlacht um Stalingrad seine militärische Führung vonnöten sei und er das Land nicht verlassen könne.

In den folgenden zehn Tagen besprechen Roosevelt und Churchill unter strenger Geheimhaltung das weitere Vorgehen gegen Deutschland und seine Verbündeten. Man einigt sich darauf, im Sommer auf Sizilien und im folgenden Jahr in Frankreich landen zu wollen. Darüber hinaus wird eine kombinierte britisch-amerikanische Bomberoffensive vereinbart: amerikanische Präzisionsangriffe auf militä-

rische und industrielle Ziele am Tag sowie Flächenbombarde-
ments der Städte durch die Royal Air Force bei Nacht. Das
wohl wichtigste Ergebnis der Konferenz wird von Roosevelt
als oberstes Kriegsziel bezeichnet: »unconditional surren-
der«. Man werde nichts anderes als die bedingungslose
Kapitulation des Deutschen Reiches und seiner Achsen-
mächte Italien und Japan akzeptieren. Dabei wolle man
dem einfachen Volk keinen Schaden zufügen, betont der
Präsident im Anschluss an die Konferenz, »aber wir wollen
ihren schuldigen, barbarischen Führern Strafe und Vergel-
tung auferlegen«.

Das ist eine handfeste Drohung, die sich auch an Joseph
Goebbels richtet. Der Propagandaminister glaubte zunächst,
das Treffen würde in Washington stattfinden – der deutsche
Geheimdienst hatte Casablanca mit »Weißes Haus« dechif-
friert –, doch als er die wahren Umstände erfährt, ist er
außer sich vor Wut: »Unser Nachrichtendienst hat wieder
einmal vollkommen versagt und nicht einmal den Ort der
Besprechungen feststellen können.«

Goebbels hat den Ernst der Lage klar erkannt, »denn
wenn den Engländern und Amerikanern jetzt noch eine
Festsetzung auf dem europäischen Kontinent gelänge, dann
wäre für uns eine ziemlich miserable Lage geschaffen«.
Doch was der Propagandaminister seinem Tagebuch anvertraut und was er verlautbaren lässt, ist oft grundver-
schieden. Von der deutschen Presse lässt Goebbels die
Bedeutung der Konferenz jedenfalls herunterspielen. Die
Ergebnisse des Treffens stünden in einem Missverhältnis zu
den zurückgelegten Kilometern, heißt es lapidar, das Ganze
sei im Grunde nur ein Theatercoup gewesen. Derartige Be-

schwichtigungsformeln verfangen freilich immer seltener. In seinem »Geheimen Lagebericht« vom 1. Februar 1943 schlägt der Sicherheitsdienst der SS Alarm: »In der Bevölkerung glaube niemand, dass Churchill und Roosevelt so dumm und so uneinig seien, wie dies aus den Presseveröffentlichungen an sich geschlossen werden müsse. Die Bevölkerung sei durchweg der Meinung, dass das Treffen nicht so ergebnislos verlaufen sei, wie dies in den Kommentaren behauptet würde.«

*

Wie oft hat Margot das Vorhaben in Gedanken durchgespielt? Zehnmal? Zwanzigmal? Oder noch häufiger? Sie weiß es nicht. Und wie oft hat sie überlegt, ob der Entschluss richtig ist! Berlin ist ihre Heimat, hier wurde Margot Bendheim vor knapp zweiundzwanzig Jahren geboren. Sie wuchs in Kreuzberg in einer großbürgerlichen Elfzimmerwohnung auf und hatte zunächst eine schöne Kindheit. Dann kam Adolf Hitler. Im Jahr 1937 ließen sich ihre Eltern scheiden, seither leben Margot und ihr vier Jahre jüngerer Bruder Ralph bei der Mutter. Margot liebt die Stadt an der Spree. Sie könnte ein gutes Leben haben, könnte in der Damenkonfektion arbeiten, wofür sie sich sehr interessiert, könnte vielleicht sogar eigene Kleider entwerfen. Unter normalen Umständen hätte die zierliche junge Frau mit dem dunklen lockigen Haar und den großen braunen Augen vermutlich einen Freund, und vielleicht wäre sie sogar schon verheiratet. Doch Hitler hat das alles anders entschieden. Anstatt edle Stoffe schneidern und ein ganz normales Leben führen zu können, muss Margot den gelben Stern tragen und in einer Fabrik Zwangsarbeit leisten. Doch wenn alles gut geht, wird ihr, ihrem Bruder Ralph und ihrer Mutter Auguste heute, am 20. Januar, die Flucht aus Berlin gelingen. Bislang läuft alles nach Plan. Nachdem Margot in der Nacht wie immer gearbeitet hat, hat sie am Vormittag einen Arzt aufgesucht, um sich unter einem Vorwand für ein paar Tage krankschreiben zu lassen. Das ist wichtig, denn sonst würde es ja sofort auffallen, wenn sie am Abend nicht zu ihrer Schicht erschiene. Der Doktor stellte ihr das Attest ohne Probleme aus. Magengrippe. Den Krankenschein warf sie daraufhin in den Hausbriefkasten ihrer Firma. So weit, so gut.

Als Nächstes macht sich Margot auf den Weg zur Wohnung von Rachela Meisner in der Skalitzer Straße 32, bei der die Bendheims seit knapp zwei Jahren zur Untermiete wohnen. Die dreiundfünfzigjährige Frau Meisner ist ebenfalls Jüdin. Rachelas Mann Arnold und der gemeinsame Sohn wurden bereits 1938 aus Deutschland ausgewiesen, seither fehlt von ihnen jede Spur. Der Tochter Kläre hingegen ist im Herbst 1941 die Flucht nach Portugal und von dort per Schiff in die Vereinigten Staaten gelungen.

Wer ist dieser Mann, der vor Margot hergeht? Zunächst ist er ihr gar nicht aufgefallen, so sehr war sie in Gedanken versunken, doch auf einmal beschleicht sie ein ungutes Gefühl. Obwohl Margot den Unbekannten nur von hinten sieht und kein Gesicht erkennt, macht er ihr Angst. Plötzlich bleibt er vor dem Haus mit der Nummer 32 stehen. Er wirft einen Blick auf das Klingelbrett, als suche er nach einem Namen: Amend, Sommerfeld, Berkholz, Börnicke, Wagner, Dumont, Faust, Lehmann … Meisner. Dann betritt er das Gebäude und geht durch das Treppenhaus zwei Etagen nach oben. Margot folgt ihm. Als sie feststellt, dass er vor der Wohnungstüre von Frau Meisner stehen bleibt, geht Margot geistesgegenwärtig an ihm vorbei. Es soll so aussehen, als besuche sie jemanden im dritten Stock. Dort angekommen, klingelt sie bei einer Nachbarin, die sie bislang nur ein paarmal gesehen hat. Die Frau bittet Margot herein und erzählt ihr, was geschehen ist: dass am Morgen im Treppenhaus Schritte, lautes Klopfen, Rufe und Türenschlagen zu hören gewesen seien und dass die Gestapo Frau Meisner und den kleinen Ralph abgeholt habe.

»Meine Mutter ...?«, fragt Margot.

Die sei gekommen, »als alles wieder still gewesen war und die Wohnung versiegelt«, weiß die Nachbarin zu berichten. Sie sei daraufhin zu einer Bekannten in der Nähe gegangen und warte dort.

Margot und die Nachbarin sitzen einander stumm gegenüber. Wie betäubt realisiert Margot langsam, was geschehen sein muss. Die Mutter ist Gott sei Dank in Sicherheit. Doch Frau Meisner? Und Ralph? Ihre Gedanken kreisen um den kleinen Bruder. Ralph hat doch niemandem etwas getan, ist überall beliebt. Er, der doch so schön Geige spielen kann! Ralph liebt die Schule und das Lernen, ist sogar Klassenbester. Wenn die Zeiten andere wären, würde er gerne eine höhere Schule besuchen und studieren. Sein bester Freund heißt Hansi.

Nach einer Weile verabschiedet sich Margot von der Nachbarin und steigt langsam durch das Treppenhaus nach unten. Der Mann ist fort, die Tür zu Frau Meisners Wohnung versiegelt. Wie in Trance geht Margot zu der anderen Wohnung, wo ihre Mutter auf sie warten soll. Nein, die Mutter sei nicht mehr da, sagt dort eine Frau und drückt Margot etwas in die Hand. Margot erkennt sofort die Handtasche ihrer Mutter. Sie öffnet den Verschluss und findet das kleine Notizbuch, in das Auguste Bendheim immer alles Wichtige eingetragen hat, sowie eine Bernsteinkette. Das ist alles. Margot sucht nach einem Brief der Mutter oder wenigstens nach einem kleinen Zettel, einem Stück Papier, auf dem sich eine Botschaft befinden könnte. Doch sie findet nichts dergleichen.

»Sie ist gegangen«, sagt die Frau.

»Gegangen ...?« Margot schaut sie fragend an.

Sie habe sich entschlossen, zur Polizei zu gehen, um Ralph nicht alleinzulassen, erwidert die Frau. Doch die Mutter habe sie gebeten, Margot etwas von ihr auszurichten: »Versuche, dein Leben zu machen.«

*

Am 23. Januar, einen Tag vor Abschluss der Verhandlungen in Casablanca, kommt in den Vereinigten Staaten ein Film in die Kinos, der wie ein Kommentar zu der Konferenz wirkt. Die Handlung ist schnell erzählt: Im von den Franzosen regierten Casablanca ist die Bar des Amerikaners Rick Blaine, gespielt von Humphrey Bogart, zu einem Sammelbecken für Kriegsflüchtlinge und politisch Verfolgte aus aller Herren Länder geworden. Eines Tages taucht der tschechische Widerstandskämpfer Victor László in Begleitung einer Frau in der Stadt auf. Victor ist den Nazis schon mehrfach entwischt und soll nun vom deutschen Major Strasser und vom korrupten französischen Polizeipräfekten Louis

34

Renault in Ricks Bar festgenommen werden. Als László und die Frau das Lokal betreten, will Rick seinen Augen nicht trauen. Hinter der Unbekannten verbirgt sich niemand anderes als Ilsa Lund (dargestellt von Ingrid Bergman), mit der er in Paris eine leidenschaftliche Affäre hatte und die ihn damals sitzen ließ. Nun soll ausgerechnet Rick ihr und Victor zur Flucht verhelfen. Ob das gut geht?

Die meisten der in *Casablanca* mitwirkenden Schauspieler sind selbst Emigranten aus Europa, darunter so bekannte Namen wie Conrad Veidt (als Major Strasser), Peter Lorre (als Signor Ugarte) und Curt Bois (als Taschendieb). Vordergründig eine Liebesgeschichte, schildert der Film das Leid der Emigration und das Leben in fremder Umgebung. Wenn die österreichischen Schauspieler Ilka Grüning und Ludwig Stössel das jüdische Emigrantenehepaar Leuchtag spielen, das in Ricks Bar auf die Ausreise in die Vereinigten Staaten wartet und mit dem Barkeeper Carl nebenbei Englisch lernt, stellen sie ihr eigenes Schicksal nach:

Mr Leuchtag: »Liebchen – sweetness heart, what watch?«
Mrs Leuchtag: »Ten watch.«
Mr Leuchtag: »Such much?«
Carl: »Hm. You will get along beautiful in America.«

✳

»Bitte erschrecke nicht über diese Zeilen«, schreibt der 1901 geborene Feldwebel Otto Kirschner Ende Januar 1943 seiner Schwester Leni aus Stalingrad. »Nur Dir allein schreibe ich es, wir befinden uns hier in einer hoffnungslosen Lage. Jeden Augenblick können wir in den Händen der Russen

35

sein. […] Solltest Du zwei Monate weiter gerechnet keine Post mehr von mir erhalten, so kannst Du mit Sicherheit annehmen, dass ich nicht mehr bin, in russische Gefangenschaft würde ich mich nicht begeben.« Sechs Tage später gelingt es den sowjetischen Soldaten, den Kessel in einen Nord- und einen Südteil zu spalten. Otto Kirschner wird die Kämpfe nicht überleben.

*

Der 30. Januar ist der zehnte Jahrestag der nationalsozialistischen Machtübernahme. Da Hitler nicht im Zusammenhang mit der bevorstehenden Niederlage in Stalingrad in Erscheinung treten will, bleibt er in seinem Hauptquartier »Wolfsschanze« und überlässt das Feld anderen. Hermann Göring fällt die Aufgabe zu, um 12 Uhr eine Ansprache an die Wehrmacht zu richten, die aus dem Ehrensaal des Reichsluftfahrtministeriums übertragen werden soll, während Joseph Goebbels sich vier Stunden später aus dem Sportpalast an das Volk wenden wird.

Göring befindet sich bereits in seinem Dienstgebäude, als um 11.05 Uhr die Sirenen schrillen: Drei Flugzeuge der Royal Air Force sind an der deutschen Abwehr vorbei in den Berliner Luftraum eingedrungen und werfen in Charlottenburg, Reinickendorf und Lichtenberg jeweils eine Handvoll Sprengbomben ab, von denen die meisten als Blindgänger niedergehen und keinen Schaden anrichten. Für Göring ist der Vorfall trotzdem ausgesprochen peinlich, denn bereits drei Tage zuvor war es amerikanischen Bombern gelungen, am helllichten Tag den Marinestützpunkt Wilhelmshaven anzugreifen. Hatte er, der Chef der deutschen Luftwaffe, nicht großspurig verkündet, Meier heißen zu wollen, wenn jemals feindliche Flugzeuge über Berlin auftauchten? Nun sitzt Hermann Göring alias Meier in seinem Bunker und wartet auf das Ende des Angriffs. »Leider lässt Göring sich dazu herbei«, feixt Joseph Goebbels, »durch das Erscheinen von drei englischen Moskito-Flugzeugen seine Rede um eine Stunde zu verschieben, was natürlich den Engländern einen Heidenspaß bereitet.«

Der Saal ist voll besetzt, als Hermann Göring mit seiner Rede beginnt. Auf der Stirnseite prangt ein gewaltiger Reichsadler, darunter ein großes Hakenkreuz. In der Bühnenmitte befindet sich Görings Rednerpult, umflort von Blumenschmuck, zur Linken und Rechten stehen zahlreiche Fahnenabordnungen. Alles in allem erinnert der so ausstaffierte Raum eher an eine Aussegnungshalle als an einen Festsaal. Und in der Tat: Was Göring über Stalingrad sagt, kommt einer Totenrede gleich. »Was dort unsere Grenadiere, Pioniere, Artilleristen, Flakartilleristen und wer sonst in dieser Stadt ist, vom General bis zum letzten Mann, leisten, ist einmalig. Mit ungebrochenem Mut, und doch zum Teil ermattet und erschöpft, kämpfen sie gegen eine gewaltige Übermacht um jeden Block, um jeden Stein, um jedes Loch, um jeden Graben.«

Und weiter: »Wir kennen ein gewaltiges Heldenlied von einem Kampf ohnegleichen, es heißt ›Der Kampf der Nibelungen‹. Auch sie standen in einer Halle voll Feuer und Brand, löschten den Durst mit dem eigenen Blut, aber sie kämpften bis zum Letzten. Ein solcher Kampf tobt heute dort, und noch in tausend Jahren wird jeder Deutsche mit heiligem Schauer von diesem Kampf in Ehrfurcht sprechen und sich erinnern, dass dort trotz allem Deutschlands Sieg entschieden worden ist.«

Göring vergleicht die Soldaten der 6. Armee mit den 300 Spartanern, die 480 v. Chr. in der Schlacht bei den Thermopylen tagelang die persische Übermacht aufgehalten hatten. Frei nach Cicero dichtet er:»Kommst du nach Deutschland, so berichte, du habest uns in Stalingrad liegen gesehen, wie das Gesetz, das heißt, das Gesetz der Sicherheit unseres Volkes, es befohlen hat.« So viel historisches Pathos geht selbst Joseph Goebbels zu weit, der in sein Tagebuch notiert: »Die Rede Görings wird etwas belächelt.«

Der Propagandaminister hat seine Kundgebung im Sportpalast eigens um eine Stunde vorverlegen lassen, um etwaigen Störungen zu entgehen, doch um 15.49 Uhr wird erneut Fliegeralarm gegeben. Anders als Göring lässt sich Goebbels davon aber nicht beeindrucken und fährt einfach mit seiner Rede fort. Als Höhepunkt verliest er eine dreißigseitige Proklamation des »Führers«. Hitler lässt seinen Minister unter anderem sagen, dass es nach diesem Krieg keine Sieger und keine Verlierer, sondern nur Überlebende und Vernichtete geben werde. Deshalb wolle er diesen Kampf bis zur letzten Konsequenz durchführen.

»Haarsträubende Botschaft des ›bei seinen Soldaten‹ weilenden Hitler, verlesen von Goebbels«, notiert Thomas Mann im fernen Los Angeles in sein Tagebuch.»Angeekelt.«

✳

Einen Tag später, am 31. Januar 1943, kapitulieren die deutschen Truppen im südlichen Teil des Kessels von Stalingrad. Der Oberbefehlshaber der 6. Armee, Friedrich Paulus, war am Vortag von Hitler noch zum Generalfeldmarschall ernannt worden, womit die stillschweigende Aufforderung verbunden war, sich im Fall der bevorstehenden Niederlage selbst zu töten. Doch Paulus lässt sich lieber gefangen nehmen und geht in sowjetische Kriegsgefangenschaft. Die Kämpfe um den Nordkessel werden noch zwei Tage mit erbitterter Härte fortgeführt, dann ist die Schlacht von Stalingrad vorbei.

*Mitte Februar 1943 hält Joseph Goebbels im
Berliner Sportpalast eine Rede, in deren Verlauf
er dem Publikum zehn rhetorische Fragen stellt.
»Seid ihr damit einverstanden, dass, wer sich
am Krieg vergeht, den Kopf verliert?«*

Die Rede

Die Front verläuft nach dem Fall Stalingrads direkt durch die Berliner Lutherstraße 21. So kommt es Joseph Goebbels jedenfalls vor. Unter der besagten Adresse befindet sich das Schlemmerlokal Horcher, das Goebbels zu schließen beabsichtigt. Der Minister hatte für derartige Etablissements noch nie viel übrig, gleichwohl sah er dem luxuriösen Treiben jahrelang stillschweigend zu. In Friedenszeiten stand es der Reichshauptstadt gut zu Gesicht, Gäste aus dem Ausland auf Weltklasseniveau bewirten zu können. Doch spätestens mit der militärischen Katastrophe an der Ostfront hatte sich die Lage grundlegend geändert. Dass Otto Horcher Anfang Februar 1943 nach wie vor eine ganze Heerschar von Kellnern beschäftigt – darunter ein »Chef de Rang«, drei »Demi-Chef de Rang« sowie vier »Commis de Rang« –, die bloß eine Handvoll Tische bedienen und dabei auch noch mit französischen Begriffen nur so um sich werfen, ist für Goebbels ein Ding der Unmöglichkeit. Doch er hat in Hermann Göring einen mächtigen Gegner. Der Reichsmarschall liebt Horchers Spezialitäten, ob Schildkrötenparfait, Rheinlachs, Kalbsröllchen auf Artischockenböden, flambierte Niere oder Gamsbocksteak. Geradezu berühmt ist Horchers Rinderfilet, das in Butter rosa angebraten und dann auf einen mit Lebermousse gefüllten, vorgewärmten Blätterteigboden gesetzt wird. Das Ganze wird schließlich mit einer kräftigen Sauce béarnaise überzogen und mit einem Champignonkopf garniert.

Göring sieht trotz Stalingrad keine Veranlassung, auf seine regelmäßigen Besuche in der Lutherstraße zu verzichten. Als er von Goebbels' Plänen erfährt, läuft er Sturm. »Worum sich diese Herren nicht alles bekümmern!«, schreibt Goebbels daraufhin ungläubig in sein Tagebuch. »Wenn man sich vergegenwärtigt, in welch einer Situation wir augenblicklich stecken, dann kann man kaum verstehen, dass ein Mann, der alles weiß, heute noch so leisetritt und Dinge in Schutz nimmt, die das gar nicht verdienen.« Er denke jedenfalls nicht im Traum daran, so Goebbels, in dieser Angelegenheit nachzugeben. Doch auch Göring lässt nicht locker. Ein paar Tage später ist das Kochlöffelduell der beiden Stadtgespräch. Goebbels: »Die ganze Öffentlichkeit schaut auf mich, ob es mir gelingt, beispielsweise das Lokal Horcher zu schließen; mir sagte kürzlich ein maßgebender Mann, wenn ich das fertigbrächte, so glaubte er auch, dass ich es fertigbrächte, allein Stalingrad zurückzuerobern.«

Göring kommt sogar auf die listige Idee, das Lokal als exklusives Clubrestaurant der ihm unterstellten Luftwaffe zu führen, womit es dem Einfluss seines Kontrahenten entzogen würde, doch dann schaltet Goebbels Hitler ein, der ein Machtwort spricht. »Er vertritt hier denselben radikalen Standpunkt wie ich«, konstatiert Goebbels zufrieden. Als eines Nachts die Fensterscheiben in der Lutherstraße eingeschmissen werden – es hält sich hartnäckig das Gerücht, dass von Goebbels beauftragte Schläger dahintersteckten –,

erkennt Göring die Zeichen der Zeit. Er lässt dem geschass-
ten Restaurantbesitzer Otto Horcher die nötigen amtlichen
Papiere ausfertigen und stellt ihm einen Sonderzug der
Reichsbahn zur Verfügung. Vom Salzstreuer bis zum Porzellanservice, von der Kupferkasserolle bis zu den Samtstüh-
len – alles wird verpackt. Das Ziel: Madrid. Dort will Maître
Otto ein neues Luxusrestaurant eröffnen. Der Name steht
bereits fest: Horcher.

∗

Anweisungen der Pressekonferenz der Reichsregierung,
8. Februar 1943:»Für den Ausdruck die ›Alliierten‹ kann der
Begriff ›Hilfsvölker der Sowjet-Union‹ gebraucht werden.«

∗

Ruth Andreas-Friedrich darf man mit Fug und Recht eine
außerordentlich mutige Frau nennen. Dabei ist sie keine
draufgängerische Fliegerin wie Hanna Reitsch und auch
keine tollkühne Rennfahrerin wie Clärenore Stinnes, die
von 1927 bis 1929 als erster Mensch in einem Auto die Erde
umrundete. Ruth Andreas-Friedrichs Courage äußert sich
im Stillen, denn das, was sie tut, ist für sie lebensgefährlich:
Sie hilft jüdischen Mitbürgerinnen und Mitbürgern.

Zur Helferin wurde sie eher per Zufall. Vor über vier Jahren, am frühen Morgen des 10. November 1938, läutete es
an ihrer Wohnungstüre plötzlich Sturm. Acht-, neun-, zehnmal hintereinander drückte jemand den Knopf. Als Ruth
Andreas-Friedrich die Tür öffnete, erblickte sie Dr. Weißmann, der in der Nachbarschaft als Rechtsanwalt tätig war.
»Verstecken Sie mich, sie sind hinter mir her!«, flehte er in

45

größter Erregung. Ruth Andreas-Friedrich starrte ihn fragend an:»Wer? Was? Ich verstehe nicht.« Dr. Weißmann war außer sich vor Angst:»Machen Sie wenigstens die Tür zu. Sind Sie allein? Wo soll ich ... wo kann ich denn hin, um Gottes willen!« Ohne ihre Antwort abzuwarten, drängte er sich an ihr vorbei in die Wohnung, setzte sich auf einen Stuhl und schlug die Hände vors Gesicht. Was denn passiert sei, wollte Ruth Andreas-Friedrich wissen.»Leben Sie auf dem Mond?«, konterte Dr. Weißmann bitter.»Der Teufel geht um in Berlin! Die Synagogen brennen. Das Judenblut spritzt vom Messer. SA marschiert und schlägt Scheiben ein. Und Sie fragen noch: Was ist passiert?«

Drei Tage zuvor war in Paris ein Anschlag auf den deutschen Diplomaten Ernst Eduard vom Rath verübt worden. Der Legationsrat war ein kleines Licht, um den man eigentlich nicht viel Aufhebens gemacht hätte, zumal er als Homosexueller wohl kaum nationalsozialistische Vorstellungen von Tugendhaftigkeit und Sittenstrenge erfüllt haben dürfte. Doch Herschel Grynszpan, der Attentäter, war Jude, und als der Diplomat seinen Verletzungen am 9. November erlag, witterte Propagandaminister Joseph Goebbels eine Chance. Noch am selben Tag setzten von ihm angestachelte SA- und SS-Männer landesweit Synagogen und Betstuben in Brand, plünderten jüdische Geschäfte, drangen in Wohnungen ein und bedrohten und ermordeten zahllose Menschen. Das war also passiert, und deshalb hatte sich Dr. Weißmann zu seiner Nachbarin geflüchtet.

Seither sind rund vier Jahre vergangen, in denen Ruth Andreas-Friedrich, die als Journalistin Artikel für Frauenzeitschriften schreibt, Teil einer Widerstandsgruppe geworden ist. Ebenfalls beteiligt ist ihr Lebensgefährte Leo Borchard, mit dem sie seit 1931 liiert ist. Borchard ist ein angesehener Dirigent, der regelmäßig so exquisite Klangkörper wie die Berliner Philharmoniker dirigiert. Aus einer früheren Verbindung hat sie eine Tochter, die inzwischen achtzehnjährige Karin. Ruth Andreas-Friedrich und Leo Borchard wohnen im ruhigen Berliner Bezirk Steglitz in zwei getrennten Wohnungen eines Mietshauses – sie im zweiten Stock, er im dritten. Der unkonventionelle Lebensstil ist Teil der Tarnung, denn bei einer umtriebigen Journalistin und einem viel beschäftigten Musiker würde man am häufigen Kommen und Gehen von Fremden wahrscheinlich keinen Anstoß nehmen. Zur Gruppe gehören auch der Schriftsteller Fred Denger, der Konditormeister Walter Reimann und seine Frau Charlotte, die Ärzte Josef Schunk und Walter Seitz sowie ein gutes Dutzend weiterer Personen. Diese so unterschiedlichen Männer und Frauen bilden ein Netzwerk, das sich »Onkel Emil« nennt und es sich zur Aufgabe gemacht hat, Verfolgte des Regimes zu unterstützen. Man hilft bei der Vorbereitung der Emigration, beschafft Lebensmittel und Lebensmittelmarken, besorgt gefälschte Papiere und versucht, das Leid der Menschen durch regelmäßige Besuche etwas zu lindern.

Zu Ruth Andreas-Friedrichs Schützlingen gehört unter anderem die Familie Jakob. Die Jakobs heißen eigentlich anders, doch um sich und alle anderen zu schützen, benutzt sie in ihrem Tagebuch nur Tarnnamen. Nicht auszudenken, wenn das Journal der Gestapo in die Hände fiele. Dr. Hugo Jakob – oder wie immer er heißen mag – ist Zahnarzt und betrieb in besseren Zeiten eine gut gehende Praxis. Um der bevorstehenden Deportation in ein Konzentrationslager zu entgehen, ist die fünfköpfige Familie im Dezember 1942 untergetaucht. Zunächst fanden sie in einem heruntergekommenen Werkzeugschuppen Unterschlupf, später auch bei Ruth Andreas-Friedrich und anderen Mitgliedern der Gruppe. Als das wegen der zu befürchtenden Kontrollen immer gefährlicher wurde, versteckten sie sich tagsüber an unterschiedlichen Orten und stahlen sich Nacht für Nacht zum Schlafen in die eigene Wohnung. Um in dem hellhörigen Haus nicht aufzufallen, schlichen sie nur auf Socken über das Parkett und zündeten kein Licht an.

Das ging eine Zeit lang gut, doch jetzt, Mitte Februar 1943, muss irgendetwas vorgefallen sein. Seit Tagen hat Ruth Andreas-Friedrich nichts mehr von den Jakobs gehört. Sie macht sich große Sorgen. Dann klingelt mitten in der Nacht das Telefon. Frau Bernstein, Hugo Jakobs Schwiegermutter, ist am Apparat. Hugo sei beim Betreten einer Apotheke verhaftet worden. »Wir fürchten uns so«, flüstert sie mit angststickter Stimme. »Wir wissen uns keinen Rat.« Am 16. Februar 1943 geht Ruth Andreas-Friedrich zur Wohnung der Familie und klingelt bei einer Nachbarin. Das ist riskant, denn sie könnte an eine Denunziantin geraten. Nach einem kurzen Augenblick öffnet eine freundlich aussehende Dame.

»Verzeihung, könnten Sie mir sagen, ob Frau Jakob zu Hause ist?« Die Frau schüttelt den Kopf und bricht plötzlich in Tränen aus.

»Wird sie heute noch zurückkommen?«, hakt Ruth Andreas-Friedrich verunsichert nach. Die Frau schlägt die Augen nieder und bittet ihre Besucherin in die Wohnung.

»Sie kommt nicht mehr«, sagt sie schluchzend. »Alle fort ... Alle am Samstag abgeholt.« Entsetzt lässt sich Ruth Andreas-Friedrich auf einen Stuhl fallen. »Alle abgeholt«, wiederholt sie apathisch. »Es ist qualvoll gewesen«, sagt die Nachbarin. »So schrecklich, dass man weinen muss, wenn man daran denkt.« »Erzählen Sie«, bittet Ruth Andreas-Friedrich ihr Gegenüber. »Vielleicht können wir etwas tun. Irgendwie helfen.« »Helfen? Wenn die Gestapo das Haus wie eine Festung stürmt? Türschlösser knackt und Stahlriegel durchsägt? Ich bitte Sie, wer soll – wer kann da noch helfen!«

Nachdem die Frau halbwegs die Fassung zurückgewonnen hat, berichtet sie ausführlicher von den Ereignissen am vergangenen Wochenende.

»Um 9 Uhr morgens hält ein Lastwagen vor der Tür. Sechs Beamte springen heraus. Laufen hinauf und läuten Sturm. Man öffnet nicht. Sie läuten weiter. Zehn Minuten lang hämmern sie auf den Klingelknopf. Dann kommen sie zu mir. ›Sind die drüben zu Haus?‹, fragen sie scharf. ›Ich weiß nicht‹, stottere ich. Ich wusste. O Gott, ich wusste nur zu genau, dass sie zu Hause waren. Alle vier. Einer hängt sich an mein Telefon. Telefoniert nach nebenan. Ich höre durch die Wand, wie das Läutewerk anschlägt. ›Haben Sie eine Leiter?‹, herrscht er mich an. Ich nicke. Man holt die Leiter, schiebt sie vorsichtig zum Küchenfenster hinaus. Ein Fenster der Nebenwohnung steht offen. Die Leiter reicht nicht hinüber. Zwei Sprossen fehlen. ›Verfluchte Bande!‹, knirscht das Braunhemd. Dann gehen sie zum Sturmangriff über. Vordertür, Hintertür. Fußtritt dagegen. Äxte und Stahlsäge. Gott schütze euch alle!, flehe ich im Stillen. Die Tür ist stabil. Endlich gibt sie nach. Klafft auseinander – stürzt und poltert in den Korridor. Drei Minuten später steigen die vier die Treppe hinunter. Einer nach dem anderen. Sie reden nicht, sie bewegen sich kaum. Sie gehen, als wären sie gestorben.«

Nun kann auch Ruth Andreas-Friedrich die Tränen nicht mehr zurückhalten.»Und das Kind?«, fragt sie nach einer Weile.

»Das Kind immer dazwischen ...«, antwortet die Nachbarin. Sie bringt den Satz nicht zu Ende, denn das, was zu sagen wäre, ist unaussprechlich.

Zum Abschied reichen sich die beiden Frauen die Hände. »Ich heiße Frau Meyerowitz. Maria Meyerowitz!«, sagt die Dame.»Und ...«, sie zögert für einen kurzen Augenblick, »auch mein Mann ist Jude gewesen.«

∗

Nachdem *Die Dame* ihren Leserinnen Anfang des Jahres das Tragen von Jäckchen empfohlen hat, werden in der folgenden Ausgabe die Vorzüge »leichter Blüschen« hervorgehoben.»Ein hübsches Blüschen zu einem Rock ersetzt oft ein neues Kleid und kann zudem manches Mal noch aus einem nicht mehr brauchbaren Kleid hergestellt werden, sodass es keine Punkte erfordert.«

∗

Mildred Harnack ist an das Ende ihres Lebens gelangt, noch heute soll sie im Berliner Strafgefängnis Plötzensee hingerichtet werden. Als der evangelische Gefängnispfarrer Harald Poelchau Mildreds Zelle betritt, sitzt die Vierzig-

jährige an einem Tisch und übersetzt die erste Strophe von
Johann Wolfgang von Goethes Gedicht »Vermächtnis« ins
Englische:

Kein Wesen kann zu Nichts zerfallen!
Das Ew'ge regt sich fort in allen,
Am Sein erhalte dich beglückt!
Das Sein ist ewig; denn Gesetze
Bewahren die lebend'gen Schätze,
Aus welchen sich das All geschmückt.

Mildred Harnack scheint Poelchau zunächst nicht zu be-
merken, so sehr ist sie in ihre Arbeit vertieft. Nachdem sie
ihn erkannt hat, beginnen die beiden ein Gespräch über die
Bibel, Goethe und die Kunst des Übersetzens. Mildred ist
davon überzeugt, dass man auch die kompliziertesten Texte
in eine andere Sprache übertragen könne, sofern man den
Autor als Menschen völlig erkannt und begriffen habe. Das
scheint bei ihr mit Goethe der Fall zu sein. Sie verehrt ihn,
wie sie überhaupt die deutsche Kultur, die Literatur und
Musik sehr liebt. Das ist umso bemerkenswerter, da Mildred
Harnack gebürtige Amerikanerin ist. Sie stammt aus Mil-
waukee im US-Bundesstaat Wisconsin und arbeitete seit
1929 in Berlin als Literaturwissenschaftlerin und Überset-
zerin. Zusammen mit ihrem Mann Arvid, der als Ökonom im
Reichswirtschaftsministerium tätig war, gehörte sie bis zum
vergangenen Jahr einer politischen Widerstandsgruppe an.
Zu dem locker organisierten Kreis zählten in Berlin etwa
150 Personen, darunter Studenten und Arbeiter, Dichter wie
Adam Kuckhoff, Offiziere wie Harro Schulze-Boysen, Ärzte

wie John Rittmeister oder Künstler wie Kurt und Elisabeth Schumacher. Man verbreitete Flugschriften und Briefsendungen, von 1940 an gaben Arvid Harnack und Harro Schulze-Boysen zudem militärisch wichtige Nachrichten an die Sowjetunion weiter. Als die Gruppe im Sommer 1942 aufflog, verpasste die Gestapo ihr den Namen »Rote Kapelle«, um sie als eine sowjetische Spionageorganisation zu diskreditieren.

Mildred und Arvid Harnack wurden im September 1942 verhaftet und wegen Hochverrats angeklagt. Das Reichskriegsgericht machte kurzen Prozess: Arvid Harnack wurde im Dezember zum Tode verurteilt und kurz vor Weihnachten hingerichtet, seine Frau Mildred erhielt eine sechsjährige Zuchthausstrafe. Doch Adolf Hitler weigerte sich, das Urteil gegen Mildred zu bestätigen. Auf seine Weisung hin wurde eine neue Hauptverhandlung eröffnet, die Mitte Januar 1943 mit dem Todesurteil endete. Seit über einem Monat wartet Mildred Harnack nun auf die Vollstreckung des Urteils.

Harald Poelchau sitzt einer Frau gegenüber, die äußerlich völlig gefasst wirkt. Eine Apfelsine, die der Pastor in das Gefängnis geschmuggelt hat, betrachtet Mildred wie ein Kunstwerk lange von allen Seiten, bevor sie die Frucht isst. Als Poelchau ihr jedoch ein Foto ihrer Mutter übergibt, bricht sie zusammen. Mildred weint bitterlich, immer wieder küsst sie das Bild und hält stumme Zwiesprache. Nach etwa anderthalb Stunden muss Poelchau seinen Besuch beenden und die Zelle verlassen.

Ein alter Mann tritt ein, der Mildred die langen, frühzeitig ergrauten Haare abschneidet. Er vollzieht dieses Ritual ohne jede Gemütsbewegung und mit einer gewissen stumpfsinnigen Befriedigung. Mildred und der Alte wechseln kein Wort miteinander. Wozu auch? Soll er ihr etwa erklären, dass er dies tut, damit das Fallbeil ohne Widerstand Mildreds Kopf vom Rumpf trennen kann? Etwas später wird Mildred von zwei Wärtern abgeholt. Sie geht aufrecht, ungebrochen. Im Hinrichtungsraum angekommen, sieht man einige Männer in Uniformen, der Anstaltsarzt trägt einen weißen Kittel. Harald Poelchau tritt im schwarzen Talar heran und murmelt ein paar Worte. Ein letzter Blick. Ein Mann in Robe – offensichtlich ein Staatsanwalt – verliest sodann erneut das Urteil und gibt den Befehl: »Scharfrichter, walten Sie Ihres Amtes!« Dann geht alles sehr schnell. Die Gehilfen des Scharfrichters packen Mildred an Armen und Schultern und führen sie im Eilschritt zur Guillotine. Kurz bevor an diesem 16. Februar um 18.57 Uhr das Fallbeil niedersaust, spricht Mildred Harnack ihre letzten Worte: »Und ich habe Deutschland so geliebt.«

*

Mit Jakob Schmid ist nicht gut Kirschen essen. Wenn ein kleines Kind einen Stein auf den von ihm soeben gekehrten Weg wirft, rutscht ihm schon mal die Hand aus. So geschehen vor ein paar Jahren. Dass der sechsjährige Junge daraufhin schweres Nasenbluten bekam, wollte Schmid natürlich nicht. Aber es geht doch nicht an, verteidigte er sich, dass so ein Bub einfach einen Stein wirft. Wo kommen wir denn da hin?

Im Juli 1886 in Traunstein geboren, hat Schmid einige Jahre als Monteur an der Technischen Hochschule in München gearbeitet, bevor er im Oktober 1926 eine Anstellung als Hausschlosser und Hörsaaldiener an der Universität fand. Seit über sechzehn Jahren sorgt der Herr Pedell dort nun für die Einhaltung der Vorschriften. Das ist seine Berufung. Denn Ordnung muss sein, findet Schmid. Vor ein paar Jahren konnte er zum wiederholten Male einen Manteldieb im Universitätsgebäude stellen und der Polizei übergeben. »Damit glaube ich der Polizeidirektion wertvolle Dienste geleistet bezw. die Arbeit Ihrer Beamten erleichtert zu haben«, schrieb er damals an die Polizei. »Wäre es möglich mir für diese Leistungen eine den Verhältnissen entsprechende Belohnung zukommen zu lassen?«

Jakob Schmid ist ein rechtschaffener Mann. Das behauptet er jedenfalls von sich. Dass er selbst während der Weimarer Republik mehrfach mit dem Gesetz in Konflikt geraten ist und auch eine Anzeige wegen Diebstahls kassiert hat – darüber redet er nicht gerne. Hauptsache, in »seiner« Universität herrscht Ordnung.

Am 18. Februar 1943 geht Jakob Schmid um kurz vor 11 Uhr die große Treppe des Universitätsgebäudes herunter. Die Vorlesungen laufen noch, er ist allein in der weiträumigen Halle, als plötzlich Papierblätter durch den Lichthof nach unten flattern. Wie im Herbst das Laub von den Bäumen fällt, wirbeln sie nun auf Schmid herab. Er fängt eines auf und stellt fest, dass es in Maschinenschrift eng getippt ist. Das geht doch nicht, denkt Schmid, dass hier jemand Blätter verstreut. Sofort eilt er zu einer kleinen Wendeltreppe, die direkt in die obere Galerie führt, wo er die Abwurfstelle vermutet. Dort sieht er zwei junge Menschen – einen Mann und eine Frau –, die im Begriff sind, die Örtlichkeit zu verlassen.»Ich verhafte Sie!«, ruft der Pedell. Der junge Mann erwidert empört:»Lächerlich so etwas, es ist eine Unverschämtheit, einen in der Universität herinnen festzunehmen.« Nichtsdestotrotz lassen die beiden sich von Schmid abführen. Schmid bringt sie zunächst zum Leiter der Hausverwaltung, von dort werden sie dem Universitätssyndikus Dr. Karl Ernst Haeffner übergeben. Der lässt sich zunächst eines der Flugblätter zeigen:»Erschüttert steht unser Volk vor dem Untergang der Männer von Stalingrad. Dreihundertdreißigtausend deutsche Männer hat die geniale Strategie des Weltkriegsgefreiten sinn- und verantwortungslos in Tod und Verderben gehetzt. Führer, wir danken dir!« Haeffners Blicke wandern unruhig über die Druckschrift. Ein paar Zeilen weiter liest er:»Der Tag der Abrechnung ist gekommen, der Abrechnung der deutschen Jugend mit der verabscheuungswürdigsten Tyrannis, die unser Volk je erduldet hat. Im Namen des ganzen deutschen Volkes fordern wir von dem Staat Adolf Hitlers die persönliche Freiheit, das kostbarste Gut des Deutschen zurück, um das er uns in der erbärmlichsten Weise betrogen hat.«

Haeffner hat genug gelesen. Umgehend informiert er den Rektor der Universität, Walther Wüst. Der Professor ist Inhaber eines Lehrstuhls für»Arische Kultur- und Sprachwissenschaft« und außerdem SS-Standartenführer. Die Universität wird abgeriegelt und die Gestapo informiert. Keine 30 Minuten nach der Verhaftung durch den Pedell sind die Polizeibeamten bereits im Haus. Bevor die beiden jungen Leute in das Gefängnis der Gestapozentrale im Wittelsbacher Palais überführt werden, stellt man ihre Personalien fest: Sophia Magdalena »Sophie« Scholl, geboren am 9. Mai 1921 in Forchtenberg, Studentin der Biologie und Philosophie, sowie Hans Fritz Scholl, geboren am 22. September 1918 in Ingersheim an der Jagst, Württemberg, Student der Humanmedizin.

✳

Zur selben Zeit, da die Geschwister Scholl in München erstmals verhört werden, steigt Joseph Goebbels in den Fond seines gepanzerten Mercedes und lässt sich zum Sportpalast eskortieren. In dem Mehrzweckbau in der Potsdamer Straße wird er heute zum zweiten Mal innerhalb kurzer Zeit eine Rede halten. Das wäre an sich nicht sonderlich bemerkenswert, denn Goebbels hat in seinem Leben bereits Hunderte Male vor Publikum gesprochen – in kleinen und großen Sälen, vor einer Handvoll Menschen und vor Tausenden. Doch mit der Rede, die nun vor ihm liegt, hat es eine besondere Bewandtnis: Heute will sich Dr. Joseph Goebbels in die Geschichtsbücher einschreiben.

Gegen 16.50 Uhr erreicht der Konvoi sein Ziel. Goebbels steigt aus dem Auto und begibt sich in den Saal. In der Mitte der ausladenden Bühne steht das Rednerpult. Es ist etwas erhöht und wirkt dadurch wie die Kanzel in einer Kirche. Direkt unterhalb der Mikrofone prangt ein riesiges Hakenkreuz. An den mit Stoff drapierten Wänden hinter dem Pult hängen weitere Hakenkreuzfahnen, an der Balustrade darüber ein Spruchband mit der Aufschrift »Totaler Krieg – kürzester Krieg«.

Im Saal verteilt sind zehn Filmkameras der *Wochenschau*. Die Kameraleute hat man bereits drei Tage zuvor in den leeren Sportpalast beordert, wo sie von einem Beamten des Propagandaministeriums in aller Ausführlichkeit instruiert wurden. Wie beim Dreh eines Kinofilms mussten sich die Männer einprägen, worauf es ankommt und wann welche Kamera welchen Schwenk zu vollführen hat. Der Regisseur des Streifens, der im Sportpalast entsteht, ist Joseph Goebbels selbst, das Drehbuch sein Redemanuskript.

Doch was genau hat Goebbels vor? Wozu die ganze Inszenierung? Der Minister ist seit geraumer Zeit mit der Kriegsführung unzufrieden. Seiner Meinung nach muss man dem Volk mehr »Härte« und »Realismus« zumuten, das gesamte Land muss sich nach dem Fall Stalingrads auf den Ernst der Lage einstellen. Für Zweifel oder Widerspruch darf da kein Raum bleiben, alles hat sich dem Krieg unterzuordnen. Der Krieg, davon ist Goebbels überzeugt, muss »total« werden. Zwar hat Hitler Mitte Januar angeordnet, noch mehr Menschen für die Wehrmacht und die Rüstungsindustrie zu rekrutieren, doch Goebbels gehen diese Maßnahmen nicht weit genug. Dass Hitler mit deren Umsetzung überdies ein Komitee beauftragt, dem er – Goebbels – nicht angehört, wurmt ihn am meisten. Nun ist Goebbels fest entschlossen, mit der geplanten Rede im Sportpalast vollendete Tatsachen zu schaffen, das Ruder an sich zu reißen und das von Hitler eingesetzte Gremium zu entmachten. »Jedes Mittel ist mir recht, um das Ziel einer Totalisierung des Krieges in größtmöglichem Umfang zu erreichen«, heißt es in seinem Tagebuch. »Es muss deshalb weiter gehetzt und angetrieben werden.«

Der Sportpalast ist mit gut 15 000 Besuchern mehr als voll besetzt, als Goebbels um kurz nach 17 Uhr vor die Mikrofone tritt. Seine Blicke wandern durch das riesige Auditorium. In den ersten Reihen erkennt er zahlreiche Soldaten in Uniform, darunter auch verwundete Fronturlauber und Krankenschwestern, sowie die Mitglieder der Reichsregierung. Dahinter und auf den Emporen sitzt ein »Ausschnitt aus dem ganzen deutschen Volke«, wie er feststellt. Anwesend sind auch populäre Schauspieler wie Heinrich George, Eugen Klöpfer, Theodor Loos und Bernhard Minetti, die von den Kameras der Wochenschau immer wieder eingefangen werden. Goebbels hatte auch Gustaf Gründgens eingeladen, der allerdings just für diesen Nachmittag eine wichtige Theaterprobe angesetzt hat und daher unabkömmlich ist.

»Ich möchte zu Ihnen allen aus tiefstem Herzen zu tiefstem Herzen sprechen«, beginnt Goebbels seine Rede. Nachdem er Stalingrad als Niederlage bezeichnet hat, ohne freilich die katastrophalen Fehler der Führung einzugestehen, beschwört er die angeblichen Gefahren, denen das Land ausgesetzt sei: »Bolschewisierung des Reiches«, »Liquidierung unserer gesamten Intelligenz- und Führungsschicht«, »Zwangsarbeitsbataillone für die sibirischen Tundren«, »jüdische Liquidationskommandos«, »Terror, Gespenst des Millionenhungers und vollkommene Anarchie« und anderes mehr. Alles in allem spricht Goebbels knapp zwei Stunden, in deren Verlauf er sämtliche Register seiner Verführungskunst zieht. Er schmeichelt dem Publikum, schürt Emotionen und weckt Ängste. Mal spricht er ruhig, mal beschwörend oder hämisch. Dann wieder brüllt er in den Saal, seine Stimme wird schrill und überschlägt sich, um im nächsten Moment fast flehend zu erscheinen. Immer wieder legt er gezielt kurze Sprechpausen ein, die die Erwartungen auf das, was dann kommt, erhöhen. Wichtige Sätze deklamiert er wie in einem Gebet, in anderen Momenten steigert er das Sprechtempo wie in einem wilden Furor.

Am Ende der Rede stellt er dem Publikum zehn Fragen, allesamt im Grunde rhetorischer Art. »Wollt ihr den totalen Krieg?«, brüllt er die vierte Frage in den Raum, woraufhin das Publikum aufspringt und begeistert skandiert: »Ja!« Goebbels setzt nach: »Wollt ihr ihn, wenn nötig, totaler und radikaler, als wir ihn uns heute überhaupt vorstellen können?« Und wieder tobt der Saal. Irgendwann steigt der übergewichtige Schauspieler Heinrich George auf seinen Stuhl, reißt sein Halstuch ab und wedelt damit durch die Luft. Das ist nicht gespielt.

Goebbels hat eine Massenhysterie ausgelöst. Seine Rede wird insgesamt mehr als zweihundertmal durch Beifallsstürme und Sprechchöre wie »Sieg Heil« und »Führer befiehl, wir folgen« unterbrochen. Als das Spektakel vorüber ist, wendet sich Goebbels zu einem Begleiter, der hinter ihm auf der Tribüne steht, und raunt ihm mit heiserer Stimme zu: »Diese Stunde der Idiotie! Wenn ich den Leuten gesagt hätte, springt aus dem dritten Stock des Columbushauses, sie hätten es auch getan.« Der Rundfunk bleibt derweil noch 20 Minuten auf Sendung, um das Toben des Publikums zu übertragen.

Die neunte Frage lautete übrigens: »Seid ihr damit einverstanden, dass, wer sich am Krieg vergeht, den Kopf verliert?«

*

Noch am selben Abend bittet Joseph Goebbels einige Teilnehmer an der Veranstaltung zu einem Empfang in sein

Palais in unmittelbarer Nähe des Brandenburger Tores. Nach und nach treffen die Besucher ein: die Minister Albert Speer (Rüstung) und Otto Georg Thierack (Justiz), eine Handvoll Staatssekretäre, ein paar Militärs sowie weitere Ehrengäste. Von den Entbehrungen, auf die Goebbels die Zuhörer im Sportpalast kurz zuvor eingestimmt hat, ist hier nichts zu spüren. Diener in Livree servieren französischen Cognac und Tee sowie kleine dreieckige Gurkensandwiches.

»Haben Sie bemerkt?«, fragt Goebbels den erstaunten Albert Speer, »sie reagierten auf die kleinste Nuance und gaben Beifall genau an den richtigen Stellen.« Wie ein versierter Schauspieler, der über seine Tricks und Kniffe Auskunft gibt, erläutert Goebbels, wie er das Publikum zur Raserei brachte. Speer begreift, wie er später in seinen Memoiren schreiben wird, dass die vielen emotionalen Ausbrüche, deren er Zeuge wurde, von Goebbels inszeniert waren, dass also er und alle anderen Zuhörer lediglich als Statisten in einer monströsen Theateraufführung dienten.

Goebbels ist mit sich zufrieden. Seine Gäste, so hält er am nächsten Tag in seinem Tagebuch fest, hätten vielfach »die Meinung vertreten, dass diese Versammlung eine Art von stillem Staatsstreich darstellt«. Und weiter: »Der totale Krieg ist jetzt nicht mehr eine Sache weniger einsichtiger Männer, sondern er wird jetzt vom Volke getragen.«

✳

In München werden Sophie und Hans Scholl nun schon seit vielen Stunden von der Gestapo verhört. Man hat die Geschwister getrennt, damit sie sich nicht absprechen können. Wenn sie mit der Sache im Lichthof der Universität etwas zu tun haben, so die Annahme der Gestapo, werden sie sich über kurz oder lang in Widersprüche verstricken. Doch was Sophie und Hans den Beamten unabhängig voneinander präsentieren, ist größtenteils deckungsgleich: Man sei in die Uni gegangen, weil Sophie einer Freundin, mit der sie zum Essen verabredet gewesen sei, absagen wollte, um danach gemeinsam zu den Eltern nach Ulm zu fahren. Der leere Koffer? Der sei für Frischwäsche bestimmt gewesen, die die Mutter den beiden auf der Rückreise nach München hätte mitgeben wollen. Und die Flugblätter? Die hätten bei ihrem Eintreffen in der Universität dort bereits ausgelegen. Da sie in Eile gewesen seien, hätten sie dem Ganzen keine Beachtung geschenkt. Lediglich aus einem gewissen Übermut heraus habe Sophie einem Blätterstapel auf der Balustrade einen Stups gegeben, sodass er in den Lichthof fiel.

Die Gestapo glaubt den Geschwistern zunächst und stellt ihre baldige Haftentlassung in Aussicht. Was Hans und Sophie nicht wissen: In der Zwischenzeit durchsuchen Polizisten die gemeinschaftliche Wohnung in der Franz-Joseph-Straße. Dort finden sie rund 140 Briefmarken zu 8 Pfennigen, eine Kladde mit zahlreichen Adressen aus Augsburg und München sowie eine Schreibmaschine. Fatalerweise stößt die Gestapo in Hans' Manteltasche auf den Entwurf zu einem weiteren Flugblatt, den sie irgendwie Christoph Probst zuordnen kann. Probst gehört seit dem Vorjahr zum Freundeskreis der Geschwister Scholl und studiert Medizin an der Universität Innsbruck. Dort wird er am 20. Februar verhaftet.

Ab da ist von einer Entlassung keine Rede mehr. Die Verhöre beginnen von vorne, und irgendwann legt Hans Scholl ein Geständnis ab. Als Sophie davon erfährt, gesteht auch sie: »Es war unsere Überzeugung, dass der Krieg für Deutschland verloren ist und dass jedes Menschenleben, das für diesen verlorenen Krieg geopfert wird, umsonst ist. Besonders die Opfer, die Stalingrad forderte, bewogen uns, etwas gegen dieses unserer Ansicht nach sinnlose Blutvergießen zu unternehmen.« Selbstbewusst fügt sie hinzu: »Ich war mir ohne weiteres im Klaren darüber, dass unser Vorgehen darauf abgestellt war, die heutige Staatsform zu beseitigen und dieses Ziel durch geeignete Propaganda in breiten Schichten der Bevölkerung zu erreichen.«

Zwei Tage und Nächte dauern insgesamt die Befragungen. In dieser Zeit will Robert Mohr, Sophies Vernehmungsbeamter, Sympathie und Hochachtung für die junge Frau entwickelt haben, wie er später behaupten wird. Auch habe er ihr die Möglichkeit gegeben, sich als ein »Opfer« ihres Bruders darzustellen, um die zu erwartende Strafe abzumildern. Doch Sophie lehnt jede Art von Reue ab: »Von meinem Standpunkt muss ich diese Frage verneinen. Ich bin nach wie vor der Meinung, das Beste getan zu haben, was ich gerade jetzt für mein Volk tun konnte. Ich bereue deshalb meine Handlungsweise nicht und will die Folgen, die mir aus meiner Handlungsweise erwachsen, auf mich nehmen.«

*

Anweisungen der Pressekonferenz der Reichsregierung, 21. Februar 1943: »Das Auslandsecho zur Goebbelsrede möge nun allmählich abklingen. Schweizer Stimmen, Goebbels sei der geistige Steuermann des Reiches, nicht übernehmen.«

*

Das Schicksal tritt in Person von Dr. jur. Roland Freisler in das Leben der Inhaftierten. Es ist Montag, der 22. Februar, 10 Uhr, als im Münchner Justizpalast der Prozess gegen Hans und Sophie Scholl sowie gegen Christoph Probst beginnt. Freisler ist eigens am Vortag mit dem Flugzeug aus Berlin angereist. Für jemanden wie die Studenten hat der Neunundvierzigjährige nur Verachtung übrig.

Freisler ist seit Ende August 1942 Präsident des Volksgerichtshofes und damit Deutschlands oberster Richter. Der Volksgerichtshof wurde 1934 gegründet, nachdem Hitler sich über die nach seiner Meinung zu laxen Urteile mancher Richter geärgert hatte. Ihm schwebte eine Art politisches Revolutionstribunal vor, das die Gegner des Regimes aburteilen und ausmerzen sollte. Inzwischen besteht das Gericht aus sechs Senaten mit jeweils fünf Richtern, von denen allerdings nur zwei Berufsrichter sein müssen. Die anderen drei sind überwiegend Wehrmachtsangehörige oder dem »Führer« treu ergebene Laien. Da der Volksgerichtshof in erster und letzter Instanz urteilt, können von ihm gefällte Urteile grundsätzlich nicht angefochten werden. Einzig Hitler ist in der Lage, Gnade zu erweisen und einen Richterspruch abzuändern.

Wer vor dem von Freisler geführten Ersten Senat landet, muss um sein Leben fürchten. Gut die Hälfte der Angeklagten wird von ihm wegen kleinster Vergehen zum Tode verurteilt, der Rest erhält teils langjährige Haftstrafen. Von den 1373 Menschen, die Freislers Senat im Jahr 1942 aburteilte, wurden lediglich 36 freigesprochen. »Dr. Freisler hat sich einmal mir gegenüber gerühmt«, erinnert sich ein Ministerialbeamter, »wenn er die Arbeitsstunden beim Volksgerichtshof mit der Zahl der Todesurteile vergleiche, so falle alle 20 Minuten ein Kopf.«

Dabei ist Freisler im Regime alles andere als unumstritten. Keiner spricht gut über ihn. Curt Rothenberger, Staatssekretär im Reichsjustizministerium, nennt ihn – wenn auch nur in seinen persönlichen Notizen – einen »krankhaften Pathologen«, und Rothenbergers Vorgänger Franz Schlegelberger attestiert ihm zwar eine hohe Intelligenz, die allerdings mit »abnormen Neigungen« gepaart sei. Justizminister Otto Georg Thierack verachtet Freisler und hält es gelegentlich sogar für erforderlich, ihn zu ermahnen, die »Würde des Gerichts« zu wahren. Doch das alles ficht Freisler nicht an. Er fühlt sich lediglich Hitler verpflichtet, wie er dem Diktator nach seiner Ernennung schrieb: »Der Volksgerichtshof wird sich stets bemühen, so zu urteilen, wie er glaubt, dass Sie, mein Führer, den Fall selbst beurteilen würden. Heil meinem Führer! In Treue, Ihr politischer Soldat Roland Freisler.«

Freislers Fanatismus hat vermutlich auch mit seinem Werdegang zu tun. Im Oktober 1915 geriet er als Kriegsfreiwilliger in russische Gefangenschaft in Sibirien, wo er die Landessprache erlernte. Hinter vorgehaltener Hand erzählt man sich in Justizkreisen, Freisler sei erst im Sommer 1920 nach Deutschland zurückgekehrt, obwohl die Gefangenenlager bereits zwei Jahre zuvor aufgelöst worden seien. Was hat er so lange in Russland gemacht? Er sei als bolschewistischer Lebensmittelkommissar tätig gewesen, heißt es unter anderem, und dass es ihm der Kommunismus damals durchaus angetan habe. Hitler selbst macht sich offensichtlich keine Illusionen, wen er da in das höchste Richteramt gehievt hat. Freisler sei »ja in seiner ganzen Art ein Bolschewik«, ätzt er einmal und lehnt es ab, den Juristen zu empfangen.

Freislers Bruder Oswald, mit dem er seit 1924 in Kassel eine Rechtsanwaltskanzlei betrieb, stürzte sich im Frühjahr 1939 in Berlin aus dem Fenster, nachdem er aus der NSDAP ausgeschlossen worden war. Er hatte einen katholischen Priester vor Gericht verteidigt und sehr zum Missfallen der Parteioberen einen Freispruch erwirkt.

Es ist der stille Verdacht der Unzuverlässigkeit, der den Volksgerichtshofpräsidenten zu immer neuem Fanatismus anstachelt. Er brüllt und wütet, beschimpft die Angeklagten im schlimmsten Gossenjargon, fällt ihnen unentwegt ins Wort und verhöhnt sie. Dann springt er auf und beugt sich über den Richtertisch, als wolle er den Beschuldigten persönlich an die Gurgel. Seine Stimme überschlägt sich, wenn er ihnen unflätige Beleidigungen an den Kopf wirft.

So auch an diesem 22. Februar 1943 in München. Mit seinem unwürdigen Schauspiel will Freisler den drei jungen Leuten ihre Würde nehmen und sie der Lächerlichkeit preisgeben, was ihm allerdings nicht gelingt. Die Verhandlungsführung sei ein »Affentheater«, erklärt Hans und zeigt sich unbeeindruckt, während Sophie sich direkt an die Zuschauer im Saal wendet: »Was wir schrieben und sagten, das denken Sie alle ja auch, nur haben Sie nicht den Mut, es auszusprechen.« Daraufhin herrscht betretenes Schweigen, selbst Freisler scheint von dieser Antwort völlig überrascht zu sein. Das bleibt nicht ohne Wirkung. Der zufällig anwesende Jurastudent Leo Samberger beschreibt später, wie tief ihn so viel Courage ergriffen hat:»Da standen Menschen, die ganz offensichtlich von ihren Idealen erfüllt waren. Ihre Antworten auf die teilweise unverschämten Fragen des Vorsitzenden [...] waren ruhig, gefasst, klar und tapfer.« Als Freisler genug hat, zieht sich das Gericht zur Beratung zurück. Ein wirklicher Gedankenaustausch findet innerhalb des Gremiums nicht statt. Der Präsident gibt die Richtung vor – und der hat seine Entscheidung schon längst gefällt.

»In dieser Pause«, erinnert sich Leo Samberger,»ließ sich jener widerliche Universitätspedell, der im feierlichen Anzug zu seiner großen Schau als Zuschauer erschienen war, von seiner Umgebung als heimlicher Held bewundern und feiern.«

Kurz vor 13 Uhr verkündet Freisler die Urteile: Todesstrafe. Die Geschwister Scholl überrascht das nicht, sie haben damit fest gerechnet. Nur Christoph Probst – Vater von drei Kindern im Alter von drei Jahren, zwei Jahren und vier Wochen – hat bis zuletzt auf Gnade gehofft. Vergebens. Hans deutet auf die Richterbank:»Heute hängt ihr uns und morgen werdet es ihr sein.«

Gegen 16 Uhr erhalten Hans' und Sophies Eltern noch die Erlaubnis, sich im Gefängnis Stadelheim von den Kindern zu verabschieden, den Angehörigen von Christoph Probst wird dies verwehrt. Als Robert Scholl seinen Sohn Hans sieht, sagt er:»Ihr werdet in die Geschichte eingehen, es gibt noch eine Gerechtigkeit.« Dank der Gefängniswärter, die mit den drei Verurteilten Mitleid haben, dürfen Hans, Sophie und Christoph kurz vor der Vollstreckung noch gemeinsam eine Zigarette rauchen.»In wenigen Minuten sehen wir uns in der Ewigkeit wieder«, sagt Christoph zum Abschied.

Zuerst wird Sophie abgeführt, dann Hans und zuletzt Christoph. Bevor Hans um kurz nach 17 Uhr seinen Kopf unter das Fallbeil legt, ruft er:»Es lebe die Freiheit.«

*

Am frühen Morgen des 27. Februar 1943 beginnen in mehreren deutschen Städten Razzien. Das Zentrum der sogenannten Fabrikaktion liegt in der Reichshauptstadt Berlin, wo noch einige Tausend Juden als Zwangsarbeiter beschäftigt sind. Sie sollen nun nach einem Befehl Hitlers aus den Betrieben entfernt, deportiert und ermordet werden. Von der Verschleppung ausgenommen sind nur jene mit einer »arischen« Ehefrau oder einem »arischen« Ehemann. Die Gestapo geht mit rücksichtsloser Härte vor und verhaftet die Menschen direkt an ihren Arbeitsplätzen in den Fabriken – entgegen dem Befehl auch durch eine »Mischehe« geschützte Juden. Nur mit Kittelschürzen oder Werkskleidung am Leib müssen sie bei der Februarkälte auf die bereitstehenden Laster steigen. Andere werden in ihren Wohnungen abgeholt, wiederum andere auf offener Straße abgeführt. Alles in allem werden in Berlin an dem Tag etwa 8000 Menschen gefangen genommen und in verschiedene Lager im Stadtgebiet verbracht. Dabei kommt es zu furchtbaren Szenen. Aus Furcht vor dem, was ihnen drohen könnte, begehen Dutzende Menschen Selbstmord, werfen sich unter Autos oder stürzen sich im Moment der Verhaftung aus dem Fenster.

Für die »arisch Versippten«, wie es im nationalsozialistischen Sprachgebrauch heißt, ist ein Gebäude in der Rosenstraße 2-4 unweit des Alexanderplatzes als Sammelpunkt vorgesehen. Die Gestapo verfolgt dabei einen besonders perfiden Plan: Sie will aus diesem Personenkreis neues Personal für die wenigen verbleibenden jüdischen Einrichtungen der Stadt auswählen, um die dort bislang tätigen Juden deportieren zu können. Das Haus in der Rosenstraße ist allerdings viel zu klein und als Unterkunft für die etwa 1500 bis 2000 Menschen völlig ungeeignet. Es fehlt an Schlaf- und Waschplätzen, die wenigen Toiletten befinden sich bald in einem fürchterlichen Zustand. Noch am 27. Februar verbreitet sich in Berlin das Gerücht, dass auch die Juden, die in »Mischehen« leben und nun in der Rosenstraße ausharren, deportiert werden sollen. Das trifft zwar nicht zu, denn diejenigen, die für eine Beschäftigung in den jüdischen Einrichtungen ungeeignet erscheinen, sollen in den nächsten Tagen wieder entlassen werden. Gleichwohl versammeln sich innerhalb kurzer Zeit die ersten »arischen« Angehörigen vor der Liegenschaft – zuerst eine Handvoll, dann ein paar Dutzend, irgendwann sind es mehrere Hundert. »Getan haben wir in der Rosenstraße gar nichts«, erinnert sich später eine Zeitzeugin. »Ich bin da hin und her gegangen. Man hat sich unterhalten.« Ab und zu marschieren Schutzpolizisten durch die Menge und befehlen: »Zerstreuen Sie sich! Gehen Sie auf die andere Seite!« Die Menschen kommen der Aufforderung zum Schein nach, nur um umgehend wieder zurückzukehren. So geht das mehrere Tage lang. Es ist ein stummer Protest, der auch Joseph Goebbels nicht verborgen bleibt. »Die Evakuierung der Juden aus Berlin hat doch zu manchen Misshelligkeiten geführt«, heißt es in seinem Tagebuch. »Leider sind dabei auch die Juden und Jüdinnen aus privilegierten Ehen zuerst mit verhaftet worden, was zu großer Angst und Verwirrung geführt hat.«

✳

Victor Klemperer hat einen weiteren Begriff der *Lingua Tertii Imperii* entdeckt: »Abgewandert«. Am 25. Februar 1943 schrieb er seiner Bekannten Caroline Hirschberg in Berlin eine Postkarte, die zwei Tage später als unzustellbar zurückkam. Neben dem Stempelaufdruck »zurück« hatte der Postbote mit dünnem Bleistift »Abgewandert« notiert. Klemperer hält daraufhin fest: »Beachte zu LTI: ›Abgewandert‹ für abgewandert worden. Harmloses Wort für ›vergewaltigen‹, ›vertreiben‹, ›in den Tod schicken‹.« Er begreift sofort, was das bedeutet. »Gerade jetzt ist nicht mehr anzunehmen, dass irgendwelche Juden lebend aus Polen zurückkehren«, notiert er. »Ich bin sehr schlecht, ich habe weniger Mitleid mit Caroli als Angst vor ähnlichem Schicksal. Auch Eva war sehr betroffen.«

✳

Hinter Karlrobert Kreiten liegen anstrengende Wochen. Am 12. Januar hat er im Kölner Gürzenich das kolossal schwere Klavierkonzert von Hans Pfitzner zum Besten gegeben, drei Tage später war er mit Mozart in Chemnitz zu Gast, unmittelbar darauf folgte ein Auftritt in der Bonner Beethovenhalle, bevor er Ende Januar in der Stadthalle Heidelberg konzertierte. Doch auch in den nächsten Wochen ist sein Terminkalender gut gefüllt. Am 11. März soll er im Stadttheater Bochum spielen, und am 23. März steht ein großer Soloabend im Beethoven-Saal der Berliner Philharmonie auf dem Programm. Der Mai ist besonders voll: Einem erneuten Abstecher nach Heidelberg, wo er am 3. Mai in der Neuen Aula der Universität auftreten wird, schließen sich Konzerte in Mühlheim an der Ruhr, Oldenburg, Jena und einigen weiteren Städten an. Dass er zwischendurch noch einen Umzug innerhalb Berlins bewerkstelligen muss, passt ihm im Grunde nicht in den Kram. Doch wenn alles glattgeht, kann Karlrobert Anfang März seine neue Wohnung beziehen, die viel schöner und heller ist als die alte.

Klavierabende von Karlrobert Kreiten sind musikalische Ereignisse. Im Kölner Konzertsaal Gürzenich folgt das Publikum 1936 mit atemloser Spannung den Darbietungen des Zwanzigjährigen. »Karlrobert Kreiten, der junge Wundermann am Flügel, vollbrachte mit ruhiger Selbstverständlichkeit Spitzenleistungen an Technik und Ausdrucksbesessenheit.«

Lützowufer

Die Redaktion der *Dame* muss eine traurige Nachricht überbringen: »Mit dem vorliegenden Heft nimmt *Die Dame* Abschied von ihren Lesern. Die Kriegswirtschaft erfordert stärkste Konzentration aller Kräfte. Diese Zusammenfassung macht es notwendig, dass unsere Zeitschrift mit dem heutigen Tage bis auf weiteres ihr Erscheinen einstellt, um Menschen und Material für andere kriegswichtige Zwecke freizumachen.«

*

»Ich werde ab heute wichtige Einzelheiten des Kriegsalltags aufzeichnen. Ich will es tun, damit ich sie nicht vergesse, und bevor sie, je nachdem wie dieser Krieg ausgehen wird, mit Absicht und auch absichtslos allgemein vergessen, verändert, gedeutet oder umgedeutet sein werden.« Seit Erich Kästner im Januar 1941 diesen Entschluss gefasst hat, macht sich der Schriftsteller unentwegt Notizen, vermerkt Zeitungs- und Radiomeldungen, Gerüchte und Witze, Beiläufiges und Wichtiges. Das in blaues Leinen gebundene Journal ist Kästners ständiger Begleiter. Muss er nachts bei Fliegeralarm in den Keller, klemmt er sich das Buch unter den Arm. Für den Fall, dass es trotzdem einmal Fremden in die Hände fallen sollte, hat er Vorsorge getroffen. Zur Sicherheit führt er nämlich sämtliche Eintragungen in Gabelsberger Kurzschrift aus, die für die meisten Menschen völlig unleserlich ist. Irgendwann, so sein Plan, soll sein Tagebuch als Grundlage für einen großen Roman über das »Dritte Reich« dienen. Heute, am 1. März 1943, hat Kästner einen neuen Witz gehört, den er sofort seinem Tagebuch anvertraut: »Wenn die Engländer noch ein paar Mal so kommen, müssen sie sich die Häuser selber mitbringen!«

*

Bericht über den 101. Fliegeralarm am Montag, dem 1. März 1943:

Verdunklungserleichterung zu Ende 21.23 Uhr
Luftgefahr 21.35 Uhr
Fliegeralarm 21.39 Uhr
Luftgefahr vorbei und Entwarnung 23.50 Uhr
Gespannte Luftlage ---
Verdunklungserleichterung 23.52 Uhr

*

Bericht des Deutschen Nachrichtenbüros (DNB) vom 2. März 1943:»In der vergangenen Nacht fand auf die Reichshauptstadt ein britischer Terrorangriff größeren Ausmaßes statt. Es wurden beträchtliche Sachschäden angerichtet. Die Personenschäden betragen bisher 89 Tote und 213 Verletzte. Mit einer Erhöhung der Totenzahl muss gerechnet werden.

Unter anderem fielen dem britischen Terrorangriff drei Krankenhäuser zum Opfer, die zum Teil schwer beschädigt wurden und evakuiert werden mussten. Die Hedwigs-Kirche sowie vier andere Kirchen erlitten schwere Schäden und brannten zum Teil gänzlich aus.

In den einzelnen Vierteln der Reichshauptstadt wurden beträchtliche Schäden an Wohnhäusern angerichtet. Zwei Altersheime fielen dem feindlichen Terrorangriff gänzlich zum Opfer. Die Bevölkerung der Reichshauptstadt zeigte bei der zivilen Abwehr des britischen Terrorangriffs eine mustergültige Haltung. Die Zahl der abgeschossenen feindlichen Flugzeuge beträgt bisher 19.«

*

»Die Engländer haben die Untat gerächt«, schreibt Ruth Andreas-Friedrich in ihr Tagebuch, als die Flugzeuge der Royal Air Force abgezogen sind. »Mit einem Großangriff auf Berlin, wie er bisher nicht seinesgleichen sah. 160 000 Menschen, sagt man, sind obdachlos geworden. Es brennt in der Stadt und in allen West- und Südvororten. Schwefelgelb raucht die Luft. Durch die Straßen stolpern gehetzte Menschen. Mit Bündeln, mit Koffern und Hausrat. Stolpern über Trümmer und Scherben. Fassen es nicht, dass man gerade ihnen – ausgerechnet ihnen – so übel mitgespielt hat. Von der Ursache zur Wirkung ist ein langer Weg.«

*

Am nächsten Vormittag macht sich Magda Hain auf den Weg durch die brennende Stadt nach Kreuzberg. Der Stadtteil ist von den Angriffen am Vorabend weitgehend verschont geblieben, sodass sie am Bahnhof Schlesisches Tor ohne Gefahr die U-Bahn verlassen kann. Sie geht etwa

400 Meter die Straße entlang, dann hat sie ihr Ziel erreicht. An der Ecke Schlesische Straße und Heckmannufer befindet sich in einem imposanten Backsteinbau die Hauptverwaltung der Carl Lindström AG. Das Unternehmen nennt sich stolz Europas größter Schallplattenproduzent, was vermutlich zutreffend ist, denn unter seinem Dach vereinigt es so erfolgreiche Marken wie Odeon, Parlophon, Beka und Gloria. Noch vor wenigen Jahren verließen gut 150 000 Schallplatten das Berliner Presswerk – jeden Tag.

Magda Hain kann ihr Glück manchmal gar nicht fassen. Vor einem Jahr noch war sie als unbekannte Stenotypistin bei Siemens tätig, heute ist sie ein Star, dessen Konterfei in bunten Blättern und auf Plattenhüllen erscheint. An dieser sensationellen Wendung in ihrem Leben ist Gerhard Winkler nicht ganz unschuldig. Im vergangenen Mai hat Winkler – seines Zeichens Schlagerkomponist – die damals einundzwanzigjährige Gelegenheitssängerin zufällig kennengelernt und sich von ihrer frischen Stimme sofort angetan gezeigt. Obwohl Magda nie Gesangsunterricht erhalten hat, ist sie in der Lage, die schwierigsten Koloraturen zu singen. Auf so eine Stimme hatten Winkler und die Manager der Odeon nur gewartet. Im Oktober wurde ein Exklusivvertrag unterzeichnet, und Magda Hain konnte ihrer tristen Bürotätigkeit den Rücken kehren. Mit ihrem einfachen und schnörkellosen Auftreten scheint die junge Frau wie gemacht zu sein für die veränderten Bedürfnisse der Unterhaltungsindustrie im vierten Kriegsjahr. Schnippische Diven haben derzeit keine Konjunktur, gewünscht werden Stars aus dem Volk. Und so verpasst der Berliner Volksmund Magda Hain das Etikett »die singende Hausfrau«.

Während nun an diesem Tag in der Reichshauptstadt die letzten Brände gelöscht, Trümmer beseitigt und Tote geborgen werden, machen sich Magda Hain und Gerhard Winkler im Kreuzberger Odeon-Studio bereit, einen neuen Schlager aufzunehmen. Die Musik hat – wie immer – Winkler selbst geschrieben, der Text stammt von Ralph Maria Siegel. Das Aufnahmelicht geht an, Winkler gibt seinem Orchester den Einsatz, und nach ein paar Takten singt Magda Hain mit unschuldiger Stimme:

Wenn bei Capri die rote Sonne im Meer versinkt
Und vom Himmel die bleiche Sichel des Mondes blinkt,
Ziehen die Fischer mit ihren Booten aufs Meer hinaus,
Und sie legen im weiten Bogen die Netze aus.
Nur die Sterne, sie zeigen ihnen am Firmament
Ihren Weg mit den Bildern, die jeder Fischer kennt,
Und von Boot zu Boot das alte Lied erklingt.
Hör von fern, wie es singt:
Bella, bella, bella, bella Marie, bleib' mir treu,
Ich komm' zurück morgen früh',
Bella, bella, bella, bella Marie, vergiss' mich nie.

*

Am Morgen des 5. März 1943 erscheint gegen 8 Uhr ein Polizeibeamter in Martha Liebermanns Wohnung in der Graf-Spee-Straße 23 im Tiergartenviertel. Seit einem Schlaganfall, den sie im Vorjahr erlitten hat, ist die Fünfundachtzigjährige nicht mehr gut beieinander. Sie hat an Gewicht verloren, die Haut überzieht den dünnen Körper wie Pergament. Trotz aller Hinfälligkeit begreift Martha Liebermann sofort, was das Eintreffen des Mannes zu bedeuten hat. Seit Wochen und Monaten schon fürchtet sie sich vor diesem Moment: dass ein Polizist plötzlich bei ihr auftaucht, um sie abzuholen. Sie, die doch niemandem etwas getan hat. Eine alte Frau am Ende ihrer Tage. Die Witwe Max Liebermanns.

Der Beamte hat sich einen letzten Rest von Menschlichkeit bewahrt und gibt ihr zu verstehen, dass er in zwei Stunden wiederkommen werde. Frau Liebermann möge sich bis dahin ankleiden und das Nötigste in einen Koffer packen. Dann verlässt er die Wohnung.

Hinter Martha liegen gut zehn Jahre der Diskriminierung, Entrechtung und Verfolgung. Anfang Mai 1933, nicht lange nachdem die Nationalsozialisten die Macht übernommen hatten, erklärte Martha Liebermanns Mann Max seinen Austritt aus der Preußischen Akademie der Künste, womit er seinem Rauswurf zuvorkam. Als der weltberühmte Maler knapp zwei Jahre später starb, lehnte die Akademie jede Ehrung ihres langjährigen Präsidenten ab. Selbst der Bitte um eine Kranzspende erteilte man eine Absage. Im Herbst des Jahres verließ die Witwe das große Familienpalais am Pariser Platz 7, das sie vorerst hatte behalten dürfen, und zog in die Graf-Spee-Straße. Die Tochter Käthe emigrierte samt Familie Mitte November 1938 in die Vereinigten Staaten von Amerika, doch Martha blieb in Berlin zurück. Hier sei das Grab ihres Mannes, erklärte die alte Dame, und sie könne ihrer Geburtsstadt doch unmöglich den Rücken kehren. Marie Hagen und Alwine Walter, schon seit Ewigkeiten für die Familie Liebermann tätig und kaum jünger als Martha, führten ihr weiterhin den Haushalt, ein befreundeter Rechtsanwalt kümmerte sich, so gut es ging, um die juristischen Belange.

In den folgenden Jahren raubten die Nationalsozialisten unter Anwendung immer neuer Gesetze, Verordnungen und Zwangsabgaben große Teile ihres Vermögens.»Martha Liebermann musste den Judenstern tragen und ging kaum noch auf die Straße«, erinnerte sich eine Zeitzeugin.»Dafür wurde sie von Menschen belagert, die billig Bilder und Zeichnungen ihres Mannes kaufen wollten, um damit im Ausland Geschäfte zu machen. Als ich sie einmal besuchte, erzählte sie mir, wie sie unter solcher Ausnutzung litte, und schenkte mir eine sehr hübsche Zeichnung – ein Mädchen, das wartend vor dem Fenster steht – gerade weil ich nichts von ihr gewollt hatte. Sie sah noch in ihrem Alter entzückend aus, zart und gütig.«

Irgendwann gab Martha Liebermann ihren Widerstand gegen eine Emigration auf. Freunde im In- und Ausland bemühten sich, ihre Ausreise nach Schweden oder in die Schweiz zu ermöglichen – ohne Erfolg.

In Kürze wird der Polizeibeamte zurück sein, um Martha Liebermann abzuholen.»Abholen« klingt so harmlos, als ob die beiden sich zu einem Spaziergang durch den nahen Tiergarten verabredet hätten. Doch Martha Liebermann weiß, worum es geht: Sie soll in das Konzentrationslager Theresienstadt deportiert werden.

Sie hat Vorsorge getroffen. In einer Schublade befinden sich zahlreiche Medikamentenschachteln mit der Aufschrift »Veronal«. Mit zitternden Händen nimmt sie eine Tablette nach der anderen und schluckt diese herunter. Als der Polizist gegen 10 Uhr zurückkehrt, liegt Martha Liebermann bereits im Koma. Sie wird in das Jüdische Krankenhaus eingeliefert, wo sie fünf Tage später stirbt.

*

Die Ufa – die Universum Film AG – wird fünfundzwanzig Jahre alt. Aus diesem Anlass bittet das Unternehmen 2000 Gäste am Nachmittag des 5. März zu einem Festakt in den Ufa-Palast am Zoo. Neben einigen Reichsministern und weiteren Würdenträgern erscheint das Who's who der deutschen Filmindustrie, darunter zahlreiche Schauspielerinnen und Schauspieler. Mitten im Getümmel befindet sich Joseph Goebbels, der seinen Auftritt sichtlich zu genießen scheint. Er plaudert und scherzt, lobt und tadelt und lässt keinen Zweifel daran, dass er hier das Sagen hat. Das war nicht immer so. Bis vor wenigen Jahren hieß der starke Mann der Ufa noch Alfred Hugenberg, dessen Medienkonzern die marode Ufa 1927 erworben und von Grund auf saniert hatte. Im März 1937 musste Hugenberg jedoch seine Anteile für einen hohen Millionenbetrag an eine Holdinggesellschaft verkaufen, die im Auftrag des Propagandaministeriums arbeitet. Damit wurde die Ufa klammheimlich verstaatlicht. Filme spielen für Joseph Goebbels eine eminent wichtige Rolle. Sie sind in seinen Worten »Mittel zur Führung des Volkes und zur Aufhellung der inneren Stimmung«. Die Menschen sollen für ein paar Stunden die Fliegeralarme und Bombenangriffe, das Leben in den Luftschutzkellern, die Zerstörungen sowie die Toten und das Leid vergessen. Auch deshalb produziert die Ufa im vierten Kriegsjahr einen Film nach dem anderen.

Im Anschluss an den Festakt wird der neueste Streifen der

Babelsberger Studios präsentiert: *Münchhausen*. Da es sich dabei um den offiziellen Jubiläumsfilm der Ufa handelt, spielte Geld keine Rolle. Mitten im Krieg betrieb man einen enormen Aufwand an Personal, Kulissen, Kostümen und Tricktechnik, für die Außenaufnahmen reiste man sogar eigens nach Venedig. Gedreht wurde im Agfacolor-Verfahren, der deutschen Antwort auf das amerikanische Technicolor-System, das bei Farbfilmen wie *Vom Winde verweht* oder *Der Dieb von Bagdad* zum Einsatz kam. *Münchhausen*, so Goebbels' ausdrückliche Devise im Vorfeld, soll nun gehörig Eindruck machen und aller Welt demonstrieren, wozu das Deutsche Reich in der Lage ist. Das alles hat natürlich seinen Preis. Die Produktionskosten belaufen sich auf sage und schreibe 6,5 Millionen Reichsmark. Damit zählt der Film zu den teuersten Produktionen des »Dritten Reiches«. Allein die Gage für Hans Albers, der in der Rolle des Lügenbarons Hieronymus von Münchhausen zu sehen ist, soll mit 360 000 Reichsmark zu Buche schlagen. Albers' Spitzensalär ist Goebbels ein Dorn im Auge, entspricht der Betrag doch 17 Jahresgehältern eines Reichsministers. »Die Gagen müssen herunter. Vor allem für Albers«, hatte Goebbels bereits 1937 gefordert, sich damit aber allem Anschein nach nicht durchsetzen können. Überhaupt genießt Albers als Publikumsliebling eine gewisse Narrenfreiheit. In seiner Mischung aus Kraftprotz und Draufgänger sieht er so aus, wie man sich einen Filmhelden vorstellt. Der Einundfünfzigjährige ist groß, blond und blauäugig, hat breite Schultern und ein umwerfendes Lächeln, das insbesondere die Frauen in seinen Bann zieht. »So wahr ich der liebe Gott bin!«, lautet sein Lieblingsspruch. Bei der heutigen Premiere ist Hans

Albers übrigens nicht anwesend. Er vermeidet es tunlichst, mit nationalsozialistischen Politikern gesehen zu werden. Zum *Münchhausen*-Ensemble gehört auch Leo Slezak, der einen Sultan spielt. Slezaks Ehefrau Elsa, geborene Wertheim, hat eine jüdische Mutter und gilt nach den Gesetzen des »Dritten Reiches« als Halbjüdin. Doch bei einem prominenten Künstler wie Leo Slezak, den Adolf Hitler bereits in seiner Wiener Zeit bewundert haben will, sieht Goebbels darüber hinweg. Auch Hubert »Hupsi« von Meyerinck und Wilhelm Bendow entsprechen nicht dem Ideal des Propagandaministers, denn beide Schauspieler sind homosexuell und machen daraus auch keinen Hehl. Da *Münchhausen* aber bis in die Nebenrollen mit beliebten Leinwandstars besetzt werden sollte, nimmt man derlei stillschweigend in Kauf.

Am späten Abend macht Joseph Goebbels noch einen Besuch bei Carl Froelich, dem Präsidenten der Reichsfilmkammer, bei dem etwa ein Dutzend Premierengäste versammelt sind und den Erfolg des Films feiern. Wenn die Zeiten nicht so ernst wären, sagt Goebbels in einer kurzen Ansprache, hätte er ein neues Prädikat geschaffen und dieses *Münchhausen* verliehen. Die Anwesenden nicken beipflichtend und prosten sich zu.

Von einer Person, die viel zum Erfolg des Streifens beigetragen hat, ist indes erstaunlicherweise gar nicht die Rede: vom Autor des Drehbuchs. Dieses stammt von einem gewissen Berthold Bürger, der im Vorspann allerdings nicht genannt wird. Für diese Geheimniskrämerei gibt es aus Sicht von Joseph Goebbels gute Gründe, denn hinter besagtem Herrn verbirgt sich kein anderer als Erich Kästner.

Dessen Literatur gilt als »entartet« und wurde im Mai 1933 auf dem Berliner Opernplatz verbrannt. »Gegen Dekadenz und moralischen Verfall!«, schrie damals ein Student, als er Kästners Roman *Fabian* in die Flammen warf. Goebbels verachtet Autoren wie Kästner, die er als Repräsentanten einer »Asphaltliteratur« betrachtet. Der Propagandaminister weiß aber zu gut, dass der Dresdner ein hervorragender Erzähler ist. Die deutsche Filmindustrie kann Autoren wie ihn gut gebrauchen. Und so ist Kästner, der offiziell nichts publizieren darf, trotzdem gut im Geschäft und verfasst unter Pseudonym das eine oder andere Drehbuch. Als Reichsfilmintendant Fritz Hippler vor etwa zwei Jahren bei seinem Chef Goebbels vorstellig wurde und ihm vorschlug, das *Münchhausen*-Drehbuch von Kästner schreiben zu lassen, sagte der Minister, dass er von nichts wissen wolle – und stimmte zu.

*

»Was ist?«, fragt Oberst Henning von Tresckow Fabian von Schlabrendorff. »Wollen wir's wagen?« Der Oberst hat auf diesen Tag gewartet und das Vorhaben vielfach in Gedanken durchgespielt. Henning Hermann Robert Karl von Tresckow, so sein vollständiger Name, führt ein aberwitziges und hochriskantes Doppelleben: Tagsüber erfüllt er seinen Dienst als leitender Offizier im Generalstab der Heeresgruppe Mitte, nachts arbeitet er an streng geheimen Plänen. Etwa eine Handvoll Männer ist eingeweiht, darunter Tresckows Adjutant und Cousin Fabian von Schlabrendorff. Als ob er sich ein letztes Mal der Richtigkeit seines Handelns versichern wollte, schaut er Schlabrendorff durchdringend an und erwartet nun dessen Antwort. »Wir müssen es tun«, erwidert der Vertraute knapp. Der 13. März ist ein sonniger Tag, kaltes Winterwetter liegt in der Luft. Heute soll Adolf Hitler sterben.

Doch wie tötet man einen Diktator? Tresckow und Schlabrendorff haben darüber lange nachgedacht. Zunächst wollten sie ihn erschießen – »wie einen tollwütigen Hund«, so Tresckow –, doch das scheint viel zu riskant, denn Hitler ist ständig von einer Schar von Sicherheitsleuten umgeben. Gift scheidet ebenfalls aus, da Hitlers Essen von einer ihn immer begleitenden Diätköchin separat zubereitet und anschließend von einem Arzt vorgekostet wird. Die Wahl fiel schließlich auf Sprengstoff. Zu diesem Zweck hatte sich Tresckow schon seit Monaten die für das Attentat notwendigen Materialien beschafft. Es handelt sich dabei um Sprengstoff und Zünder englischer Herkunft, die den großen Vorteil besitzen, sehr klein und kompakt und dennoch äußerst effektiv zu sein. Eine Menge, die nicht größer als ein dickes Buch ist, vermag alles im Umkreis von ein paar Metern zu zerfetzen.

Henning von Tresckow und Fabian von Schlabrendorff wollen Hitler heute mittels einer in sein Flugzeug geschmuggelten Bombe beseitigen. Der Sprengsatz wird explodieren, so der Plan, und Hitlers Maschine zum Absturz bringen. Die Gelegenheit ist günstig, denn der Diktator befindet sich auf dem Weg nach Smolensk, wo er der Heeresgruppe Mitte, zu der auch Tresckow und Schlabrendorff gehören, einen kurzen Besuch abstatten will. Tresckow hat den Sprengstoff in einem Paket verstaut, das an zwei eingewickelte Cognacflaschen erinnert, und dann seinem Adjutanten übergeben.

Während Schlabrendorff das explosive Gut hütet, fahren Tresckow und sein Chef, Generalfeldmarschall Günther von Kluge, zum Flughafen, um Hitler in Empfang zu nehmen. Im Hauptquartier angekommen, finden zunächst verschiedene Besprechungen statt, an die sich ein gemeinsames Mittagessen anschließt. Hitler und seine Generäle sitzen an einer Tafel in der Mitte des Raumes, Tresckow und Schlabrendorff nehmen an verschiedenen runden Tischen darum herum Platz. Schlabrendorff hat nun die Gelegenheit, seinen obersten Befehlshaber aus der Nähe zu beobachten. »Hitler essen zu sehen, war ein höchst widerwärtiger Anblick«, erinnert er sich. »Die linke Hand stützte er auf den Oberschenkel, während er mit der rechten Hand sein aus vielerlei Gemüsesorten bestehendes Essen in sich hineinlöffelte. Dabei führte er nicht etwa den rechten Arm zum Munde, sondern ließ ihn während des ganzen Essens auf dem Tisch liegen und neigte stattdessen seinen Mund zum Essen. Zwischendurch trank er verschiedene vor seinem Teller aufgestellte nichtalkoholische Flüssigkeiten. Auf Befehl Hitlers hatte das Rauchen nach dem Essen zu unterbleiben.«

Während der Mahlzeit spricht Henning von Tresckow seinen Tischnachbarn Oberstleutnant Heinz Brandt aus Hitlers Entourage an: ob er bereit sei, das kleine, aus zwei Flaschen Cognac bestehende Päckchen, das an Oberst Hellmuth Stieff im Oberkommando des Heeres adressiert sei, auf dem Rückweg mitzunehmen? Tresckow muss Nerven wie Drahtseile haben. Der Weinbrand sei eine Wettschuld, erklärt er, die er nun endlich begleichen wolle. Sein Adjutant Schlabrendorff werde sich erlauben, ihm, Brandt, das Präsent am Flughafen zu übergeben. Brandt nickt.

Nach dem Mittagessen begleiten Tresckow und Kluge Hitler zurück zum Flugplatz. Fabian von Schlabrendorff folgt dem Tross mit der Bombe im Gepäck. Es sind nur ein paar Kilometer, und die Fahrt dauert nicht lange. Doch während der gesamten Zeit muss er daran denken, was er mit Tresckow besprochen hat: Die Übergabe des Päckchens müsse völlig unauffällig und in letzter Minute vor dem Abflug erfolgen, sodass niemand auf die Idee käme, den Gegenstand zu untersuchen. Am Flugplatz angekommen, stellt Schlabrendorff mit Schrecken fest, dass dort mehrere Flugzeuge stehen, darunter zwei absolut identische »Führer-Maschinen« der Baureihe Focke-Wulf Fw 200 Condor. Eine Sicherheitsvorkehrung – bis zum Abflug soll niemand wissen, wo Hitler einsteigt. Als Hitler sich von den anwesenden Offizieren verabschiedet hat, geht er auf eines der Flugzeuge zu, Heinz Brandt will ihm mit etwas Abstand folgen. In dem Moment drückt Schlabrendorff unbemerkt den Zünder, tritt an Brandt heran und übergibt ihm das Päckchen, das dieser daraufhin im Frachtraum von Hitlers Maschine verstaut. Die Motoren werden angelassen, Hitler winkt den Männern noch einmal zu, dann entschwinden die Zwillingsmaschinen in Begleitung eines Jagdgeschwaders in den russischen Himmel.

Henning von Tresckow und Fabian von Schlabrendorff wechseln kein Wort miteinander. Was sollten sie einander auch sagen? Beide wissen, dass der Zeitzünder die Bombe in weniger als einer Stunde zur Explosion und das Flugzeug zum Absturz bringen wird. Die Maschine wird sich dann vermutlich inüber Minsk befinden. Alles wird wie ein Unglück aussehen, niemand würde sie verdächtigen. Die

Nachricht von Hitlers Ableben wird sich anschließend wie ein Lauffeuer verbreiten. Die Cousins müssen jetzt nur ein klein wenig Geduld haben.

✳

Die Zeit vergeht. Nach gut zwei Stunden erhalten Tresckow und Schlabrendorff endlich eine Nachricht aus Hitlers Umfeld: Der »Führer« sei im ostpreußischen Rastenburg gelandet und habe vor Kurzem sein Hauptquartier »Wolfsschanze« wohlbehalten erreicht. Damit haben die Verschwörer nicht gerechnet. Irgendetwas muss schiefgegangen sein. Doch was? Hat man das Komplott womöglich durchschaut und die Bombe unterwegs entschärft? Oder hat einfach der Zündmechanismus versagt? Tresckow und Schlabrendorff sind fassungslos. Ist das offensichtliche Scheitern des Attentats schon schlimm genug, müssen die beiden nun mit ihrer Enttarnung rechnen. Die Nerven liegen blank. Was tun?

Nachdem sie eine ganze Weile hin und her überlegt haben, springt Tresckow von seinem Stuhl auf, geht zum Schreibtisch, greift nach dem Telefonhörer und lässt sich mit Oberstleutnant Heinz Brandt im »Führerhauptquartier« verbinden. »Da ist mir ein Missgeschick passiert«, entschuldigt er sich bei Brandt. »Ich habe Ihnen ja ein ganz falsches Paket für den General Stieff mitgegeben. Bitte tun Sie mir einen Gefallen, behalten Sie es bei sich. Morgen kommt mein Ordonnanzoffizier und holt das falsche Paket von Ihnen ab. Er wird den von General Stieff gewonnenen Cointreau selbst mitbringen und dem General Stieff übergeben.« Brandt zeigt sich damit einverstanden.

Am nächsten Morgen fliegt Schlabrendorff nach Rastenburg, um die Bombe wieder in seinen Besitz zu bringen. Entweder Brandt ist wirklich ahnungslos, kalkuliert Schlabrendorff, oder das Ganze ist eine Falle. Dann würde man ihn vermutlich umgehend gefangen nehmen und vor Gericht stellen oder kurzerhand erschießen. Als der Fünfunddreißigjährige Brandts Dienstzimmer betritt, liegt das Paket dort auf dem Tisch. Brandt reicht es seinem Besucher jovial scherzend, nicht ohne es mehrfach hin und her zu bewegen, als ob er den Inhalt schütteln wollte. »Ich hatte dabei eine unangenehme Empfindung«, erinnert sich Schlabrendorff an die Szene, »weil ich es nicht für ausgeschlossen hielt, dass die Bombe vielleicht noch nachträglich platzen könnte. Aber wiederum geschah nichts.«

Mit gespielter Ruhe nimmt Fabian von Schlabrendorff das Paket an sich und entschuldigt sich noch einmal für die Unannehmlichkeiten. Dann verlässt er möglichst schnell das Hauptquartier. In Korschen, etwa 20 Kilometer nordwestlich von Rastenburg, besteigt er einen Sonderzug des Oberkommandos des Heeres, der am selben Abend planmäßig nach Berlin fahren wird. Als Schlabrendorff das für ihn reservierte Schlafabteil gefunden hat, betritt er das Coupé, verriegelt die Tür hinter sich und zieht die Vorhänge zu. Jetzt muss er die Bombe entschärfen. Dazu öffnet er zunächst mit einer Rasierklinge aus seinem Reiseetui so vorsichtig wie möglich das Paket. Nachdem er die Verpackung entfernt hat, stellt er fest, dass der Sprengstoff völlig unbeschädigt und noch intakt ist. Die Entfernung des Zünders ist hochriskant. Eine falsche Bewegung oder ein zu schnelles Herausdrehen des Zündstiftes – und alles fliegt in die Luft. Doch die Sache gelingt. Als Schlabrendorff den Zündmechanismus in Händen hält und von allen Seiten begutachtet, traut er seinen Augen kaum. Durch Drücken des Zünders wurde eine kleine Flasche zerbrochen, der eine ätzende Flüssigkeit entströmte. Die Säure zerfraß einen dünnen Draht, der eine Feder und den Schlagbolzen hielt. Nach der Auflösung des Drahtes schnellte der Schlagbolzen nach vorne. So weit, so gut. Doch warum ist dann das Zündhütchen nicht entflammt, was zur Explosion der Bombe geführt hätte? Vermutlich war es die Kälte, die im Flugzeug geherrscht haben mag, die die Zündung verhinderte.

Auf dem Bahnsteig hört man mehrere laute Pfiffe, eine Männerstimme ruft »Zurückbleiben!«, dann setzt sich der Nachtzug langsam in Bewegung. Etwa 600 Kilometer liegen zwischen Korschen und Berlin. Fabian von Schlabrendorff hat nun viel Zeit, die vergangenen Tage Revue passieren zu lassen. Die Situation ist unwirklich: Er hat soeben eine Bombe aus dem »Führerhauptquartier« geschmuggelt, die eigentlich Adolf Hitler hätte töten sollen. Doch wohin mit dem Sprengsatz? Er könnte ihn irgendwo in den ostpreußischen Weiten aus dem Fenster des fahrenden Zuges werfen. Schlabrendorff entscheidet sich dagegen. In der Reichshauptstadt angekommen, sucht er am nächsten Morgen Sigismund Lauter auf. Der Professor ist Direktor des Sankt Gertrauden-Krankenhauses und ein alter Freund der Familie; ihm kann er blind vertrauen. Während die beiden Männer durch die herrschaftliche Wohnung auf dem Kurfürstendamm Ecke Bleibtreustraße gehen, erzählt der Besucher seinem Gastgeber, was geschehen ist. Plötzlich bleibt Lauter vor einer großen, alten und wunderschönen Kommode stehen. Er öffnet eine der Schubladen und wirft Schlabrendorff einen Blick zu, als ob er sagen wollte, dass die kostbare Antiquität ein würdiger Platz für ein so besonderes Gut sei.

*

Im Deutschen Reich wird am 16. März 1943 eine Verordnung über die Normung von Särgen erlassen. Für einen Erdsarg der Kategorie 1 darf höchstens 0,11 Kubikmeter Holz verbraucht werden.

*

Karlrobert Kreiten liegt am Morgen des 17. März 1943 im Bett und schläft. Die Vorhänge, die er am Vorabend zugezogen hatte, schließen nicht vollständig. Durch einen schmalen Schlitz fallen die Strahlen der aufgehenden Sonne direkt in sein Gesicht und wecken ihn sanft auf. Er reckt sich, streckt die Arme in die Höhe und reibt sich schließlich mit beiden Handrücken den Schlaf aus den Augen. Dann blickt er in das Gesicht Adolf Hitlers. Genauer gesagt, schaut Hitler von einer gerahmten Fotografie, die dem Bett gegenüber an der Wand hängt, auf Karlrobert herab. »Führer und Reichskanzler« steht in großen Lettern auf dem Bild.

Karlrobert Kreiten lebt seit ein paar Tagen in der Wohnung von Ellen Ott-Monecke am Lützowufer 1 im Berliner Bezirk Tiergarten. Eigentlich wollte er schon längst von der Lietzenburger Straße, wo er bislang gewohnt hat, in die Motzstraße gezogen sein. Die neue Wohnung befindet sich im zweiten Stock eines großbürgerlichen Hauses, ist geräumiger und heller als die alte und verfügt über ein eigenes Musikzimmer. Doch bedauerlicherweise konnte der Umzug in die Motzstraße nicht beizeiten abgeschlossen werden.

Karlrobert war verzweifelt, zumal er in wenigen Tagen zu seinem jährlichen Soloabend im Beethoven-Saal der Philharmonie erwartet wurde. Wie sollte er sich unter diesen Umständen auf das Konzert vorbereiten? Mutter Emmy hatte schließlich die Idee, ihre Jugendfreundin Ellen Ott-Monecke, die über einen schönen Flügel verfügt, um Unterschlupf für den Filius zu bitten. Und so liegt Karlrobert nun in Frau Ott-Moneckes Gästezimmer und starrt auf die Hitler-Fotografie. Seine Gastgeberin ist fünfundfünfzig Jahre alt und von mittelgroßer Erscheinung. Sie trägt brünette Haare, die vermutlich gefärbt sind, und hat ein ebenmäßiges Gesicht mit einem auffällig verkniffenen Mund, der ihr einen leicht argwöhnischen, ja ängstlichen Ausdruck verleiht. Einst studierte sie Gesang, doch aus der Karriere wurde nichts. Ihr gleichaltriger Gatte Willy ist Ingenieur und leistet derzeit seinen Kriegsdienst als Lehrer an einer Feldgasschutzschule der Luftwaffe in Kladow bei Berlin ab. In der Ehe der Ott-Moneckes steht es offenbar nicht zum Besten. Irgendwann erzählt Ellen ihrem Untermieter Karlrobert, dass sie sich vor Willy fürchte und froh sei, dass er die meiste Zeit fort sei. Die Nachbarn wollen gar wissen, dass Willy seit einiger Zeit fremdgeht. Das Ehepaar hat keine Kinder.

Karlrobert findet seine Gastgeberin nicht besonders sympathisch. Als er einmal Klavier übte, trat sie von hinten an ihn heran und legte ihre Hand auf seine Schulter. Will sie ihn womöglich bezirzen? Allein der Gedanke lässt ihn schaudern. Was ihn aber am meisten an Ellen Ott-Monecke stört, ist ihre Verbohrtheit. Sie präsentiert sich als Nationalsozialistin, die auf Hitler und die Partei nichts kommen lässt.

In jedem Zimmer hängt ein Bild des »Führers«, und nahezu jedes Gespräch artet in Lobeshymnen auf ihn aus. Dabei ist Frau Ellen anders als ihr Gatte Willy, der im Mai 1933 in die NSDAP eingetreten ist, selbst gar kein Parteimitglied. Schlimmer ist nur noch ihre Freundin Annemarie Windmöller, die in der Etage über ihnen wohnt. Sie stellt jeden Hausbewohner zur Rede, der im Treppenhaus nicht mit »Heil Hitler!« grüßt. Frau Windmöller ist achtundvierzig Jahre alt und Hausfrau, ihr fünf Jahre älterer Gatte Hermann arbeitet als Ministerialrat im Reichswirtschaftsministerium. Im letzten Krieg hat er sein rechtes Bein verloren, weshalb er seither eine Prothese trägt, die er beim Gehen ein wenig nachzieht. Die Kinder in der Nachbarschaft rufen ihm manchmal »Hinkebein« oder »Humpelfuß« hinterher, was er in der Regel stoisch ignoriert.

Ellen Ott-Monecke und Annemarie Windmöller sind Mitglieder in der »NS-Frauenschaft«, der Frauenorganisation der NSDAP: Die eine leitet dort die Singgruppe, die andere ist als Schulungsleiterin tätig. Gilt Ellen Ott-Monecke unter den Hausbewohnern als naiv und etwas einfältig, steht Annemarie Windmöller (Parteimitglied seit 1933) in dem Ruf, eine wahre Fanatikerin zu sein. Selbst Parteigenossen wie dem Versicherungsvertreter Hans von Lancizolle, der im vierten Stock wohnt, geht ihr Gebaren mitunter zu weit. Man hält sich von den beiden Damen fern.

Karlrobert Kreiten ist mittlerweile aufgestanden und hat sich angekleidet. Auch wenn er keine Lust verspürt, sich mit seiner Gastgeberin zu unterhalten, wird er ihr nun beim Frühstück kurz Gesellschaft leisten. Er tut dies aus reiner Höflichkeit, immerhin hilft sie ihm ja mit ihrer Gastfreundschaft aus der Patsche. Doch im Grunde kann er es kaum erwarten, in drei Tagen – am 20. März – endlich in seine neue Wohnung umzuziehen. Dann beginnt für ihn ein neuer Lebensabschnitt, und Ellen Ott-Monecke wird darin bestimmt keine Rolle spielen.

Während Frau Ellen an diesem Mittwochvormittag mit einem silbernen Löffel durch die Kaffeetasse rührt, bringt sie die Rede auf den letzten Luftangriff der Engländer auf Berlin vom 1. März. Dieser sei zwar schlimm gewesen, doch die deutsche Abwehr habe wie eine Eins gestanden. Karlrobert könnte diese Bemerkung ignorieren und schweigen, zumal er für ein längeres Gespräch gar keine Zeit und an einer Diskussion noch weniger Interesse hat. Warum hält er nicht einfach den Mund?

Deutschland habe London zuerst angegriffen, erwidert er, und trage damit die Schuld am Luftkrieg. Ellen Ott-Monecke schaut ihn an, als ob sie das gerade Gesagte nicht verstanden hätte.

»Die Engländer sind noch viel zu human«, fährt Karlrobert fort, »sie müssten jede Stunde kommen und immer nur ein paar Bomben abwerfen, damit wir uns dauernd in Aufregung befinden und eher mürbe werden. Umso eher ist der Krieg dann aus!«

Als sein Gegenüber den *Völkischen Beobachter* erwähnt, fährt Karlrobert dazwischen: »Was lesen Sie denn da für einen Mist? Das ist ja alles Lug und Trug.«

Ellen Ott-Monecke ist fassungslos. Sie glaube an den Führer, hält sie Karlrobert entgegen, was er mit Hohn quittiert: »Ich glaube auch an den Führer! Wissen Sie, was er in *Mein Kampf* geschrieben hat?«

Noch bevor Frau Ellen antworten kann, fährt er fort:»Ein zweiter Weltkrieg bedeutet für Deutschland den Untergang.‹«

Der Krieg werde noch in diesem Sommer beendet, behauptet Ellen Ott-Monecke stattdessen, was Karlrobert umso mehr provoziert.»Ja, der Krieg ist zu Ende; denn in zwei bis drei Monaten bricht die Revolution in Deutschland aus.« Plötzlich springt er auf und zeigt auf das Hitler-Porträt, das in dem Zimmer hängt.»Ich kann Ihnen nur raten, nehmen Sie die Führerbilder von den Wänden, denn sonst haben Sie große Unannehmlichkeiten.«

Als Ellen Ott-Monecke ihm vorhält, welch entsetzliche Dinge er da äußere, platzt es aus Karlrobert heraus:»Ja, wissen Sie denn alles das noch nicht? Kommen Sie denn vom Mond?«

Für ein paar Sekunden herrscht zwischen den beiden Kontrahenten gespanntes Schweigen. Karlroberts Blicke wandern durch den Raum. Hitler sei krank, durchbricht er schließlich die Stille. Und führt den rechten Zeigefinger an seine Stirn:»Von so einem Wahnsinnigen hängt nun das Geschick von Deutschland ab.« Kürzlich habe er eine Rede von Churchill gehört, der sehr vornehm und ruhig gesprochen habe. Hitler dagegen schreie in seinen Reden und drücke sich in einer Weise aus, die sich einem Staatsoberhaupt nicht zieme.

Der»Führer« sei ein Genie, erwidert Ellen Ott-Monecke, vielleicht das größte Genie, das jemals gelebt habe. Und er sei ein großer Staatsmann und Feldherr.

Hitler, entgegnet Karlrobert, habe keine Ahnung von der Kriegsführung und mische sich nur in alles ein; er wolle alles besser wissen, verstehe aber von nichts etwas. In einem anderen Land hätte man den verantwortlichen Staatsmann nach einer Katastrophe wie der in Stalingrad schon längst zum Teufel gejagt.

Schließlich fällt jener Satz, der Frau Ott-Monecke am meisten empört:»Der Krieg ist ja längst verloren. Hitler, Göring, Goebbels, Frick werden einen Kopf kürzer gemacht werden.«

Irgendwie beenden die Streithähne den Disput. Karlrobert erhebt sich und geht in den Flur, wo er Mantel und Hut von der Garderobe nimmt, dann verlässt er die Wohnung.

Die Sonne, die ihn am Morgen sanft geweckt hat, ist mittlerweile von Wolken verdeckt, aus denen leichter Schneeregen fällt. Karlrobert klappt den Kragen seines Mantels nach oben, nimmt den Weg ein paar Meter nach rechts und wechselt dann die Straßenseite. Von dort hat er einen unverstellten Blick auf das Haus Lützowufer 1. Ein stolzes Gebäude mit vier Geschossen, Erkern und Loggien sowie halbrunden Balkonen, die von kunstvoll gestalteten schmiedeeisernen Gittern eingefasst sind. Der Landwehrkanal fließt gewissermaßen vor der Haustüre vorbei, auf der anderen Seite des Gewässers befindet sich das Reichskriegsministerium. Über die Großadmiral-von-Holtzendorff-Brücke erreicht man die Bendlerstraße, die in den Tiergarten mündet. Nachdem Karlrobert das Haus eine Weile sinnierend betrachtet hat, schüttelt er den Kopf und geht weiter.

*

Henning von Tresckow gehört nicht zu den Menschen, die sich leicht entmutigen lassen. Nur wenige Tage nach dem gescheiterten Attentat auf Hitler steckt er bereits mitten in den Vorbereitungen für einen neuen Versuch, den Diktator ins Jenseits zu befördern. Wieder einmal ist die Gelegenheit günstig. Tresckow hat nämlich von Hitlers Adjutanten Rudolf Schmundt erfahren, dass der »Führer« am 21. März im Rahmen der Feierlichkeiten des diesjährigen »Heldengedenktags« im Berliner Zeughaus eine Ausstellung mit erbeuteten sowjetischen Waffen besuchen wolle und dort zu reden beabsichtige. Der Zufall will es, dass mit Rudolf-Christoph Freiherr von Gersdorff ein enger Vertrauter Tresckows jene Schau organisiert hat. Der siebenunddreißigjährige Gersdorff, der ebenfalls an der Ostfront im Einsatz ist, soll Hitler durch die Sammlung führen, ihm die einzelnen Exponate erläutern – und ihn umbringen.

Bei einem langen Spaziergang auf den Wiesen des Dnepr außerhalb von Smolensk fragt Tresckow seinen Begleiter Gersdorff, ob er bereit sei, in Berlin ein Attentat auf Hitler zu verüben. Tresckow weiß aus zahlreichen Gesprächen, dass auch Gersdorff den »Führer« verachtet. Man habe nun die einmalige Gelegenheit, so der Oberst, neben Hitler auch Göring, Himmler, Goebbels und einige weitere Schurken auf einen Schlag um die Ecke zu bringen. Die Art des Attentats hänge von den Gegebenheiten im Zeughaus ab, doch möglicherweise wird es nötig sein, dass er – Gersdorff – sich mit Hitler in die Luft sprengt. Gersdorff braucht nicht lange, um dem Vorschlag zuzustimmen. Nachdem seine Frau Renata im Januar 1942 Selbstmord verübt hat, ist die Welt für ihn ohnehin eine andere. Er hängt nicht an seinem Leben. Die Männer gehen eine Weile schweigend weiter. Plötzlich bleibt Tresckow stehen und sagt: »Ist es nicht etwas Ungeheuerliches, dass hier zwei deutsche Generalstabsoffiziere zusammen überlegen, wie sie am sichersten ihren obersten Befehlshaber umbringen können? Aber es muss getan werden. Es ist jetzt die einzige Möglichkeit, Deutschland vor dem Untergang zu retten. Die Welt muss von dem größten Verbrecher aller Zeiten befreit werden. Man muss ihn totschlagen wie einen tollwütigen Hund, der die Menschheit gefährdet!«

Am 20. März fliegt Gersdorff nach Berlin und sucht umgehend das Zeughaus auf. Dort herrscht reges Treiben, Lieferanten gehen ein und aus, und Gärtner tragen kleine Lorbeerbäume sowie weiteren Blumenschmuck in das Gebäude. Im Lichthof, wo der Staatsakt stattfinden wird, zimmern Handwerker an dem Podium für die Staatskapelle, Stühle für die Ehrengäste werden aufgestellt und Lautsprecher angeschlossen, während Hitlers Rednerpult vor der monumentalen Freitreppe errichtet wird. Inmitten des Tohuwabohu erkennt Gersdorff zahlreiche SS-Männer, die das Geschehen beobachten. Schnell ist ihm klar, dass sich hier unmöglich eine Bombe unbemerkt deponieren lässt. Somit bleibt, wie von Tresckow vermutet, nur das Selbstmordattentat.

Rudolf-Christoph Freiherr von Gersdorff hat sich für die letzte Nacht seines Lebens im Hotel Eden einquartiert. Das Haus an der Kreuzung Budapester Ecke Nürnberger Straße gehörte in Friedenszeiten zu den luxuriösesten und teuersten Herbergen der Stadt. Legendär war der piekfeine Fünf-Uhr-Tee auf der großen Dachterrasse, zu dem bekannte Tanzorchester aus dem In- und Ausland aufspielten. Doch nachdem das Gebäude im September 1941 von einer Bombe getroffen worden war, die den Dachstuhl in Brand setzte, blieb vom einstigen Glanz nicht viel übrig. Vorbei die Zeiten, in denen Kellner in weißen Smokings opalisierende Cocktails servierten und die Gäste über den Straßen Berlins Minigolf spielten.

Gersdorff liegt auf seinem Bett und kann nicht schlafen. So muss sich ein zum Tode Verurteilter in der Nacht vor seiner Hinrichtung fühlen, denkt er. Damit er am nächsten Tag nicht die Nerven verliert, hat Tresckow ihm eine Tablette Pervitin zugesteckt – ein starkes Aufputschmittel, das euphorisierend wirkt und die Angst nimmt. Wenn alles gut geht, stirbt Adolf Hitler in wenigen Stunden – und er, Gersdorff, leider auch.

Irgendwann am frühen Morgen klopft es an der Zimmertüre. Fabian von Schlabrendorff bringt ihm verabredungsgemäß die Bombe aus Professor Lauters Kommode. Die beiden Männer wechseln nur kurz ein paar Worte. Was kann man in einer solchen Situation schon sagen? Danach versieht Gersdorff den Sprengsatz mit einem Zünder, der etwa zehn Minuten, nachdem man ihn scharf gemacht hat, die Explosion auslöst, und versteckt das Ganze in seinem Mantel. Um die Bombe dort zu entdecken, müsste man Gersdorff abtasten, was, so sein Kalkül, niemand wagen wird.

Gersdorff ist bereits im Zeughaus, als die ersten Ehrengäste eintreffen. In der ersten Reihe nehmen Hitler, SS-Chef Himmler, Generalfeldmarschall Keitel, Großadmiral Dönitz, Generalfeldmarschall Milch, Generalfeldmarschall Bock und Propagandaminister Goebbels Platz. Direkt neben Hitler sitzt Hermann Göring, der den Eindruck eines Operettenfürsten macht: weiße Uniform, rote Stiefel aus Ziegenleder, zahllose Orden an der Brust. Zudem ist er auffallend geschminkt. Zu Beginn des Festaktes spielt die Preußische Staatskapelle unter der Leitung von Staatskapellmeister Johannes Schüler den ersten Satz aus Anton Bruckners 7. Sinfonie. »Allegro moderato« ist dieser Teil überschrieben, und er dauert etwa 20 Minuten. Gersdorff befindet sich in einer der hinteren Reihen. Während die Musik mit den für Bruckner typischen Klangballungen in den Blech- und Holzbläsern feierlich zu Ende geht, nimmt er die Pervitin-Tablette und schiebt sie unauffällig in den Mund. Von Hitlers anschließender Rede bekommt er nicht viel mit, ihm fällt allerdings auf, dass Hitler vergleichsweise kurz spricht und dabei lustlos und abwesend wirkt.

Anschließend beginnt der Rundgang durch die Ausstellung, wofür im Protokoll 30 Minuten vorgesehen sind. Gersdorff begibt sich in Hitlers unmittelbare Nähe und drückt dann den Zünder. In etwa zehn Minuten wird alles vorbei sein. Doch Hitler zeigt an den verschiedenen Ausstellungsstücken keinerlei Interesse und hört seinem Begleiter gar nicht zu. Auch Göring, der ihm etwas zeigen will, wird keines Blickes gewürdigt. Stattdessen geht Hitler schnellen Schrittes zu einem Seitenausgang des Gebäudes, wo sich auf dem Boulevard Unter den Linden eine Militärparade anschließen soll. Ehe sich Gersdorff versieht, ist Hitler weg. Alles in allem hat der vermeintliche Rundgang keine drei Minuten gedauert.

In dem Moment realisiert Gersdorff, dass das Attentat gescheitert ist. Geistesgegenwärtig sucht er die nächste Toilette auf und schließt sich dort ein. Ihm bleiben vielleicht vier Minuten, höchstens fünf, um die Bombe in seiner Tasche zu entschärfen. Es glückt sprichwörtlich in letzter Minute. Ohne die Parade abzuwarten, geht Gersdorff in die nahe gelegene Schadowstraße, wo sich der exklusive Union-Club befindet. Gersdorff hofft, dort alleine zu sein und zur Ruhe zu kommen, schließlich ist er gerade dem Tod sprichwörtlich von der Schippe gesprungen – Hitler allerdings leider auch. Als Gersdorff das Etablissement betritt, stürzt Waldemar Freiherr von Oppenheim auf ihn zu. Beide Herren sind Mitglieder im Club; man kennt sich. Der Kölner Bankier hat in der Reichshauptstadt beruflich zu tun. »Heute hätte ich den Adolf umbringen können«, erklärt Oppenheim unumwunden. »Vor meinem Parterrezimmer im Hotel Bristol kam er ganz langsam im offenen Wagen die Linden vorbeigefahren. Es wäre eine Leichtigkeit gewesen, ihm über den Fußgängersteig hinweg eine Handgranate in den Wagen zu werfen.« Gersdorff sagt kein Wort.

✳

Im fernen Los Angeles schaltet Thomas Mann vor dem Zubettgehen noch einmal den Radioapparat an, um dann in sein Tagebuch zu notieren: »Abend-Nachricht über eine heutige Rede Hitlers von 15 Minuten (!), bei der niemand ihn gesehen, und die emotionslos vorgetragen, von keinerlei Heil und Beifall begleitet war. Mysteriös.«

✳

Werner Höfer feiert an diesem 21. März seinen dreißigsten Geburtstag. Mit seiner Frau Elfriede Scheurer, einer Tänzerin, und der drei Monate alten Tochter Angelika wohnt er in der Bamberger Straße 25 im schicken Bayerischen Viertel.

Höfer ist »Schriftleiter«, so steht es jedenfalls im Berliner Adressbuch. Die Familie verfügt auch über einen eigenen Telefonanschluss mit der Nummer 26 24 64. Das Telefon ist für Höfer ein wichtiges Arbeitsmittel, denn als Journalist muss er seine Texte oft in letzter Minute vor Redaktionsschluss in den Hörer diktieren. Höfer, der eigentlich aus dem Eifeldorf Kaisersesch stammt, arbeitet seit etwa vier Jahren für den Deutschen Verlag. So heißt das Unternehmen, das früher unter dem Familiennamen Ullstein weltberühmt war. Doch die Ullsteins sind Juden und mussten sich 1934 unter politischem Druck von ihren Verlagen trennen – »Arisierung« nennt man das. Höfers Artikel erschienen zunächst in der *B.Z. am Mittag*, doch nachdem diese Ende Februar 1943 kriegsbedingt eingestellt worden ist, schreibt er nun hauptsächlich für *Das 12 Uhr Blatt*. Darüber hinaus tritt er als Kulturreferent in Albert Speers Reichsministerium für Bewaffnung und Munition in Erscheinung. Was er dort genau macht? Man weiß es nicht. Höfer spricht nicht gerne über persönliche Belange.

Werner Höfer und Joseph Goebbels sind sich noch nicht persönlich begegnet. Es ist aber durchaus denkbar, dass der Propagandaminister bereits den einen oder anderen Artikel aus Höfers Feder zur Kenntnis genommen hat. Was er dort zu lesen bekam, dürfte ihm gefallen haben. Als etwa Fritz Todt, Speers Vorgänger als Rüstungsminister, bei einem Flugzeugabsturz ums Leben kam, widmete Höfer ihm einen salbungsvollen Nachruf und pries den Verstorbenen als »das Idealbild der nationalsozialistischen Führerpersönlichkeit«. Die von Speer errichtete Neue Reichskanzlei sei »die zentrale Herzkammer unseres Volkes«, frohlockte er bei anderer

Gelegenheit, »vornehmlich dann, wenn in den großen Entscheidungsstunden der jüngsten Geschichte jubelnde Zustimmung und dankbarer Gruß den Arbeitsraum des Führers umbranden«. Das ist Journalismus, der sich ohne Wenn und Aber zum Nationalsozialismus bekennt – und somit ganz nach Goebbels' Geschmack. Diese Linientreue zahlt sich für Werner Höfer aus: Während seine Altersgenossen im Krieg sind, muss er nur an der »Heimatfront« kämpfen. An seinem heutigen Jubeltag, der glücklicherweise auf einen Sonntag fällt, hat Werner Höfer frei und kann sich um seine junge Familie kümmern. Der letzte Fliegerangriff liegt gut drei Wochen zurück. Vielleicht gehen die Höfers heute noch ein wenig durch die Straßen des Bayerischen Viertels spazieren.

*

Es ist kurz vor 6 Uhr am Abend des 23. März 1943. Karlrobert Kreiten steht hinter der Bühne des Beethoven-Saals der Berliner Philharmonie und nestelt an seiner Schleife. Dabei steigt er unruhig von einem Bein aufs andere. Er ist nervös, denn in wenigen Minuten wird er seinen lange erwarteten Klavierabend beginnen. Obschon Karlrobert regelmäßig in vielen deutschen Städten auftritt, bleiben Konzerte in Berlin doch immer etwas ganz Besonderes. Das Publikum der Reichshauptstadt gilt als ebenso anspruchsvoll wie kritisch und ist dafür bekannt, es den Künstlern nicht leicht zu machen. Mancher weltberühmte Virtuose, der mit den örtlichen Gepflogenheiten nicht vertraut war, drohte an den spärlichen Reaktionen zu verzweifeln.

Karlrobert hat für diesen Abend einen raffinierten Ablauf

entworfen. Er beginnt mit Sonaten von Scarlatti und Mozart, auf die sechs Etüden von Chopin folgen. Diese Werke hat er schon oft gespielt, sie liegen ihm sehr und fließen gewissermaßen wie von selbst aus seinen filigranen Fingern in die Tasten des Flügels. Dann kommt das Hauptwerk des Abends: Franz Liszts *Spanische Rhapsodie*. Dieses Werk ist selbst für einen überragenden Spieler wie ihn mit aberwitzigen Schwierigkeiten verbunden. Auch wenn die Finger in absurder Geschwindigkeit über die Tasten fliegen und wahre Akkordkaskaden auslösen, muss er Herr des Geschehens bleiben. Jede Unachtsamkeit kann verheerende Folgen haben. Doch wenn alles gut geht, dessen darf man sicher sein, wird seine Karriere dank dieses Auftritts weiter an Fahrt gewinnen.

Dann ertönt ein tiefer Gong. Der Saaldiener öffnet die Tür, Karlrobert ruckelt ein letztes Mal an seiner Schleife und geht auf das Podium hinaus. Im Vorbeigehen wünscht der Mann ihm gutes Gelingen oder dergleichen, doch Karlrobert ist so angespannt, dass er diese freundliche Geste nicht wahrnimmt.

Am nächsten Morgen wacht Karlrobert in seiner neuen Wohnung früh auf. Eigentlich hätte er jedes Recht auszuschlafen und sich von den Strapazen des Vorabends zu erholen. Doch wenn er ein Konzert gespielt hat, schläft er in der darauffolgenden Nacht in der Regel nicht gut. Sei es die leise Melancholie eines Impromptus von Schubert oder die quirlige Unrast einer Chopin-Etüde – die Gefühle, die die Musik in ihm auslöst, lassen ihn nicht so schnell zur Ruhe kommen. Außerdem geht ihm dann zu viel durch den Kopf: Was war gelungen? Was ist weniger geglückt?

Wenn Karlrobert an den gestrigen Auftritt denkt, stellt sich tiefe Befriedigung ein. Der Beethoven-Saal war mit seinen gut 1000 Plätzen nahezu ausverkauft – in Kriegszeiten nun wirklich keine Selbstverständlichkeit. Nach den Scarlatti-Sonaten zeigte sich die Zuhörerschaft noch ein wenig reserviert, doch mit jedem weiteren Stück, das Karlrobert vortrug, nahm die Begeisterung merklich zu. Nach den sechs Etüden von Chopin brandete Applaus auf, dann kam Liszts Spanische Rhapsodie an die Reihe. Er setzte sich an das Instrument, rückte den Klavierhocker zurecht und legte die Hände in den Schoß. Für ein paar Augenblicke schaute er regungslos auf die Tasten. Er braucht diese kurze Zeit der Besinnung, in der er versucht, seine Kräfte zu sammeln. Für das Publikum waren diese wenigen Sekunden indes kaum auszuhalten. Die Luft schien förmlich elektrisch geladen zu sein. Dann schlug Karlrobert den A-Dur-Akkord an, mit dem das Werk beginnt. Knapp fünfzehn Minuten später kannte der Jubel keine Grenzen mehr. Bravorufe mischten sich in den frenetischen Applaus, die Menschen waren außer sich. Aus dem Konzertsaal vernahm man »Zugabe« und »da capo«. Der Rezensent der *Berliner illustrierten Nachtausgabe* schreibt sodann: »Karlrobert Kreiten, der junge Wundermann am Flügel, vollbrachte mit ruhiger Selbstverständlichkeit Spitzenleistungen an Technik und Ausdrucksbesessenheit. Zärtlich klar kam Mozart, mit innerer Leidenschaftlichkeit die Appassionata, vertrackteste Chopinetüden in verblüffendem Tempo. Das Publikum im Beethovensaal hielt den Atem an – ein sensationeller Erfolg.«

✳

Der Sänger und Kabarettist Robert Dorsay begeht in diesen Tagen einen verhängnisvollen Fehler, als er im Restaurant des Deutschen Theaters Berlin einen Witz über den »Führer« erzählt. Bei Hitlers Einzug in eine Stadt hält ein Mädchen ihm ein Büschel Gras entgegen. Hitler:»Was soll ich damit?« Das Mädchen:»Alle sagen, wenn der Führer ins Gras beißt, kommen bessere Zeiten.« Dorsay kugelt sich vor Lachen, der anwesende Gestapo-Spitzel findet das nicht lustig.

＊

»Hansi«, sagt die Großmutter,»bei uns kannst du nicht bleiben. Wenn Großvater nicht jüdisch wäre, aber so ... die Gestapo kann heute oder morgen hier sein.« Hans ist völlig perplex, mit dieser Antwort hat er nicht gerechnet. Er schaut Großvater Max, der in seinem Sessel sitzt, fragend an. Der alte Herr macht einen niedergeschlagenen Eindruck und schüttelt leise den Kopf.»Viele jüdische Menschen schlafen nachts schon nicht mehr zu Hause«, fährt die Großmutter fort.»Sie holen einen nach dem anderen ab. Du musst weg, Hansi.«

Hans wird in wenigen Tagen achtzehn Jahre alt und ist nahezu alleine auf dieser Welt. Der Vater an Nierenversagen gestorben, die Mutter einem Krebsleiden erlegen, sein jüngerer Bruder Gert vor einem halben Jahr von der Gestapo abgeholt und nach Riga deportiert.

»Wohin«, fragt Hans seine Großmutter Agnes,»wohin soll ich gehen?« Er spricht diesen Satz ohne jede Anklage, denn er weiß, dass die alten Leute selbst in Gefahr sind.

Er kenne doch die Frau Jauch, antwortet Agnes. Hans

nickt. Die Frau Jauch habe ein gutes Herz, sei fromm und hasse die Nazis. Bei ihr solle der Enkel sein Glück versuchen.

Ida Jauch ist Ende fünfzig und von kleiner, zierlicher Gestalt. Sie wohnt in der Schrebergartenkolonie »Dreieinigkeit« im Bezirk Lichtenberg, wo sie in ihrer Laube einen winzigen Tante-Emma-Laden betreibt.

»Na, Hansi, was ist?«, fragt Frau Jauch freundlich, als sie dem Jungen die Tür ihres kleinen Häuschens öffnet. Hans bringt zunächst kein Wort hervor. Worum er sie zu bitten beabsichtigt, kann Frau Jauch schnurstracks vor den Volksgerichtshof bringen. Es ist »Ariern« strengstens untersagt, Juden bei sich aufzunehmen. Kann er allen Ernstes von ihr erwarten, sich diesem Risiko auszusetzen? »Frau Jauch …«, beginnt er – und verhaspelt sich prompt. Mehrfach fängt er den Satz an, führt ihn aber nicht zu Ende. Schließlich nimmt er seinen ganzen Mut zusammen und sagt: »Ich muss mich verstecken, Frau Jauch. Gert ist schon abtransportiert. Wir haben nie wieder etwas von ihm gehört. Ich wollte fragen, ob Sie mich vielleicht aufnehmen und verstecken könnten.«

Ida Jauch überlegt nicht groß. »Du kannst bei mir bleiben, Hansi. Der Krieg dauert sowieso nicht mehr lange.«

Es ist Samstag, der 27. März 1943, als Hans »Hansi« Rosenthal sein Leben im Untergrund beginnt.

*

Im Deutschen Reich startet am 29. März die Sommerzeit, die bis zum 4. Oktober dauern wird.

Ein unerwarteter Besucher:
Am 25. April 1943 steht zur Freude
der Kinder plötzlich ein Elefant des
Zirkus Holzmüller vor dem Café
Viktoria Luise.

Trügerische Ruhe

Am 1. April 1943 tritt Christine von Passavant ihre Tätigkeit als »wissenschaftliche Hilfsarbeiterin« im Propagandaministerium an. Ganz freiwillig geschieht das nicht, denn sie wurde dazu als Folge der Maßnahmen zum »Totalen Krieg« dienstverpflichtet. Was sie dort machen soll, weiß die Einundfünfzigjährige zunächst nicht; man hatte ihr gegenüber ganz allgemein von einer Bürotätigkeit gesprochen. Dabei hat sie es noch vergleichsweise gut angetroffen, denn viele andere Frauen müssen in Munitionsfabriken harte körperliche Arbeit leisten.

Es gab Zeiten, da war Frau von Passavant auf nahezu allen bedeutenden Konzertpodien des Reichs regelmäßig zu Gast. Damals nannte sie sich noch Christine »Tiny« Debüser, wie ihr Geburtsname lautet. Tiny Debüser war eine etwas kapriziöse, aber sehr musikalische Sängerin mit einer ausgeprägten Leidenschaft für die zeitgenössische Musik. Nichts war ihr modern genug. Komponisten wie Ernst Krenek, Paul Hindemith und Ernst Toch schrieben für sie Lieder, sie trat bei den Donaueschinger Musiktagen auf, gastierte in Salzburg, Frankfurt, Köln und Berlin. Tourneen führten sie bis nach Italien und Spanien. Der berühmte Dirigent Hermann Scherchen war geradezu vernarrt in Tinys glocken-

helle Stimme und neckte sie als »mein Himbeerbonbon«.
Unter Scherchens Leitung sang sie im Mai 1931 im Münchner Gärtnerplatztheater sogar die Titelrolle in Alois Hábas ultramoderner Oper *Die Mutter*. Das war zweifellos der Höhepunkt ihrer Karriere. Dann lernte sie Hans von Passavant kennen. Als die beiden vor zehn Jahren heirateten, verlangte der Gatte, dass sie der Bühne Adieu sagte. Er wollte nicht, dass seine Frau im Rampenlicht steht. So wurde aus Tiny Debüser Christine von Passavant. Seit Kriegsbeginn ist ihr Mann Hans nun im Feld, während sie alleine in Berlin ausharren muss. Manchmal bereut sie es, sich so früh aus dem Konzertbetrieb zurückgezogen zu haben. Seit ein paar Jahren ist Christine von Passavant als ehrenamtliche Kunstleiterin in der »NS-Frauenschaft« tätig. Gemeinsam mit ihrer Freundin Annemarie Windmöller kümmert sie sich um die Singgruppe, in der auch Ellen Ott-Monecke Mitglied ist.

✳

Victor Klemperer erhält am 17. April den Befehl zum Arbeitsdienst. Die Anordnung kommt für ihn nicht überraschend, gleichwohl ist er erschüttert, dass sie für die weitere Dauer des Krieges gelten soll. Als Klemperer im strengen Winter 1941/42 zum Schneeschippen abkommandiert wurde, konnte er sich sagen, dass die harte Arbeit mit den steigenden Temperaturen im nächsten Frühjahr ein Ende finden werde. Doch wie lange wird der Krieg noch dauern?
Willy Schlüters Firma hat ihren Sitz in der Wormser Straße 30c im Dresdner Stadtteil Striesen. Das Unternehmen nennt sich »chemisch-pharmazeutisches Laborato-

rium«, doch in Wahrheit werden hier Kräutertees und Heilbäder hergestellt. Das Anwesen selbst ist eine architektonische Mischung aus Wohn-, Büro- und Fabrikgebäude. Im Erdgeschoss des Gartenhauses befinden sich zwei Säle, an deren Fensterfronten lange Tische stehen. Als Klemperer am 19. April erstmals zum Arbeitsdienst erscheint, sieht er dort Feinwaagen, diverse Behältnisse, kleine Schaufeln, Stapel von Papiertüten sowie größere Kartonagen, in denen sich der Tee befindet.

Die Tätigkeit ist monoton und ermüdend: Tee abfüllen, wiegen, eintüten und verpacken. Gearbeitet wird sechs Tage die Woche von 14 bis 22 Uhr. Um 16 Uhr gibt es eine fünfminütige Pause, in der die Arbeiter einen Becher Muckefuck erhalten, von 17.30 bis 18 Uhr folgt die große Pause für das Abendessen. Klemperer hat am ersten Arbeitstag eine Aluminiumbüchse mit kalten Kartoffeln sowie ein Glas mit Sauerkraut dabei. Während einer weiteren kurzen Unterbrechung um 20 Uhr wird Pfefferminztee ausgegeben. Gegen 21.30 Uhr beginnt das Reinemachen, eine halbe Stunde später verlassen die Arbeiter das Haus. Klemperer und die anderen jüdischen Zwangsarbeiter erhalten einen Betriebsausweis und eine Kennkarte, die sie bei Polizeikontrollen, bei Hausdurchsuchungen und zum Einkaufen vorzeigen müssen.

Willy Schlüter, der Chef, erweist sich als human und bezeichnet die Zwangsarbeiter als »die jüdischen Mitkameraden«. Oft stellt er das Radio an – was eigentlich verboten ist –, damit die Arbeit etwas leichter von der Hand geht. Doch was ändert das, fragt sich Victor Klemperer in seinem Journal: »Mir ist es nicht um leicht und schwer, nur um den

unwiederbringlichen Zeitverlust und den tödlichen Stumpf-
sinn dieser acht Stunden.« Wird er die Arbeit an der LTI fortsetzen können?

*

Ida Jauchs Laube in der Kolonie »Dreieinigkeit« besteht aus
dem winzigen Tante-Emma-Laden und einem noch viel
kleineren Zimmerchen, das sich hinter einer Tapetentür daran anschließt. Wer den Laden betritt und nicht allzu genau
hinschaut, käme niemals auf die Idee, dass es da noch einen
weiteren Raum gibt. Dieses Refugium misst vielleicht vier
Quadratmeter und ist mit einem alten Bett, einem Tisch und
einem klapprigen Stuhl möbliert. Es gibt auch ein etwa
taschentuchgroßes Fenster, das Frau Jauch zur Sicherheit
mit einem Tüllvorhang verhängt hat, durch das aber dennoch ein wenig Licht fällt. Diese Behausung mag an einen
primitiven Verschlag erinnern – für Hans Rosenthal ist sie
Zufluchtsstätte und ein Ort der Sicherheit. Seit über drei
Wochen harrt er nun schon dort aus.

Hinter der Laube befindet sich eine kleine Rasenfläche,
die von einer Hecke und einem Drahtzaun eingefasst wird.
Dort haben Frau Jauchs Hühner ihren Auslauf. Wenn Hans
den Tüllvorhang an dem Fenster ein wenig zur Seite schiebt,
kann er die Hühner beobachten. Um sich die Zeit zu vertreiben, studiert er das Verhalten der Tiere: wie die Hennen sich
gegenseitig vom Futtertrog fortjagen und wie die älteren
Hähne die Jüngeren dominieren. Es dauert nicht lange, und
er kann die Starken von den Schwachen unterscheiden. Er
selbst, denkt Hans, während er das Hin und Her verfolgt, gehört in dieser Welt zu den Schwachen, zu denen, die weg-

zulaufen haben. »Ganz unten stand ich in der Hackordnung dieses Staates.«

*

Elizabeth Arden ist eine außerordentlich erfolgreiche Geschäftsfrau. Mit 1000 Dollar Startkapital, das sie sich von ihrem Bruder geliehen hatte, eröffnete sie 1910 in New York ihren ersten Kosmetiksalon. In den Jahren danach folgten weitere, bis sie 1922 die erste europäische Niederlassung in Paris aus der Taufe hob. Was Mrs Arden auch anpackt, es wird zu Geld. Dabei ist Elizabeth Arden ein Fantasiename, denn in Wirklichkeit heißt sie Florence Nightingale Graham. Doch das klingt in ihren Ohren kitschig. Wer will schon wie ein Vogel heißen? Elizabeth Arden ist dagegen der passende Name für eine starke und selbstbewusste Frau, die sich von Männern nichts sagen lässt. Auch sonst geht Mrs Arden mit den Details ihrer Herkunft großzügig um. Wurde sie nun 1878 oder doch erst 1884 geboren? Man weiß es nicht.

Elizabeth Arden ist davon überzeugt, dass Schönheit das Geburtsrecht einer jeden Frau ist. Mit ihren knallroten Lippenstiften, den Lidschatten und Wimperntuschen will sie Frauen ein neues Selbstwertgefühl verleihen. Vor knapp zwei Jahren hat sie vom amerikanischen Militär den Auftrag erhalten, für die Frauen in der Armee einen eigenen Lippenstift zu kreieren. Das daraufhin von Arden entwickelte Produkt »Victory Red« ist seither ein Kassenschlager. Mit »Victory Red« auf den Lippen setze man ein Zeichen gegen die Tyrannei, heißt es in der Werbung. Hitler steht nämlich im Ruf, keine geschminkten Frauen zu mögen.

Elizabeth Ardens Patriotismus hält sie indes nicht davon ab, auch in Berlin einen Schönheitssalon zu betreiben. In der Budapester Straße 31, unweit der Gedächtniskirche, befindet sich das »Institut«, für das regelmäßig Annoncen geschaltet werden. »Ein zeitloses Aussehen der Wunsch jeder Frau! Hierzu verhilft die Elizabeth Arden Hautpflege.« Ob sie in Berlin auch »Victory Red« verkauft? Es wäre ihr zuzutrauen.

＊

Ostern liegt in diesem Jahr sehr spät. Der Ostersonntag wird erst am 25. April gefeiert und fällt somit auf das letzte kalendarisch mögliche Wochenende. Am Karfreitag greift Ellen Ott-Monecke zum Telefon und ruft ihre Bekannte Christine von Passavant in deren Wohnung an.

Karlrobert und seine Mutter Emmy haben eine besonders enge Beziehung. »Den Mokkawürfelzucker kannst Du zwischendurch knabbern. Zucker ist ja nahrhaft.«

Das ungespielte Konzert

Karlrobert Kreiten sitzt im Zug, der ihn von Düsseldorf, wo er seine Eltern besucht hat, über Koblenz, Wiesbaden und Frankfurt nach Heidelberg bringt. Die Strecke entlang des Rheins gilt als besonders schön, denn unterwegs wird die Bahn in einer Reihe kleiner und romantischer Weindörfer Halt machen. In Heidelberg soll er am nächsten Tag, dem 3. Mai 1943, auftreten. Anschließend wird er in Mülheim an der Ruhr das Zweite Klavierkonzert von Johannes Brahms aufführen und noch in einigen anderen Orten Gastspiele haben. Eigentlich hatte er auch eine Einladung nach Florenz erhalten, um dort Liszts Erstes Klavierkonzert aufzuführen, doch leider haben ihm die zuständigen Behörden das notwendige Reisevisum verweigert.

Nach der Ankunft in Heidelberg sucht Karlrobert zunächst das Hotel Reichspost auf. Es gehört zu Heidelbergs führenden Häusern – jedes Zimmer hat ein eigenes Bad – und liegt verkehrsgünstig am Bismarckplatz. Für einen Musiker wie Karlrobert, der sich in der Regel kaum länger als ein, zwei Tage in einer Stadt aufhält, ist es wichtig, keine weiten Wege vom Bahnhof zum Hotel zu haben. Nachdem er das Zimmer mit der Nummer 18 bezogen hat, begibt sich Karlrobert schnurstracks zur Aula der Neuen Universität, wo am folgenden Tag das Konzert stattfinden wird. Er hat nun ein paar Stunden Zeit, den dortigen Flügel auszuprobieren. Als er später den Saal verlässt und durch die Gassen der Heidelberger Altstadt zurück zum Hotel geht, ist es bereits dunkel.

Am nächsten Morgen um kurz nach 8 Uhr sind erst Geräusche im Treppenhaus zu hören, ehe offenbar mehrere Personen den Hotelkorridor entlanggehen. Die Schritte kommen näher, dann herrscht kurz Stille. Schließlich klopft es laut an Karlroberts Zimmertür: »Geheime Staatspolizei! Öffnen Sie!«

Karlrobert zieht sein Sakko an und schließt von innen die Tür auf. Vor dem Zimmer stehen zwei Männer, die Karlrobert sogleich in den Raum zurückdrängen. Einer der Gestapobeamten, der sich als Kriminal-Obersekretär Scheuermann vorstellt, zückt ein Schriftstück aus seiner Tasche. Als Karlrobert liest, dass er auf Anordnung der Staatspolizeileitstelle Karlsruhe bis auf Weiteres in Schutzhaft zu nehmen sei, verschlägt es ihm die Sprache. Eigentlich würde er den Männern gerne sagen, dass das nur ein Missverständnis sein könne, dass sie sich in der Tür geirrt hätten und anderes mehr, doch er ist von dem Geschehen so überrascht, dass er keinen klaren Gedanken fassen kann. Nachdem Karlrobert in aller Eile das Gepäck in seinen kleinen Reisekoffer gestopft hat, verlässt er in Begleitung der Beamten das Zimmer.

Die Männer nehmen Karlrobert in die Mitte und führen ihn wie einen Schwerverbrecher ab. Im Foyer des Hotels herrscht am frühen Morgen bereits reges Treiben. Kurz vor dem Verlassen des Hauses muss die Gruppe haltmachen, da man nur einzeln durch die Drehtür gehen kann. Geistesgegenwärtig nutzt Karlrobert die Gelegenheit und ruft dem etwa zwei Meter entfernten Concierge zu, dass er seine Mutter Emmy Kreiten informieren möge. Sie werde sich im Laufe des Tages im Hotel melden. Der Concierge wirft einen kurzen Blick auf die große Pendeluhr, die neben der Treppe steht, und notiert mit Bleistift auf einen Zettel: »8.20 Uhr« und »Emmy Kreiten«. Die Gestapomänner steigen derweil mit ihrem Gefangenen in ein Auto, das vor dem Hotel wartet, und fahren davon.

Karlrobert wird nun in das Heidelberger Untersuchungsgefängnis Fauler Pelz gebracht, benannt nach der Adresse Oberer Fauler Pelz 1. Dort werde man weitersehen, raunt einer der Beamten. Auf dem Weg durch die Stadt kommen sie auch an der Neuen Universität vorbei, in deren Aula Karlrobert an diesem Abend auftreten soll.

Der Faule Pelz ist ein roter Sandsteinbau aus den 1840er-Jahren, der später noch erweitert wurde. Auch wenn er im Süden der pittoresken Altstadt liegt, stellt er doch eine ganz andere Welt dar. Als sich die massiven Eisentore hinter dem Polizeiauto schließen, ist die Idylle der kleinen Gassen und Straßen plötzlich sehr weit weg.

Nach einer Weile wird Karlrobert von Kriminalsekretär Feucht verhört. Der Beamte erfasst zunächst die persönlichen Angaben wie Name, Vorname, Geburtsort und so weiter. Seine Einkommensverhältnisse gibt Karlrobert mit monatlich 500 Mark an, darüber hinaus verfüge er über Ersparnisse in Höhe von 3000 Reichsmark. Auf die Frage, ob er Parteimitglied sei, antwortet er: »Vor etwa zwei Jahren ließ ich mich in Düsseldorf in die NSDAP aufnehmen. Ich war seither Parteianwärter und vermag nicht genau anzugeben, ob ich schon die endgültige Mitgliedsnummer erhalten habe. In irgendeiner Gliederung der Partei bin ich nicht, ich habe aber der Nationalsozialistischen Volkswohlfahrt durch Winterhilfswerk-Konzerte schon viel Geld eingebracht.«

Dann beginnt die Vernehmung zur Sache. Ob er eine gewisse Ellen Ott-Monecke kenne, will Feucht zunächst wissen. Karlrobert muss schlucken. Langsam dämmert ihm, was geschehen sein muss: Die Unterhaltung mit Frau Ott-Monecke, denkt er, deswegen wird sie ihn angezeigt haben. Noch bevor Karlrobert etwas sagen kann, fragt Feucht nach, ob er Gründe nennen könne, die gegen die Glaubwürdigkeit dieser Dame sprächen. Nein, das könne er nicht, sagt Karlrobert kleinlaut und rutscht auf seinem Stuhl nervös hin und her. Er kenne sie ja im Grunde gar nicht. »Ich kann auch keine Umstände anführen, die darauf schließen ließen, dass die Frau Ott-Monecke gegen mich gehässig oder feindlich eingestellt sei.« Der Kriminalsekretär runzelt die Stirn. Ob er, Karlrobert, denn gar keine Idee habe, wie er in diese missliche Lage gekommen sei? »Offenbar«, erklärt Karlrobert, »hat sie einige meiner Äußerungen falsch verstanden und mich nicht gefragt, wie ich das meine und was ich damit sagen wolle, denn sonst hätten diese Missverständnisse sofort geklärt werden können.«

Feucht konfrontiert Karlrobert nun mit einer Vielzahl von Vorwürfen. Hat er Hitler als Geisteskranken bezeichnet? »Die Zeugin muss mich hier falsch verstanden haben«, gibt Karlrobert zu Protokoll. »Mit dem Wahnsinnigen meinte ich selbstverständlich Roosevelt und mit dem Land Amerika.« Die alliierten Bombenangriffe? »Ich kann mich nicht erinnern, dass ich auch sagte, die Engländer seien viel zu human«, laviert er. »Es ist dies nicht meine Einstellung.« Und der angeblich verlorene Krieg? »Ich erinnere mich, dass ich zu der Zeugin sagte, wir haben den Krieg verloren. Mit dem ›wir‹ meinte ich Holland, denn ich bin ja holländischer Staatsangehöriger. Ich wollte damit nicht zum Ausdruck bringen, dass auch Deutschland den Krieg schon verloren habe.«

Das seien alles furchtbare Irrtümer, beteuert Karlrobert am Ende der Vernehmung, Frau Ott-Monecke habe ihn größtenteils falsch verstanden und vieles durcheinandergebracht. Nachdem man Karlrobert in seine Zelle geführt hat, verfasst Kriminalsekretär Feucht einen vorläufigen Ermittlungsbericht: »Der Beschuldigte machte bei seiner Vernehmung einen unsicheren Eindruck, so dass der Unterzeichnete den Eindruck gewann, dass er die ihm zur Last gelegten Äußerungen bei der Zeugin so gemacht haben werde, wie sie von der Zeugin angegeben werden. Er hat sich bei der Vernehmung verschiedentlich widersprochen und hat fast dauernd versucht, die Sache so darzustellen, als ob er die Neuigkeiten gerüchteweise von ihm unbekannten Personen erfahren und sie nur der Zeugin wiedererzählt habe.«

*

Aus dem Tagebuch von Joseph Goebbels, 4. Mai 1943: »Die Lage im Warschauer Ghetto ist immer noch nicht geklärt. Die Juden leisten einen verzweifelten Widerstand. Es wird noch einige Tage dauern, bis er endgültig gebrochen ist. Das kommt wohl auch daher, dass die Juden ganz genau wissen,

was ihnen blüht, wenn sie überwunden sind. Kapitulations-
möglichkeiten besitzen sie nicht.«

*

In der Zwischenzeit ist Emmy Kreiten, aus Düsseldorf kommend, am Heidelberger Bahnhof eingetroffen. Da sie schon
ein paarmal in der Stadt am Neckar war und sich dort ein
wenig auskennt, geht sie die kurze Strecke vom Hauptbahn-
hof zum Hotel Reichspost zu Fuß. Ihr Koffer enthält neben
den Dingen des persönlichen Bedarfs auch ein paar Dosen
Corned Beef, die sie eigens für Karlrobert eingepackt hat.
Ihre größte Sorge ist nämlich, dass ihr Sohn auf seinen Kon-
zertreisen nicht genug isst. Wenn er in seinem Element ist,
befürchtet Emmy, tritt alles andere zurück, und er vergisst
sogar zu essen.

Emmy ist voller Vorfreude auf das Wiedersehen. Vielleicht wartet Karlrobert ja bereits im Foyer, denkt sie. Dann
würde er sie umarmen und ihr einen Kuss auf die Wange
geben. Doch als sie durch die Drehtür das Gebäude betritt,
ist von ihm weit und breit nichts zu sehen. Die nächsten
Minuten erlebt sie wie einen Albtraum. Sie will zunächst gar
nicht glauben, was ihr der Concierge mitteilt: dass die Gestapo ihren Sohn in aller Frühe abgeholt hat und dieser nun
im Gefängnis ist. Unentwegt denkt sie, dass das doch nicht
sein könne, ja, dass es sich um ein furchtbares Missverständnis handeln müsse.

Irgendwie gelingt es Emmy, die Adresse der Heidelberger
Gestapo in Erfahrung zu bringen. Die Dienststelle befindet
sich in der Bunsenstraße 19a in einem Gebäude, das bis vor
zwei Jahren das Zuhause der jüdischen Familie Kohn war.

Nachdem die Gestapo das Anwesen requiriert hatte, wurden die Bewohner in ein Lager in der französischen Ortschaft Gurs nördlich der Pyrenäen deportiert. Die neuen Hausherren ließen als Erstes den Eingang mit einem zusätzlichen Gittertor versehen. Diese Unzugänglichkeit ist bereits im Namen begründet: Geheime Staatspolizei. Und so ist die Gestapo keine Behörde, die man wie ein Postamt einfach aufsuchen kann. Das muss auch Emmy Kreiten feststellen, die zunächst vergeblich versucht, in das Haus zu gelangen. Doch irgendwie schafft sie es in das Innere, wo sie auf einen der Polizisten trifft, die ihren Sohn abgeführt haben. »Ach, Sie sind die Mutter des jungen Künstlers, der heute verhaftet wurde«, sagt der Beamte, als ob er Emmys Erscheinen erwartet hätte. Er bittet sie in sein Büro und zeigt auf einen Stuhl, der vor seinem Schreibtisch steht. Während Emmy herauszufinden versucht, was denn nur geschehen sei, zeigt sich der Polizist wortkarg. Man habe Karlrobert wegen staatsgefährdender Aussagen in Schutzhaft genommen, mehr dürfe er ihr nicht sagen. Als Emmy nicht lockerlässt, fragt er sie unvermittelt: »Kennen Sie eine Frau Ott-Monecke?« Emmy nickt. Eigentlich dürfe er mit ihr darüber nicht sprechen, sagt der Mann geheimnisvoll, doch er rate ihr dringend, diese Dame aufzusuchen. Zu guter Letzt gestattet er ihr, Karlrobert kurz im Gefängnis zu besuchen. Als Emmy auf dem Weg zum Faulen Pelz an der Aula der Neuen Universität vorbeikommt, bleibt sie kurz stehen und beobachtet zufällig, wie ein Hausmeister Karlroberts Konzertplakat mit einem Zettel überklebt. Darauf steht: »Kreiten-Konzert fällt aus.«

Beim Gefängnis angekommen, meldet sich Emmy Kreiten an der Pforte. Ein Wärter nimmt sie in Empfang und führt sie einen langen Flur entlang. Die Atmosphäre ist bedrückend. Sämtliche Fenster sind vergittert, alle paar Meter unterbricht ein Metallgitter, das der Mann zunächst aufsperren muss, ihren Weg. Als Emmy das kleine Besuchszimmer betritt und dort ihren Sohn in Gegenwart von drei Beamten sieht, realisiert sie plötzlich die ganze Tragweite der Angelegenheit. So viel ist klar: Die Vorwürfe müssen gravierend sein. »Wenn du Frau Ott-Monecke wirklich etwas gesagt hast, dann hast du es doch bestimmt nicht so gemeint«, redet Emmy ihm ins Gewissen. Karlrobert macht eine unwirsche Kopfbewegung: »Ach, die Frau ist ja etwas beschränkt.«

Im Nu ist die Besuchszeit zu Ende, und einer der Wärter begleitet Emmy aus dem Raum. Beide – Mutter und Sohn – sind den Tränen nahe. Emmy dreht sich noch einmal um und winkt Karlrobert zärtlich zu.

Sie will nun möglichst schnell nach Berlin fahren, um Ellen Ott-Monecke zur Rede zu stellen und sie dazu zu bringen, die Anzeige zurückzunehmen. Am Heidelberger Bahnhof lässt sie sich von einem Schalterbeamten die nächste Verbindung in die Reichshauptstadt raussuchen. Der Mann schlägt das Kursbuch der Reichsbahn auf und beginnt, in dem Wälzer zu blättern. Schließlich nimmt er Stift und Papier zur Hand und notiert die Abfahrtszeiten und Zugnummern: 20.14 Uhr ab Heidelberg, 21.34 Uhr in Frankfurt, Umsteigen, 22.09 Uhr Abfahrt des Nachtzugs, 7.41 Uhr Ankunft Anhalter Bahnhof.

Die Stunden bis zur Abfahrt sind für Emmy eine quälende Warterei. Die Verhaftung ihres Sohnes hat sie schwer erschüttert, und so kreisen ihre Gedanken immer wieder um Karlroberts Schicksal. Wie soll sie ihrer langjährigen Freundin Ellen Ott-Monecke gegenübertreten? Emmy ist unsicher. Soll sie Ellen beschimpfen? Ihr Vorhaltungen machen, was ihr denn einfalle, Karlrobert anzuzeigen? Oder soll sie ganz ruhig mit ihr sprechen – falls sie dazu überhaupt in der Lage ist? Vielleicht ist das mit der Anzeige am Ende doch nur ein dummer Irrtum?

*

Geheime Staatspolizei / Staatspolizeileitstelle Düsseldorf an das Postamt I in Düsseldorf. Mittwoch, 5. Mai 1943: »Auf Grund des § 1 der Verordnung des Herrn Reichspräsidenten zum Schutze von Volk und Staat vom 28.2.1933 verhänge ich vom 4. Mai 1943 bis 4. Juni 1943 über den Pianisten Karl Robert Kreiten [...] die Postsperre. Eingehende Briefsendungen bitte ich meiner Kontrollstelle beim Postamt I zuzuleiten.«

*

Am nächsten Vormittag steht Emmy Kreiten in Berlin vor Ellen Ott-Moneckes Wohnungstür. Sie ist ganz aufgewühlt und betätigt ungeduldig die Glocke. Nach wenigen Augenblicken hört man von innen Schritte.

»Ach Emmychen«, sagt Ellen Ott-Monecke verwundert, als sie öffnet, »du bist es!« Sie bittet die Besucherin herein, man begibt sich in das Wohnzimmer. Emmy kommt gleich zur Sache: Sie sei gestern in Heidelberg gewesen, wo Karlrobert eigentlich einen Klavierabend hätte geben sollen. Doch die Gestapo habe ihn festgenommen. Ihr sei gesagt worden, dass sie – Ellen – damit etwas zu tun habe. Sie habe ihren Karlrobert angezeigt. Die Worte kommen stakkatoartig aus Emmys Mund, doch dann hält sie plötzlich inne. Sie atmet einmal tief aus, blickt ihr Gegenüber streng an und fragt:»Wie ist das nur möglich gewesen?«

Ellen Ott-Monecke berichtet nun ausführlich von dem letzten Gespräch mit Karlrobert: dass er unschöne Dinge über den»Führer« gesagt habe, dass der Krieg verloren sei und dass sie besser die Führerbilder von der Wand nehmen solle. Sie – Ellen – sei von Karlroberts Reden so verunsichert worden, dass sie am nächsten Tag ihre Nachbarin Annemarie Windmöller, deren Mann ja im Ministerium arbeite, ins Vertrauen gezogen habe. Ob es denn stimme, habe sie die Windmöller gefragt, dass es um Deutschland so schlecht stehe?

»Diese war äußerst empört und sagte wiederholt: ›Das muss sofort angezeigt werden.‹« Frau Windmöller habe daraufhin ihre Freundin Christine von Passavant kontaktiert, die seit Kurzem im Propagandaministerium arbeite. »Beide besprachen den Fall und kamen überein«, so Ellen Ott-Monecke zu Emmy Kreiten,»dass eine Anzeige unbedingt erfolgen müsse. Unaufhörlich wurde ich von beiden gedrängt, die Anzeige zu erstatten.«

Emmy Kreiten schüttelt den Kopf, in ihrem Gesicht blankes Entsetzen.

»Als nun immer noch nichts geschah«, fährt Ellen Ott-Monecke fort,»ließen die beiden Weiber keine Ruhe, sie setzten mir die Pistole vor die Brust und drohten, dass ich selbst angezeigt und ins Gefängnis gebracht werden würde, wenn ich jetzt nicht endlich voranmache.« Eines Tages sei dann die Frau von Passavant ganz aufgeregt zu ihr – Ellen – gekommen und habe ihr eine Düsseldorfer Zeitung gezeigt, die davon berichtete, dass Karlrobert Kreiten zu einem Gast-spiel nach Italien eingeladen worden sei. »›Das muss ver-hindert werden‹, rief sie mir wütend zu. ›Ich werde mit Frau Windmöller nun selbst die Sache in die Hand nehmen.‹ Ich musste vor den beiden Frauen alles wiederholen, die das Gehörte zu Papier brachten und mich zur Unterschrift zwangen. Frau von Passavant brachte dann diese Anzeige persönlich ins Propagandaministerium.«

Emmy Kreiten hat genug gehört. Sie erhebt sich und will gehen. Kurz bevor sie den Raum verlässt, dreht sie sich je-doch noch einmal um. Das sei die Wahrheit, sagt Ellen Ott-Monecke mit flehender Stimme. Sie müsse ihr glauben, dass sie Karlrobert nicht anzeigen wollte. Zuletzt nennt sie Emmy die Adresse von Christine von Passavant: Einemstraße 16. Das sei ganz in der Nähe; sie solle diese Dame aufsuchen und zur Rede stellen. »Die haben mich dazu gezwungen und sollen jetzt auch mal durchkosten, was sie angerichtet haben.«

∗

Enttäuscht und bedrückt verlässt Emmy Kreiten die Woh-nung. Dass ihr eine Frau, die sie seit vielen Jahren kennt und die sie für eine Freundin gehalten hat, einen solchen Schmerz zufügt, macht sie fassungslos. Was kann, was soll sie jetzt tun? Während sie durch das Treppenhaus nach unten geht, beschließt sie, Christine von Passavant aufzu-suchen, die, wie Emmy glaubt, als Mitarbeiterin des Propa-gandaministeriums am ehesten etwas für Karlrobert tun könnte.

Vom Lützowufer sind es nur wenige Hundert Meter bis

zur Einemstraße 16. Unterwegs überlegt Emmy, wie sie Frau von Passavant begegnen soll. Selbstbewusst und fordernd? Oder wäre es doch besser, sie um Nachsicht, ja um Gnade für Karlrobert zu bitten? Emmy ist voller Wut. Am liebsten würde sie Christine von Passavant fragen, was ihr einfalle, sich in das Leben ihres Sohnes einzumischen. Doch zugleich weiß sie: Wenn sie etwas erreichen und Frau von Passavant dazu bringen will, sich für Karlrobert zu verwenden, sollte sie sich trotz aller Verachtung besser zurückhalten. Falls Emmy einmal vor Jahren, als Christine von Passavant noch unter dem Künstlernamen Tiny Debüser auftrat, ein Konzert von ihr besucht haben sollte, könnte sie ihr nun schmeicheln und sagen, dass sie die Lieder von Ernst Krenek und Paul Hindemith ganz vorzüglich vorgetragen habe. Oder auch, wie bedauerlich es sei, dass eine so bedeutende Sängerin wie Tiny Debüser nicht mehr öffentlich auftrete. Jemand wie sie, Passavant, wisse doch, könnte Emmy schließlich ergänzen, dass sich Künstler mitunter impulsiv verhielten, und so könne sie ganz sicher sein, dass ihr Karlrobert gänzlich unpolitisch sei und alles nicht so gemeint habe. Die Gedanken jagen durch ihren Kopf. Als sie vor dem Haus in der Einemstraße steht, ist Emmy noch immer unsicher, wie sie sich verhalten soll. Dennoch geht sie durch das Treppenhaus nach oben und läutet an Christine von Passavants Wohnungstür.

Passavant öffnet selbst. »Wer hat Ihnen denn meinen Namen genannt?«, fragt sie kühl, nachdem Emmy sich vorgestellt hat. Sie bittet die Besucherin herein. Die beiden Frauen gehen einen langen Flur entlang, an dessen beiden Seiten sich verschiedene Zimmer anschließen. Durch eine geöffnete Tür sieht Emmy einen Flügel – offensichtlich handelt es sich um den Musiksalon –, ein anderes Zimmer steht voller Bücherregale, die bis unter die Decke reichen. Christine von Passavant führt ihren Gast in das geräumige Wohnzimmer, wo eine alte Dame in einem Sessel sitzt. Sie ist sehr gut, wenn auch etwas altmodisch gekleidet. In der rechten Hand hält sie einen Stock mit einem goldenen Knauf, den sie augenscheinlich zum Gehen benötigt. Frau von Passavant stellt die Dame als ihre Mutter vor, die sie aus Düsseldorf zu sich geholt habe, nachdem deren Wohnung in der Königsallee ausgebombt worden sei.

Emmy Kreiten könnte nun antworten, dass sie selbst in Düsseldorf lebt, dass sie und ihr Mann von den Bomben bislang zwar verschont geblieben seien, aus ihrem Bekanntenkreis allerdings wüssten, was es heißt, vor dem nichts zu stehen. Sie könnte genauso gut sagen, dass es Hunderttausenden Menschen so gehe und dass ihr das Schicksal der alten Dame im Sessel im Grunde völlig gleichgültig sei. Emmy sagt jedoch weder das eine noch das andere. Stattdessen fragt sie Christine von Passavant, was diese mit der Anzeige gegen ihren Sohn zu tun habe.

Noch bevor sie antworten kann, schlägt ihre Mutter mit dem Gehstock auf den Parkettboden und verschafft sich so Gehör. »Es ist eine Gemeinheit, ihren Sohn anzuzeigen!«, ruft sie mit fester Stimme. Der Tochter ist dieser Zwischenruf offensichtlich so unangenehm, dass sie ihre Mutter umgehend aus dem Zimmer komplimentiert: »Davon verstehst du nichts, Mutter.« Sie hilft der alten Dame aus ihrem Sessel und führt sie aus dem Raum. Noch aus dem Flur ruft die Mutter: »Ich werde für Ihren Sohn beten!«

»Meine Mutter weiß von der ganzen Angelegenheit nichts«, beschwichtigt Frau von Passavant, nachdem sie ins Wohnzimmer zurückgekehrt ist. Sie bietet Emmy einen Platz an; die beiden Frauen sitzen sich nun direkt gegenüber. Was sie denn hätte tun sollen, echauffiert sich Christine von Passavant. Wenn man ihr offiziell ein an das Ministerium adressiertes Dokument übergebe, könne sie die Annahme ja schlecht verweigern. Und überhaupt habe sie mit dem Zustandekommen der Anzeige nichts zu tun. Es stimme nicht, was Frau Ott-Monecke behauptet habe. Christine von Passavant macht eine unwirsche Handbewegung, als wolle sie dem Gesagten Nachdruck verleihen. Richtig sei aber auch, fährt sie fort, dass Emmy und ihr Mann an der schwierigen Lage ihres Sohnes nicht ganz unschuldig seien. Emmy Kreiten will ihren Ohren nicht trauen. Doch Passavant fährt sogleich fort: Wenn die Kreitens ihren Sohn zu einem guten Nationalsozialisten erzogen hätten, befände er sich heute wohl kaum in der Obhut der Gestapo.

Sie könne ihr, Emmy, nur den guten Rat geben, beendet Christine von Passavant das Gespräch, einen in politischen Delikten erfahrenen Rechtsanwalt zu engagieren. Mehr könne sie für Karlrobert nicht tun.

✳

Ein paar Tage später trifft Theo Kreiten, aus Düsseldorf kommend, in Berlin ein. Emmy hatte ihren Mann noch aus Heidelberg angerufen und über Karlroberts Verhaftung informiert. Als die Eheleute sich nun auf dem völlig überfüllten Bahnsteig des Anhalter Bahnhofs gegenüberstehen, fallen sie sich in die Arme und halten einander lange fest. Sie habe einen Rechtsanwalt engagiert, lässt Emmy ihren Theo wissen. Und dass man jetzt stark sein müsse.

Am nächsten Vormittag suchen die beiden die Kanzlei von Dr. Dr. Paul Stenig in der Konstanzer Straße 7 auf. Die Büroräume sind offensichtlich in einer ehemaligen Wohnung untergebracht, wobei der mit dunklem Holz getäfelte Wartebereich einmal das Herren- oder Rauchzimmer gewesen sein dürfte. In einer Ecke befindet sich eine Stehlampe mit einem dunkelgrünen Stoffschirm, die den Raum nur schwach beleuchtet, an einer anderen Stelle liegen ein paar Zeitschriften in einem dafür vorgesehenen Ständer. Die Decken sind – soweit man das bei dem fehlenden Tageslicht erahnen kann – mit üppigem Stuck verziert. Dann öffnet sich eine Tür, und man erkennt die vagen Umrisse eines Mannes, der im Türrahmen steht und sich als Paul Stenig vorstellt. Der Anwalt geleitet seine Besucher in das Arbeitszimmer.

Sie seien in großer Verzweiflung, sagt Emmy, und er – Stenig – gelte doch als einer der besten Strafverteidiger in politischen Sachen. Er müsse Karlrobert helfen. Nachdem man Platz genommen hat, berichten die Kreitens ausführlich vom Schicksal ihres Sohnes: vom niederträchtigen Verrat der Freundin, von den undurchsichtigen Machenschaften der Frau Windmöller, von der Verhaftung in Heidelberg sowie von Emmys Besuchen bei Frau Ott-Monecke und Frau von Passavant. Paul Stenig macht sich derweil Notizen.

Dr. Dr. Paul Stenig – von kleiner Statur, schmales Gesicht mit auffallend großer Nase, der Schädel nahezu kahl – spricht mit ostpreußischem Akzent. Er ist in Heilsberg, etwa fünfzig Kilometer nördlich von Allenstein, geboren und aufgewachsen. Sein Vater war Kaufmann, die Mutter Hausfrau. Nach dem Ersten Weltkrieg studierte er neben Rechts- auch Staatswissenschaften – daher sein zweiter Doktortitel. Stenig wollte als Jurist seinen Beitrag zu einer wehrhaften Demokratie leisten und die Republik vor ihren Feinden schützen. Deshalb ließ er sich 1929 als Staatsanwalt für politische Strafsachen an das Landgericht in Berlin versetzen. Es dauerte nicht lange, und Stenig war ein Intimfeind der Nazis. Joseph Goebbels verunglimpfte ihn in seiner Parteipostille *Der Angriff* unter anderem als »wildgewordenen Spießer«. Irgendein Abgeordneter der NSDAP beantragte im Reichstag sogar Stenigs Absetzung. Zunächst ohne Erfolg. Entlassen wurde er – wegen »politischer Unzuverlässigkeit« – erst im Frühjahr 1933. Dr. Dr. Stenig war dann zwei Jahre arbeitslos, ehe er sich im April 1935 als Rechtsanwalt mit eigener Kanzlei niederließ. Damit begann seine Karriere als Anwalt der Verfolgten und Entrechteten.

Zu Stenigs Mandanten gehört im Frühjahr 1943 auch Bernhard Lichtenberg. Der Berliner Dompropst hielt im August 1941 in der Hedwigskirche eine Abendandacht ab, in der er für die Juden und die Gefangenen in den Konzentrationslagern betete. Zwei Schülerinnen nahmen daran Anstoß und erstatteten Anzeige. Beide waren Mitglieder im »Bund Deutscher Mädel« (BDM) und gaben zu Protokoll, sie hätten sich nur rein zufällig in der Kirche aufgehalten. Lichtenberg wurde zu zwei Jahren Gefängnis verurteilt. Derzeit sitzt er als ein schwer kranker Mann im Gefängnis Tegel. Die beiden Mädchen, die ihn denunzierten, haben dagegen für ihre schändliche Tat sogar eine Belobigung erhalten.

Jeder sei ein potenzieller Spitzel, und niemand solle sich

sicher fühlen können – das seien die Signale, die der Staat aussende, erläutert Stenig seinen Besuchern. Mit diesem Gesinnungsterror solle das Volk in Angst und Schrecken gehalten werden, um so jede Art von Aufbegehren im Keim zu ersticken.

Emmy Kreiten schüttelt den Kopf. Sie und ihr Mann seien regelrecht krank vor Sorgen um ihren Jungen. Wie es denn nun weitergehe, fragt sie mit verzweifeltem Gesichtsausdruck. Und was er, der Anwalt, ihnen rate?

Karlrobert werde vermutlich bald von Heidelberg nach Berlin überstellt, so Paul Stenig. Aller Wahrscheinlichkeit nach werde man ihn im sogenannten Hausgefängnis der Gestapo in der Prinz-Albrecht-Straße inhaftieren. Dort werde man ihn verhören, was ein paar Wochen dauern könne. Danach entscheide sich, ob er in Haft bleibt und angeklagt wird oder ob sich die Sache erledigt hat. Nein, Besuch empfangen dürfe er dort nicht. Auch er als Rechtsanwalt erhalte keinen Zugang zu seinem Mandanten, solange der in den Händen der Gestapo sei.

Womit man schlimmstenfalls zu rechnen habe, will Theo wissen. Jeder Fall sei anders, antwortet Stenig, und in diesem frühen Stadium lasse sich schwerlich etwas sagen. Gut möglich, dass Karlrobert mit der Verbüßung der Untersuchungshaft und einem nicht allzu langen Aufführungsverbot davonkomme. Ja, ein zeitlich befristetes Aufführungsverbot sei alles in allem die komfortabelste Lösung. Sie mögen sich darauf einstellen, dass sie ihren Karlrobert eine Zeit lang nicht zu Gesicht bekämen. Schließlich ist das Gespräch beendet, und der Anwalt begleitet das Ehepaar Kreiten zur Tür.

Emmy Kreiten bleibt nun bis auf Weiteres in Berlin und richtet sich in Karlroberts neuer Wohnung in der Motzstraße ein. Sie will für ihren »Bub«, wie sie Karlrobert nennt, da sein und ihn besuchen, sobald das erlaubt sein wird. Theo hingegen fährt nach Düsseldorf zurück und hält dort die Stellung. In den nächsten Wochen wollen sie nichts unversucht lassen und – falls nötig – von Pontius zu Pilatus laufen, um Karlroberts Freilassung zu erwirken. Emmy und Theo telefonieren täglich miteinander und unterrichten sich gegenseitig über die neuesten Entwicklungen. Dass diese Ferngespräche von der Gestapo abgehört werden und zudem ihre Post geöffnet wird, ist ihnen nicht bewusst.

*

Seit knapp zwei Wochen ist Karlrobert Kreiten nun im Faulen Pelz, dem Heidelberger Untersuchungsgefängnis, inhaftiert. Gelegentlich fragt er einen der Wärter, wie es denn um seine Sache stehe und wann er wieder entlassen werde. Die Wärter wissen aber auch nichts Genaues und zucken meistens nur mit den Schultern. Diese Ungewissheit ist für Karlrobert schwer zu ertragen. Wenn man ihn wenigstens ein weiteres Mal befragen würde, dann könnte er sich noch einmal erklären. Doch nach dem anfänglichen Verhör ist er nicht noch einmal vernommen worden, einen Rechtsanwalt darf er ohnehin nicht treffen. Und so sitzt er in einer Dreimannzelle und wartet – auf das Frühstück, das Mittag- und das Abendessen, auf den Hofgang, den Besuch der Waschräume und die regelmäßigen Kontrollgänge der Gefängnisbeamten. Das alles strukturiert seine Tage, in deren Verlauf sonst nichts passiert.

Karlrobert teilt sich die Zelle mit dem etwa siebzigjährigen Mühlenbesitzer Dürr sowie dem fünfzig Jahre alten Tierlehrer Frank Wedde. Dürr ist ein stiller, etwas mürrischer Zeitgenosse, der nicht viel sagt. Wedde zeigt sich dafür umso redseliger. Karlrobert hört gerne zu, wenn der Dresseur von seinen großen Erfolgen berichtet. Zu Weddes Spezialitäten gehört es, Adler so abzurichten, dass sie keine lebenden Tiere mehr fangen, sondern nach langen Flügen zu ihrer Futterstelle zurückkehren. Weddes Kaiseradler Melitta hat es im Herbst 1937 im Weserbergland auf einen Segelflug von sage und schreibe fünf Stunden und 16 Minuten ohne Flügelschlag gebracht. Darüber haben damals sogar die Zeitungen berichtet, erzählt Wedde stolz. So vergehen die Tage.

Am frühen Morgen des 17. Mai 1943 – genau 14 Tage nach seiner Einlieferung in das Heidelberger Untersuchungsgefängnis – teilt man Karlrobert mit, dass er noch am gleichen Abend nach Berlin transportiert werden soll. Für ihn ist das eine gute Nachricht, denn er hofft, in einem regulären Verfahren die gegen ihn erhobenen Vorwürfe ausräumen zu können. Er kann es kaum erwarten, den Zug in Richtung Berlin zu besteigen, hat er doch schon genug Zeit verloren. Karlrobert will zurück an seinen geliebten Flügel, zurück zur Musik von Chopin, Liszt und all den anderen wunderbaren Komponisten, die ihm so sehr am Herzen liegen.

Am Nachmittag wird plötzlich die Zellentür aufgesperrt und ein Mann hereingeführt. Der Unbekannte stellt sich den drei Anwesenden als Rudolf Goldschmit-Jentner vor. »Sie sind mein Nachfolger in der Zelle«, begrüßt Karlrobert ihn freundlich. »Ich werde heute Abend nach Berlin gebracht, weil ich meiner Zeugin gegenübergestellt werden soll.« Zwischen Karlrobert und dem Neuen entwickelt sich schnell ein lebhaftes Gespräch. Goldschmit-Jentner erzählt ihm, dass er Schriftsteller sei und 1926 die Heidelberger Festspiele gegründet habe, während Karlrobert von seinem letzten Konzert im Beethoven-Saal der Berliner Philharmonie berichtet. Warum in Gottes Namen er, Karlrobert, denn im Gefängnis sei, will Goldschmit-Jentner nach einer Weile wissen. Karlrobert macht ein paar ausweichende Bemerkungen, doch als sein Gegenüber nachhakt, sagt er ihm, was er Ellen Ott-Monecke an den Kopf geworfen hat: »Nehmen Sie doch den Psychopathen von der Wand da weg.« Das habe er wirklich gesagt, fragt Goldschmit-Jentner ungläubig. Karlrobert lächelt.

Nach dem Abendessen, das die vier Häftlinge gemeinsam einnehmen, wird Karlrobert in eine Wachstube gebracht, wo man ihm eine Pappschachtel aushändigt, in der sich die Dinge befinden, die er bei seiner Einlieferung in das Gefängnis abgeben musste. Karlrobert wirft einen Blick hinein: ein Oberhemd, ein Wollhemd, eine Hose, eine Weste, ein Jackett, ein Bleistift, zwei Notenhefte, ein Notizbuch, eine Armbanduhr, eine Handvoll Lebensmittelmarken sowie eine Geldbörse mit 110 Reichsmark und 47 Pfennigen. Zu guter Letzt muss er den Erhalt der Wertsachen quittieren.

Anschließend wird Karlrobert Kreiten nach Berlin überstellt. Am Heidelberger Bahnhof besteigt er zusammen mit zwei Bewachern einen Zug, der sie über Frankfurt in die Reichshauptstadt bringen wird. Endstation Anhalter Bahnhof. Die Gestapo hat für den Transport ein separates Abteil reserviert. Karlrobert nimmt am Fenster Platz, die beiden

Polizisten setzen sich einander gegenüber an die Tür. Er möge keinen Ärger machen, raunt ihm einer der Beamten zu. Karlrobert nickt.

Während der Zug monoton ratternd das nächtliche Land durchquert, findet Karlrobert keine Ruhe und denkt über sein Schicksal nach. Er kann immer noch nicht fassen, was geschehen ist. Als er vor ein paar Wochen Berlin verlassen hat, war er ein gefeierter Musiker. Jetzt kehrt er in Handschellen in die Stadt seiner größten Triumphe zurück. Vom Anhalter Bahnhof sind es nur wenige Hundert Meter bis zur Gestapozentrale. Karlrobert kennt diese Gegend gut, denn auch die Philharmonie ist nur einen Steinwurf entfernt. Seine beiden Begleiter biegen mit ihm am Askanischen Platz jedoch nicht links in die Bernburger Straße ab, wo Berlins Musiktempel steht, sondern gehen zunächst die Saarlandstraße entlang, die dann in die Prinz-Albrecht-Straße abzweigt. Rechter Hand liegt das Museum für Völkerkunde, ihm gegenüber das Haus der Flieger, daneben der Monumentalbau des Reichsluftfahrtministeriums.

Die Geheime Staatspolizei ist Teil des Reichssicherheitshauptamts und befindet sich in einem Gebäude, das bis 1933 als Kunstgewerbeschule genutzt worden war. Durch große Fenster fällt viel Licht in die hohen Räume. Doch wo früher in luftigen Ateliers Architektur, Bildhauerei und Malerei unterrichtet wurden, sperrt man nun Menschen ein. Die beiden Gestapomänner führen Karlrobert in einen Raum im Erdgeschoss. Nachdem diverse Unterschriften geleistet worden sind, haben sie ihren Auftrag erledigt.

Karlrobert ist nun ein »Fall«, eine Angelegenheit, die fortan in der Hauptstadt behandelt wird. Zunächst tut man den bürokratischen Notwendigkeiten Genüge. Wie schon bei der Aufnahme in das Heidelberger Gefängnis muss Karlrobert alle persönlichen Dinge abgeben, die wiederum in einer Liste penibel verzeichnet werden. Dann überreicht man ihm die Zellenordnung. Er möge sich das einmal durchlesen, sagt ein Polizist beiläufig. Karlrobert nimmt das Papier in beide Hände, seine Blicke wandern über das Formular:

1. Wecken: 6.00 Uhr. Anschließend Zellenreinigung durch den Gefangenen. Körperreinigung.
2. Bitten, Beschwerden oder Krankmeldungen müssen während der Zellenreinigung vorgetragen werden.
3. 8.00 Uhr: Kaffee- und Schreibsachenempfang. Erledigte Schreiben werden um 18.00 Uhr abgenommen.
4. Rasieren: Jeden Dienstag und Freitag.
5. Jeder Häftling hat auf Befragen wahrheitsgemäße Antworten zu geben.
6. Für Verunreinigung oder Beschädigung der Wände oder des Inventars wird der Täter haftbar gemacht; auch kann er gemäß der Hausordnung bestraft werden.
7. Bei plötzlicher Erkrankung oder zum Austreten hat sich der Häftling durch Herausschieben des an der rechten Seite der Tür angebrachten Schiebers bemerkbar zu machen.
8. Von 20.00 Uhr bis früh 6.00 Uhr hat der Zelleninsasse entkleidet im Bett zu liegen. Die Benutzung des Bettes außerhalb dieser Zeit ist verboten.

Es gebe für 50 Gefangene drei Klosetts, erklärt der Beamte. Wenn die besetzt seien, müsse man eben warten. Und alle zwei Tage sei den Insassen ein Rundgang im Hof gestattet. Irgendwelche Fragen? Karlrobert schüttelt den Kopf. Der Häftling Kreiten wird nun fotografiert. Dazu führt der Beamte ihn in einen fensterlosen Nebenraum, in dessen Mitte sich eine hölzerne Plattenkamera befindet, davor steht ein höhenverstellbarer Drehstuhl. In einer Ecke sitzt ein Mann. Er scheint der Fotograf zu sein, denn er trägt einen weißen Arbeitskittel, wie Künstler oder Fotografen ihn in ihren Ateliers zu tragen pflegen. Karlroberts Bewacher nuschelt dem Mann im Kittel zu, dass er ihm Arbeit bringe, woraufhin dieser aufsteht und einen flüchtigen Blick auf den Gefangenen wirft. Dann stellt er den Drehstuhl auf Karlroberts Körpergröße ein und verschwindet hinter der Kamera. Das alles geschieht völlig routiniert und mit dem Ausdruck größter Teilnahmslosigkeit. Wie viele Häftlinge mag er heute schon abgelichtet haben? Drei? Fünf? Wie viele in diesem Monat? Zwanzig? Dreißig? Vielleicht war der Fotograf einmal ein vielversprechendes Talent. Vielleicht wäre er mit etwas Glück ein bedeutender Künstler geworden. Doch anstatt ein Atelier auf dem schicken Kurfürstendamm oder in der Friedrichstraße zu führen, hält er nun im Auftrag der Gestapo die verängstigten Gesichter zahlloser Männer und Frauen fest. Nachdem Karlrobert Platz genommen hat, löscht der Wachmann die Lampen und schaltet stattdessen zwei Scheinwerfer an, die an der gegenüberliegenden Wand befestigt sind und den Raum grell ausleuchten. Der Fotograf blickt durch die Kamera und brummt etwas, woraufhin der Polizist Karlroberts Haupt gegen die Nackenstütze presst. Der neue Häftling wird dreimal fotografiert: von vorn, von der Seite und dann noch im Halbprofil.

Im Anschluss wird Karlrobert nach unten gebracht. »Unten« – das ist das sogenannte Hausgefängnis, das die Gestapo im Sockelgeschoss des Südflügels hat einbauen lassen. Der Gestapomann geht mit Karlrobert an dem großen Marmortreppenhaus vorbei zu einem Aufzug. Im Keller angekommen, führt er Karlrobert einen langen Korridor entlang. Alle paar Meter hängen Lampen von der Decke, die den Flur in kaltes Licht tauchen. In diesem Verlies befinden sich 38 Einzelzellen sowie eine Gemeinschaftszelle, die sämtlich mit Schlössern und Riegeln gesichert sind. Die Einzelzellen sind etwa 1,70 Meter breit und 3,50 Meter lang. Auf der einen Seite stehen Tisch und Stuhl, an der gegenüberliegenden Wand ist ein Metallbett montiert, auf dem eine dünne Decke ausgebreitet ist. Auf einem Regal befinden sich Blechnapf und Essbesteck, in einer Zimmerecke stehen ein Tonkrug mit Wasser, eine Waschschüssel sowie ein Spucknapf. Die Lampe lässt sich von innen nicht anoder ausschalten, darüber hinaus fällt durch ein niedriges Fenster ein wenig Tageslicht in die Zelle. Der Fußboden besteht aus einfachem Estrich. Das ist alles.

Doch Karlrobert hat ein klein wenig Glück im Unglück. Er wird in die einzige Gemeinschaftszelle des Gefängnisses eingewiesen. Diese ist etwa so groß wie drei Einzelzellen und bietet normalerweise Platz für drei Häftlinge. Oft ist der Raum freilich überbelegt, und die Insassen müssen abwechselnd auf den Pritschen und auf dem Boden schlafen. Der Tagesablauf in der Gemeinschaftszelle ist derselbe wie in den Einzelzellen. Allerdings ist man nicht alleine, kann miteinander reden und am Schicksal der anderen Anteil nehmen. In den Augen der Gestapo ist das eine Vergünstigung, die Karlrobert vermutlich dank seiner Bekanntheit als Künstler zugestanden wird. Da das Gefängnis keine eigene Wäscherei betreibt, dürfen die meisten Häftlinge nach einer gewissen Zeit von ihren Angehörigen Wäschepakete erhalten. Es kommt auch immer wieder vor, dass Nahrungsmittel ihren Weg in einzelne Zellen finden. Das ist wiederum eine Vergünstigung, auf die kein Anspruch besteht. Ansonsten kann, wer Geld hat, Rauchwaren kaufen. Auch besteht die Erlaubnis zu lesen und Briefe zu schreiben, wobei die Post zensiert wird. All diese Zugeständnisse gewährt und entzieht die Gestapo völlig willkürlich. Wie wird es Karlrobert ergehen?

*

Geheimer Lagebericht des Sicherheitsdienstes der SS vom 17. Mai 1943: »In zahlreichen vorliegenden Meldungen wird hervorgehoben, dass sich in letzter Zeit der Mangel an Weckeruhren in vielen Kreisen der Bevölkerung empfindlich bemerkbar macht. [...] Hierzu wird beispielsweise aus Dortmund gemeldet, dass sich ein Bergmann erboten hätte, für eine Weckeruhr RM 500,– zu zahlen, wenn er nur eine bekommen könne. Seine Frau müsse die ganze Nacht über wachen, nur um ihn rechtzeitig wecken zu können.«

*

Otto Prochnow war ein ungewolltes Kind. Als er am 26. Dezember 1907 in Berlin-Schöneberg das Licht der Welt erblickte, war die wirtschaftliche Lage der Eltern äußerst prekär, das Kind kam zur Unzeit. Schweren Herzens entschlossen sich Vater Otto Pabst und Mutter Charlotte

Mathilde (geb. Kaiser), den Jungen zur Adoption freizugeben. Das Ehepaar Richard und Emmi Prochnow konnte selbst keine Kinder bekommen und erklärte sich gerne bereit, den Kleinen bei sich aufzunehmen. So wurde aus Otto Pabst Otto Prochnow.

Mit vierundzwanzig Jahren trat er am 1. August 1932 in die NSDAP und kurze Zeit später auch in die SA ein. Nach dem Abitur studierte er zunächst ein paar Semester Jura an der Universität in Kiel, brachte das Studium aber nicht zu Ende. Ihn zog es stattdessen zur Geheimen Staatspolizei. Er begann zunächst als Hilfskommissar in Kassel, wo er die zwei Jahre jüngere Margarete Völker kennenlernte. Im August 1938 heiratete das Paar, und noch im selben Jahr erfolgte die Aufnahme Prochnows in die SS. Im April 1940 wurde Tochter Renate geboren. Nun, im Frühjahr 1943, ist Kriminalrat Otto Prochnow SS-Hauptsturmführer und mittlerweile im Berliner Reichssicherheitshauptamt im Referat IV A 3 (»Reaktion, Opposition, Legitimismus, Liberalismus, Heimtücke-Angelegenheiten«) tätig. Dort sitzt er in einem Büro, das außergewöhnlich hohe Decken aufweist. Vermutlich wurde der Raum einmal als Atelier oder Werkstatt genutzt. Durch die großen Fenster geht der Blick in eine Art Park, der die verschiedenen Gebäude des Reichssicherheitshauptamtes miteinander verbindet, dahinter erkennt man den Askanischen Platz, den Anhalter Bahnhof und die prunkvolle Fassade des Hotels Excelsior. Dieser Teil der Reichshauptstadt ist von den alliierten Fliegerangriffen bislang weitgehend verschont geblieben, wie überhaupt der letzte große Angriff schon einige Wochen zurückliegt.

Otto Prochnow ist 1,73 Meter groß, wiegt 72 Kilogramm

und hat einen ovalen Schädel. Seine Augenfarbe ist grau, die Haare sind dunkelblond. Otto Prochnow ist Karlrobert Kreitens Verhörpolizist.

✳

Karlrobert Kreiten an seine Mutter Emmy. Samstag, 29. Mai 1943: »Habe 1000 Dank für die feinen Sachen, die mir große Freude machten. Besondere Freude bereiten mir Deine Briefchen, sie bringen mir Trost. Seit Heidelberg habe ich keine Post mehr aus D'dorf erhalten. Darfst nur Du mir schreiben? [...] Ich habe noch immer die guten Konzertschuhe an, lass mir doch alte Schuhe aus D'dorf schicken u. gleichzeitig einige frische Unterhosen. Das Gummiband von der neuen U. ist mir gerissen. Schicke mir bitte keine Lebensmittel in Gläser, da ich kein Glas in die Zelle bekommen darf. Den Rhabarber habe ich noch schnell essen können, die Milch u. Marmelade sind zurückgegangen.«

✳

Am 30. Mai 1943 tritt im Konzentrations- und Vernichtungslager Auschwitz ein neuer Lagerarzt seinen Dienst an. Es ist der zweiunddreißigjährige Dr. med. Josef Mengele.

✳

Emmy Kreiten an ihren Sohn Karlrobert. Montag, 31. Mai 1943: »Gestern Sonntag kam Dein Briefchen als lieber Sonntagsgruß in die Wohnung geflattert! Wie ich mich darüber gefreut habe, kann ich Dir gar nicht sagen!! Endlich mal wieder Nachricht von meinem Bubele!! [...] Hast Du von der Buchhalterei dort Dir schöne, interessante u. lehrreiche

Bücher leihen können, oder soll ich Dir aus Deiner Biblio-
thek was bringen? Anbei das erste, was ich herauszog, ein
Buch über Mozart. Ich kaufe Dir nun gleich Unterhöschen
u. die alten Schuhe fand ich noch hier von Dir, dann kannst
Du mal wechseln, auch noch 2 Paar Socken. Den Mokkawürfelzucker kannst Du zwischendurch knabbern. Zucker
ist ja nahrhaft.«

Das Leben geht irgendwie weiter.
Nachdem ihr Haus ausgebombt
wurde, treffen sich die Bewohner am
15. Juni 1943 zum Essen im Freien.
»Der neue Gruß heißt jetzt in Berlin:
›Bleiben Sie übrig!‹«

Enttäuschte Hoffnungen

Emmy Kreiten hat keine guten Nachrichten zu vermelden, als sie am 1. Juni mit ihrer Mutter Sophie Liebergesell in Düsseldorf telefoniert. Was Emmy nicht weiß: Die Gestapo in Düsseldorf hört mit und fertigt über das Gespräch der beiden Frauen eine Aktennotiz an. Emmy habe mit Otto Prochnow sprechen können, notiert der Beamte. Der Kriminalrat habe ihr versichert, dass Karlrobert geständig sei und die ihm von Ellen Ott-Monecke vorgeworfenen Äußerungen über die kritische Lage der Wehrmacht zugegeben habe. »Auf Ellens Frage, woher er das wisse, habe er (›Karlrobert‹) erwidert: ›Vom Auslandssender.‹« In Heidelberg hatte Karlrobert noch vehement abgestritten, die englische BBC oder einen anderen »Feindsender« gehört zu haben. Dass er das nun einräumt, ist für die Bemühungen, ihn freizubekommen, ein herber Rückschlag. Die »Verordnung über außerordentliche Rundfunkmaßnahmen« vom 1. September 1939 stellt nämlich das Abhören aller ausländischen Radiosender unter Strafe. Für die Verbreitung von Nachrichten dieser Anstalten ist unter bestimmten Voraussetzungen sogar die Todesstrafe vorgesehen. »In Wirklichkeit habe er das aber nur so dahingesagt«, ist sich Emmy sicher.

Und nun? »Wenn man keine Schritte unternehme«, stimmen Mutter und Großmutter laut dem Abhörprotokoll überein, »dauere alles so lange.« Die beiden Frauen haben sich einiges vorgenommen – und die Gestapo bekommt alles mit.

Als Erstes soll Wilhelm Raupp, Kulturreferent im Gau Düsseldorf und ein alter Freund der Familie, an den dortigen Gauleiter Friedrich Karl Florian schreiben und um ein gutes Wort für Karlrobert bitten. Dann will man an Wilhelm Furtwängler herantreten. Der weltberühmte Dirigent ist ein Bewunderer von Karlrobert und gilt als einflussreich. Auch er soll sich, so der Plan, für den Häftling Kreiten verwenden. Doch die größten Hoffnungen ruhen zunächst auf Martin Miederer, den die Kreitens flüchtig kennen. Der promovierte Jurist, Jahrgang 1905, ist SS-Obersturmbannführer und als Oberregierungsrat im Reichsministerium für Wissenschaft, Erziehung und Volksbildung tätig. Er verfügt nicht nur über beste Kontakte zu Minister Bernhard Rust, seinem eigenen Chef, sondern auch zu Joseph Goebbels. Der Musik liebende Miederer, so die Überlegung von Emmy und ihrer Mutter, soll sich beim Propagandaminister für Karlrobert verwenden. Ob das gelingt?

✳

Eva Klemperer erzählt ihrem Mann von einem Plakat, das sie am 1. Juni in der Innenstadt gesehen hat. Man erkennt zwei tuschelnde Menschen, darunter den Schriftzug: »Wer flüstert, lügt!« Der Aushang ist Teil einer Kampagne gegen das, was die Nationalsozialisten »Flüsterpropaganda« nennen. »Flüsterpropaganda« ist für Victor Klemperer ein typisches Wort der LTI – der *lingua tertii imperii*. Damit sollen die Menschen weiter eingeschüchtert werden, ist er sich sicher.

Wer beispielsweise einen ausländischen Radiosender einschaltet und das Gehörte, was immer es sein mag, einer Nachbarin im Treppenhaus zuraunt, macht sich der »Flüsterpropaganda« schuldig. Das kann im schlimmsten Fall den Kopf kosten.

✳

Emmy Kreiten an ihren Sohn Karlrobert. Mittwoch, 2. Juni 1943: »Anbei 1 Briefchen von Mama für Dich aus Düsseldorf. Thea gab mir die paar Stückchen Kranzkuchen für Dich mit, ich füge Dir etwas Weißbrot u. Butter u. 2 Käsebutterbrote bei. Eigentlich darf ich ja nicht so viel für Dich bringen!

Hast Du das Mozartbuch gelesen? War es interessant? Gestern kam das Möbel aus D'dorf. Ich sitze jetzt hier zwischen Kisten u. Kasten und habe viel Arbeit, um alles einzurichten. Fühlst Du nicht, wenn ich so nahe bei Dir bin? Denk' Dir im selben Gebäude! Wenn ich Dich nur mal könnte am Fenster irgendwo sehen! Ich schaue mir schon die Augen aus, aber leider, nie sehe ich meinen süßen Bub! Hoffentlich kannst Du bald wieder schreiben.«

✳

Karlrobert Kreiten an seine Mutter Emmy. Donnerstag, 3. Juni 1943: »Wieder einmal habe ich mich riesig über Deine beiden Päckchen gefreut. Der Kuchen war sicher von Frau Lohr, denn nur ihr Kuchen kann so gut schmecken. Auch über das Roggenbrot habe ich mich sehr gefreut, leider ging es nur zu schnell zu Ende. […] Ich denke noch oft an Heidelberg zurück. Mein ganzes Programm spielte ich am Vortage meines Konzertes in der Aula der Universität durch, und ich fand mich sehr gut in Form. Der Flügel (Bechstein) war herrlich u. besonders gut klang Mozart. Liebes Muckelchen, es ist mir eine große Beruhigung, Dich hier zu wissen und jede Woche Nachricht zu erhalten. Überanstrenge Dich nicht und nimm Dir Zeit, dass Deine Gesundheit nicht leidet. Ich möchte Euch alle gesund wiedersehen.«

*

Speiseplan der Küche des Berghofs für Adolf Hitler. Freitag, 4. Juni 1943: »Mittags: Kirschsaft mit Leinsamenschrot, Gerstenschleimsuppe, Tomatentörtchen, Karotten, gedünsteter Kartoffelbrei. Abends: Orangensaft mit Leinsamenschrot, Gerstenauflauf, Kaperntunke, Knäckebrot, Butter, Eigelbpaste, Diätkäse mit Paprika.«

*

Emmy Kreiten ist mittlerweile zu Martin Miederer vorgedrungen und hat Karlroberts Angelegenheit mit ihm besprechen können. Miederer habe erklärt, erzählt Emmy ihrem Mann am 8. Juni am Telefon – wieder hört die Gestapo mit –, »die Sache stehe nicht besonders gut«. Auf ihre Frage, wann mit einer Entscheidung zu rechnen sei, habe der Beamte geantwortet, er wisse es nicht, da noch einige Dinge zu klären seien und Karlrobert infolgedessen noch täglichen Verhören unterzogen werde.

Zu allem Unglück rückt nun die gesamte Familie in das Fadenkreuz der Geheimpolizei. Otto Prochnow erkundigt sich bei seinen Kollegen am Rhein, was dort »in politischer oder sonstiger Hinsicht« über die Kreitens bekannt sei.

»Mütterlicherseits sollen die Vorfahren des hier einsitzenden Kreiten Elsässer oder Franzosen bzw. franzosenfreundlich eingestellt gewesen sein«, lautet Prochnows Verdacht. »Was ist dort darüber bekannt?« Zwar gebe es familiäre Bande nach Frankreich, antwortet der Beamte aus Düsseldorf, von einer franzosenfreundlichen Einstellung sei aber nichts bekannt. Allerdings war Theo Kreiten den Düsseldorfer Parteigenossen bereits wenige Jahre zuvor negativ aufgefallen. »Von einem Ausländer, der in Deutschland das Gastrecht genießt, muss man zum mindesten erwarten, dass er, sofern er sich auch beruflich betätigen will, wenigstens in seinen Handlungen zu erkennen gibt, dass er eine positive Einstellung zu seinem Gastlande gefunden hat. Dies ist bei K. keineswegs der Fall, so hat er z. B. seinen Sohn bei dem jüdischen Pianisten Rosenthal in Wien ausbilden lassen.« An anderer Stelle heißt es: »Dem Kreiten wird nachgesagt, dass er in früheren Jahren judenfreundlich eingestellt gewesen sei. Seine Konzerte, die er in früheren Jahren gab, seien vorwiegend von Juden besucht gewesen.«

Von diesen Vorbehalten wird auch Gauleiter Friedrich Karl Florian erfahren haben, der daraufhin wenig Neigung zeigt, sich für Karlrobert zu verwenden. Als der Kulturfunktionär Wilhelm Raupp sich schriftlich an ihn wendet und für den inhaftierten Pianisten Fürsprache hält, leitet der Gauleiter den Brief kurzerhand an den Chef der Düsseldorfer Gestapo weiter. »Weitere Mitteilung bleibt abzuwarten«, teilt man Raupp knapp mit.

Der Schriftsteller Herbert Eulenburg, ein Freund der Kreitens, schreibt daraufhin einen Brief an Magda Goebbels, die er beiläufig kennt. »Vielleicht kann Ihr Gatte oder einer der bei ihm beschäftigten Herren durch eine Vermittlung das Los des jungen unbescholtenen Künstlers erleichtern [...]?« Eulenburg versichert ihr am Ende seine »Hochachtung und Verehrung« und schließt seinen Brief »in Ehrfurcht vor allem edlem Frauentum«. Doch von Frau Goebbels wird er nie eine Antwort erhalten; es ist fraglich, ob der Brief überhaupt seinen Weg zu ihr findet.

Die Bemühungen, Karlrobert aus den Fängen der Polizei zu befreien, sind Mitte Juni offenkundig ins Stocken geraten. Emmy Kreiten und die anderen Familienmitglieder sind verzweifelt.

✳

»Jennylein, was war ich für ein Esel!« Spricht es – und schließt für immer die Augen. Die Rede ist von Hanns Heinz Ewers, der am 12. Juni 1943 um 10.15 Uhr in seiner Wohnung in der Corneliusstraße am Rand des Berliner Tiergartens stirbt. Seine Sekretärin Jenny Guhl sitzt neben ihm und hält seine Hand.

Es ist zuletzt still um Ewers geworden. Von seinem siebzigsten Geburtstag im November 1941 war in der Öffentlichkeit kaum Notiz genommen worden, obschon der Jubilar einmal zu den erfolgreichsten Schriftstellern Deutschlands zählte. Es gab Zeiten, in denen Hanns Heinz Ewers bis zu drei neue Bücher im Jahr auf den Markt brachte. Er verfasste Romane und Novellen, Gedichte und Essays, Drehbücher und Reiseberichte. Doch das war vor 1933.

Ewers Geschichten balancieren oft am Abgrund und haben nicht selten etwas Verstörendes an sich. In seinem Roman *Der Zauberlehrling* aus dem Jahr 1909 etwa geht es

um religiösen Wahn, der dazu führt, dass in einem abgelege-
nen italienischen Bergdorf eine Schwangere gekreuzigt
wird. In der Kurzgeschichte *Die Tomatensauce* zerhacken
sich zwei Männer, schlachten einander förmlich ab. Das
Ganze wird von Ewers derart eindringlich geschildert, dass
Zuhörerinnen bei öffentlichen Lesungen reihenweise in
Ohnmacht fielen.

Ewers bekannteste Figur dürfte Alraune sein. Durch
künstliche Befruchtung einer Hure mit dem Samen eines
hingerichteten Lustmörders gezeugt, ist das Mädchen
Alraune ebenso sinnlich und verführerisch wie seelenlos
und gefühlskalt. Am Ende treibt Alraune ihren Schöpfer,
den Medizinprofessor Jakob ten Brinken, in den Selbstmord.
Der gleichnamige Roman *Alraune* wird zu Ewers Lebzeiten
eine halbe Million Mal verkauft und fünfmal verfilmt.

So viel Erfolg provoziert natürlich Widerspruch und sorgt
für Neid. Für Kurt Tucholsky ist Hanns Heinz Ewers ein
»Tantiemensadist«, der nur der guten Verkäuflichkeit halber
den Bürgerschreck spiele. An anderer Stelle bezeichnet
Tucholsky seinen Kollegen als »parfümierten Salonsadisten«.
Das sitzt – doch Ewers schreibt weiter. Buch um Buch.

An seinem sechzigsten Geburtstag tritt Ewers 1931 in die
NSDAP ein – es heißt, Adolf Hitler habe ihn persönlich per
Handschlag aufgenommen – und dient sich den Nationalsozialisten in der Folgezeit an. Mit Ernst Röhm, dem Chef
der SA, und dem Berliner Gauleiter Joseph Goebbels steht
er auf gutem Fuß. Er schreibt sogar einen Roman über den
ermordeten SA-Mann Horst Wessel, der 1932 erscheint.
Doch als Goebbels irgendwann Ewers Roman *Fundvogel* in
die Hände fällt, der die Geschichte einer Geschlechtsum-

wandlung erzählt, beginnt der Absturz des erfolgsverwöhnten Autors. »Perverse Schweinerei!«, schimpft Goebbels in seinem Tagebuch. »Dieses Biest macht jetzt in Horst Wessel. Das werden wir abdrehen.« Zwei von Ewers Büchern werden auf dem Berliner Opernplatz verbrannt, alle seine Schriften verboten.

Als Martha Dodd, die Tochter des amerikanischen Botschafters William Edward Dodd, Ewers Mitte der 1930er-Jahre auf einer Party kennenlernt, liegt seine beste Zeit bereits hinter ihm. Martha fühlt sich von Ewers angewidert: »Er ist ein alter Mann mit einem Monokel, der verzweifelt versucht, jünger auszusehen, und für mich ist er eine der abstoßendsten Figuren, die ich je kennengelernt habe. Als er meine Hand nahm und sie küsste, schauderte es mich bei seiner Berührung. Die Haut an seinen Händen schuppte sich, war mit roten, trockenen Wunden bedeckt, seine Hände waren hart und abstoßend. Ich wollte die meinen nach der Begrüßung so schnell wie möglich waschen. Es war, als hätte man eine Kröte oder ein besonders abstoßendes Reptil angefasst, das sich gerade häutet. Auch sein Gesicht war eigenartig fleckig und aufgedunsen, das Gesicht eines Trinkers, eines Degenerierten. Sein Verhalten war sanft, einschmeichelnd, formell höflich, aber von zotiger Anzüglichkeit.«

Hanns Heinz Ewers hätte an dieser drastischen Beschreibung vielleicht seine Freude gehabt. Vielleicht.

*

Anweisungen der Pressekonferenz der Reichsregierung, 12. Juni 1943: »Über das Auftreten psychopathischer Reaktionen, Kriminalität und Simulation sowie Selbstverstümmelung bei Wehrmachtsangehörigen ist nicht zu berichten.«

*

Wer in diesen Junitagen einen Blick in die Anzeigenteile der Berliner Tageszeitungen wirft, könnte auf die Idee kommen, dass es mit Goebbels'»totalem Krieg« nicht so weit her sei. Hatte der Minister nicht Ende Januar angekündigt,»sehr rigoros vorgehen« und »alle Schlemmerlokale, Bars und Nachtlokale« schließen zu wollen? Davon kann keine Rede sein. Wie eh und je buhlen die bekannten Etablissements in Annoncen um das vergnügungshungrige Publikum. Um nicht unter den Begriff der »überflüssigen Vergnügungsstätten« zu fallen, haben sich die Betreiber einiges einfallen lassen. Die Sport-Bar in der Dorotheenstraße hat sich kurzerhand in Wiener Café umbenannt, während aus der bekannten Rosita-Bar das Konzertcafé Rosita wurde. Im Café Melodie hat man den Tresen entfernt und durch gewöhnliche Tische ersetzt, an denen aber die gleichen Getränke wie zuvor an der Theke serviert werden. Darüber hinaus bietet Inhaber Johannes Schmidt nun gepflegte deutsche Küche an. Dem Sicherheitsdienst der SS ist diese Maskerade ein Dorn im Auge.»Offenbar«, heißt es in einem geheimen Bericht,»würden Lokale unter nur geringen, rein äußerlichen Veränderungen weitergeführt.«

Doch damit nicht genug, wird in etlichen Gaststätten auch noch nach Herzenslust getanzt. Die Imperator-Bar in der Friedrichstraße wirbt im Sommer 1943 mit »erstklassigen Kapellen«, im Hotel Excelsior spielt das Ensemble von Mischa Lakatos, im Café Melodie treten täglich zwei Kapellen auf, und im Efti am Tiergarten sogar drei. Jeden Tag, sieben Tage die Woche.

Zu den beliebtesten Adressen im Berliner Nachtleben zählen das Café Uhlandeck sowie das Café Melodie, die sich beide auf dem Kurfürstendamm befinden. Wie durch ein Wunder sind die Häuser mit ihrer mondänen Art-déco-Eleganz bislang von Bombentreffern verschont geblieben. Seit gut zwei Jahren gastiert Lubo D'Orio mit seiner Band abwechselnd mal in dem einen Café, mal in dem anderen. D'Orio heißt eigentlich Lubomir Wapordjeff und wurde 1904 in Sofia geboren. Er hatte in seiner Heimatstadt Musik studiert und war wie so viele junge Künstler auf der Suche nach Arbeit irgendwann in Berlin gelandet. Lubomir spielte Klarinette, Saxophon und Violine – und das so gut, dass sich bald die Tanzkapellen der Reichshauptstadt um ihn rissen. So wurde aus Lubomir Wapordjeff Lubo D'Orio. Da Bulgarien zu den Verbündeten des Deutschen Reichs zählt, kann er auch während des Krieges als Ausländer in Deutschland bleiben.

Wenn D'Orio und seine siebenköpfige Band, zu der auch der dreiundzwanzigjährige Geiger Helmut Zacharias gehört, im Uhlandeck oder im Café Melodie auftreten, ist es dort in der Regel besonders voll. Die Musiker stehen nämlich im Ruf, ausgesprochen »hot« zu spielen, was wiederum der Polizei nicht sonderlich gefällt. Swing und Jazz gelten als »undeutsch« und dürfen eigentlich nicht aufgeführt werden, doch das ist D'Orio und seiner Truppe egal. Nur einmal werden sie auf eine Polizeidienststelle vorgeladen und müssen sich von den Beamten Vorwürfe gefallen lassen: etwa den, dass das Uhlandeck »der größte Jazztempel von

Berlin« sei und anderes mehr. Doch am Ende kommen die Männer mit einer Verwarnung davon.

»Hot« zu spielen und Nazi zu sein, ist für Lubo D'Orio im Übrigen kein Widerspruch. Als er vor ein paar Jahren seinen Beitritt zum Reichskartell der deutschen Musikerschaft erklärte, gab er an, seit 1933 Mitglied der bulgarischen Auslandsorganisation der NSDAP zu sein. Seine Mitgliedsnummer lautete 91.

✳

Anweisungen der Pressekonferenz der Reichsregierung, 22. Juni 1943: »Die Behandlung des Themas Halbtagsarbeit ist unerwünscht, damit dadurch nicht unerwünschte Propaganda dafür gemacht wird.«

✳

Emmy Kreiten an ihren Sohn Karlrobert, Mittwoch, 23. Juni 1943: »Die Zeit wird mir doch sehr lange jetzt u. ich sehne mich sehr nach Dir! Ich freue mich aber, dass Du so feinen Kuchen geschickt bekommen hast und dass ich Dir ihn bringen kann. Es ist bald ½ 3 Uhr nachts. Jetzt kann man beruhigt schlafen gehen, denn Alarm kommt jetzt nicht mehr.«

✳

Victor Klemperer ist am 24. Juni gegen 10 Uhr abends auf dem Heimweg, als er in der Wormser Straße von einer Handvoll Jungen auf ihren Fahrrädern überholt wird. Die Kinder sind vielleicht vierzehn oder fünfzehn Jahre alt. Einer dreht sich um und entdeckt Klemperers »Judenstern«, woraufhin alle stehen bleiben. Klemperer kommt näher.

In dem Moment, in dem er die Gruppe passiert, rufen sie: »Der kriegt einen Genickschuss … ich drück' ab … Er wird an den Galgen gehängt – Börsenschieber …« Vierzehnjährige Kinder! Victor Klemperer ist fassungslos.

✳

»Heute ist Dein Geburtstag«, schreibt Sophie Liebergesell am 26. Juni ihrem Enkel Karlrobert, »wir sind alle in Gedanken bei Dir. Ma hat heute früh lange mit Furtwängler gesprochen, er war, wie immer, außerordentlich lieb + nett.« Karlrobert Kreiten wird siebenundzwanzig Jahre alt. Es ist der erste Geburtstag, den er nicht im Kreise seiner Lieben feiern kann. Stattdessen sitzt er in einer Gefängniszelle im Keller des Gestapo-Hauptquartiers und harrt der Dinge. Man mag sich kaum ausmalen, wie ihm heute zumute ist. Karlroberts Vater sowie die geliebte Grand'maman sind eigens aus Düsseldorf nach Berlin gereist, um an seinem Ehrentag zumindest in derselben Stadt zu sein. Nur Schwester Rosemarie ist immer noch zur Wehrmachtsbetreuung an der Ostfront und wird erst demnächst zurückerwartet.

Karlrobert ist den Tränen nahe, als der Wärter ihm die Geschenke der Familie übergibt: zwei Hemden, einen Pyjama, drei Taschentücher, zwei Unterhosen, Roggenbrot und Butter, Gelee, Kuchen, frische Erdbeeren (Großmutter Sophie: »sie müssen sofort gegessen werden, weil ich sie ganzgelassen + gezuckert habe«) sowie Bücher über die Komponisten Schubert und Busoni.

»Die feinen Sachen kommen natürlich auch meinem Zellenkameraden zugute«, bedankt sich Karlrobert, »mit dem ich mich sehr gut verstehe und der auch wöchentlich ein Päckchen erhält. Es ist eine große Erleichterung, wenn man nicht allein zu sein braucht.«

In wenigen Tagen will Emmy erneut bei Wilhelm Furt-wängler vorsprechen.

∗

»Leider ist der Besuch Hamsuns beim Führer etwas ver-unglückt«, notiert Joseph Goebbels am 27. Juni in sein Tage-buch. Während er – Goebbels – am Vortag die Große Deutsche Kunstausstellung im Haus der Deutschen Kunst in München eröffnete, trafen der norwegische Schriftsteller Knut Hamsun und Adolf Hitler auf dem Berghof zu einem Gedankenaustausch zusammen. Die Begegnung scheint jedoch aus dem Ruder gelaufen zu sein. Es ist sogar von einer Standpauke die Rede, die Hamsun dem »Führer« ge-halten habe. Hitler sei daraufhin wutentbrannt aus dem Zim-mer gestürmt. Das ist für Goebbels mehr als beunruhigend, denn seine Feinde, derer es in Hitlers Hofstaat nicht wenige gibt, werden nun bestimmt versuchen, ihn, den Propaganda-minister, für den Eklat verantwortlich zu machen. Dass aus-gerechnet Martin Bormann, Hitlers ebenso einflussreicher wie intriganter Sekretär und Chef der Parteikanzlei, bei der Zusammenkunft anwesend war, bedeutet in Goebbels' Augen nichts Gutes. Wie konnte es nur so weit kommen, rät-selt Goebbels. Hatte er das Treffen des Diktators und des weltberühmten Dichters nicht bestmöglich vorbereitet? Zur Sicherheit fordert er das Gesprächsprotokoll an, das von solchen Unterredungen üblicherweise erstellt wird.

Schon seit Langem hegte Joseph Goebbels den Wunsch, Knut Hamsun einmal persönlich kennenzulernen. Goebbels verehrt den 1859 geborenen Schriftsteller, der 1920 für seinen Roman *Segen der Erde* den Literaturnobelpreis erhalten hat. Dieses sowie Hamsuns weitere ins Deutsche übersetzte Bücher kennt Goebbels in- und auswendig. Hamsun sei »ein Riese«, schwärmt er in seinem Tagebuch, »ein gottbegnadeter Erzähler«, kurzum »der genialste von all den Schreibern«. Nachdem er Hamsuns Buch *Landstreicher* zum wiederholten Male gelesen hatte, kommentierte er mit eitler Demut: »Fabelhaft! Da kann man erzählen lernen. Wir sind alle Stümper.«

Doch es gibt noch einen weiteren Grund, der Goebbels für Hamsun einnimmt: Der Norweger gilt seit Hitlers Machtübernahme als Anhänger und Unterstützer des Nationalsozialismus. Bereits 1934 bezog er Stellung. Als man ihn bat, eine Petition zu unterschreiben, in der sein inhaftierter Schriftstellerkollege Carl von Ossietzky für den Friedensnobelpreis vorgeschlagen wurde, winkte er ab: »Wenn die Regierung beschlossen hat, Konzentrationslager einzurichten, dann sollten Sie und die Welt verstehen, dass dies seinen guten Grund hat.« Ob Ossietzky in den Lagern Sonnenburg bei Küstrin und Esterwegen im nördlichen Emsland gefoltert wurde und schlimme Qualen zu erleiden hatte, interessierte Hamsun offenbar nicht. Doch damit nicht genug, verspottete er den wehrlosen Gefangenen als »diesen Narren im Konzentrationslager«. Für nicht wenige Verehrer Hamsuns war das ein unverzeihlicher Sündenfall, dem allerdings weitere folgen sollten. Im April 1940 marschierte die deutsche Wehrmacht in Norwegen ein und besetzte das kleine Land. Auch jetzt stellte Hamsun sich konsequent hinter die deutsche Kriegsführung und begrüßte sogar die Okkupation seines Heimatlandes. Keine Frage: Knut Hamsun ist nicht nur als Schriftsteller ganz nach Joseph Goebbels' Geschmack.

Am Nachmittag des 18. Mai 1943 besuchten Hamsun und seine Frau Marie die Eheleute Goebbels in Berlin. Der Propagandaminister zeigte sich von der gut zweistündigen Begegnung mit seinem Idol tief bewegt, obschon die Unterhaltung mühsam war, da Hamsun kein Deutsch versteht und überdies fast taub ist. Seine Frau musste das, was Goebbels zu sagen hatte, ins Norwegische übersetzen und dem Autor dann ins Ohr schreien. Doch auch Goebbels scheint bei Hamsun Eindruck hinterlassen zu haben. Nach Hause zurückgekehrt, schickte der ihm als Zeichen der Wertschätzung seine Nobelpreismedaille zu:»Ich kenne niemanden, der für die Sache Europas und der Menschheit Jahr um Jahr so unermüdlich geschrieben und gesprochen hat wie Sie, Herr Reichsminister.«

Gut vier Wochen später reiste Hamsun weiter nach Wien, um als Ehrengast auf einer Tagung der Union Nationaler Journalistenverbände zu sprechen. In dieser Vereinigung sind nahezu alle mit den Deutschen verbündeten oder von ihnen besetzten Länder vertreten. Ziel des Kongresses war es, die Bedeutung eines nationalen Journalismus für den Kriegsausgang hervorzuheben. Nach einem kurzen Grußwort bat Hamsun einen Begleiter, sein Redemanuskript vorzutragen. Hamsun glorifizierte darin Hitler als»Reformator« und prangerte eine jüdische Unterwanderung der deutschen Gesellschaft an. Es folgten wüste Beschimpfungen der Engländer, die in dem Satz gipfelten:»England muss auf die Knie!«Stürmischer Beifall.

Die Kunde von Hamsuns Coup verbreitete sich in Windeseile – auch auf dem Berghof, wo Joseph Goebbels mittlerweile eingetroffen war, um mit Hitler tagesaktuelle Fragen zu diskutieren. Begeistert berichtete der Propagandaminister von Hamsuns Besuch in Berlin sowie von der Wiener Rede. Ob er den greisen Schriftsteller nicht für eine Stunde empfangen könne, säuselte Goebbels. Hitler hatte eigentlich kein Interesse daran, sich mit »Lyrikern und Epikern« zu treffen, wie er sich auszudrücken pflegte, stimmte dem Vorschlag aber zu. Vielleicht war er durch Goebbels' Schilderungen neugierig geworden, vielleicht wollte er seinem Minister aber auch nur eine Freude machen. Wer weiß. Die Zusammenkunft zwischen Hamsun und Hitler fand schließlich am frühen Nachmittag des 26. Juni statt. Goebbels war inzwischen anderer Verpflichtungen wegen nach München abgereist, sodass er der Begegnung nicht beiwohnen konnte. Für Hamsun und seinen norwegischen Begleiter Egil Holmboe wurde der rote Teppich ausgerollt. Neben Martin Bormann, Reichspressechef Otto Dietrich, SS-Brigadeführer Walter Hewel und mehreren Spitzenbeamten aus Goebbels' Propagandaministerium waren sogar Hitlers Sekretärinnen, einer seiner Adjutanten sowie sein Kammerdiener anwesend. Alles in allem dürfte sich ein gutes Dutzend versammelt haben, als Hitler den großen Saal des Berghofs betrat und Hansum begrüßte. Nachdem Tee und Gebäck serviert worden waren, sagte Hitler zu seinem Gast: »Ich fühle mich, wenn nicht ganz, so doch stark mit Ihnen verbunden, weil unsere Leben in gewissen Hinsichten so ähnlich sind.« Hamsun war jedoch nicht auf beiläufiges Geplänkel eingestimmt. Er wollte über Politik reden, insbesondere über den von Hitler eingesetzten Reichskommissar Josef Terboven, der den Norwegern aufgrund seiner Brutalität verhasst war. Damit hatte Hitler nicht gerechnet. Als er zu einem Monolog ansetzte, fiel Hansum ihm ins Wort:»Die Art des Reichskommissars passt nicht zu uns. Seine Preußerei ist für uns unerträglich, und dann die Erschießungen! Wir wollen nicht mehr!« Hitler, der es nicht gewohnt war, unterbrochen zu werden, wollte sein Selbstgespräch über Europas »Schicksalskampf« fortsetzen, doch Hansum ließ nicht locker:»Warum müssen wir in Norwegen so unsicher sein?« Hitler war nun mit seiner Geduld am Ende. Man hätte gar keine Regierung in Norwegen einsetzen müssen, blaffte er seinen Gast an, das sei schließlich in bester Absicht geschehen. Überhaupt seien die Empfindlichkeiten in den besetzten Ländern völlig belanglos im Vergleich zu dem »schweren Blutopfer«, welches das deutsche Volk zu erbringen habe.»Wir reden gegen eine Wand«, erwiderte Hamsun unzufrieden. Hitler hatte genug.»Ja, dann, meine Herren«, sagte er, erhob sich und verließ den Raum. Die Audienz war beendet. Nachdem Hamsun und Holmboe den Berghof verlassen hatten, bekam Hitler einen Wutanfall und schrie, dass man »solche Leute« nie wieder zu ihm vorlassen solle.

Unterdessen hat Joseph Goebbels das Gesprächsprotokoll erhalten.»Es ist außerordentlich peinlich«, schreibt er in sein Tagebuch.»Hamsun hat den Führer geradezu zu examinieren versucht.« Und weiter:»Sein Hauptvorwurf lautete, dass Terboven ein ungebildeter Mensch sei. Damit hat er natürlich den Führer in Harnisch gebracht, vor allem wohl auch deshalb, weil der Führer den Hamsun'schen Einwand nicht ganz von der Hand weisen konnte.«

*Der italienische Saxophonist Tullio
Mobiglia und sein Bar-Orchester gehören
zu den Stars des Berliner Nachtlebens.
In der ersten Jahreshälfte 1943 treten
sie fast täglich im Konzertcafé Rosita
am Bayerischen Platz auf. »Haben Sie
später schon etwas vor? Herr Mobiglia
würde Sie gerne treffen.«*

Tanz am Abgrund

Am 3. Juli 1943 ist Karlrobert Kreiten bereits seit fast neun Wochen in Haft. Als der Wärter um 12 Uhr das Mittagessen bringt, sind es, um genau zu sein, 61 Tage und vier Stunden. Natürlich hat Karlrobert Angst vor dem, was noch kommen mag. Doch am ärgsten setzt ihm derzeit der Umstand zu, dass ihm wertvolle Lebenszeit verwehrt bleibt. Knapp neun Wochen seines Lebens, in denen er in Gefängniszellen sitzen muss, anstatt sich mit seiner Musik beschäftigen und Konzerte spielen zu können. Die Perspektivlosigkeit – nicht zu wissen, wie es weitergeht – kann Karlrobert manchmal kaum ertragen.

Aus den niedrigen Kellerfenstern, durch die ein wenig Tageslicht in die Zellen dringt, sieht man ständig die Stiefel der am Gebäude patrouillierenden SS-Männer. Manche Häftlinge versuchen sich dadurch abzulenken, dass sie die Schritte der Wachleute zählen und dann Zahlenpaare bilden, mit denen sie in Gedanken jonglieren. Immer wieder sind mitten in der Nacht Stimmen zu vernehmen, die näher kommen und an einer der Zellentüren plötzlich verstummen. Schlüssel drehen sich im Schloss, Wachmänner befehlen einem Insassen mitzukommen. Stunden später wiederholt sich dann der Vorgang; offensichtlich wird die Person, die zuvor abgeholt wurde, in ihr Verlies zurückgebracht. Wenn die Wächter sich dann entfernt haben, ist durch die Wände das leise Wimmern der offenbar Gefolterten zu hören. Das blieb Karlrobert bislang Gott sei Dank erspart. Doch wie lange noch? Die Häftlinge des »Hausgefängnisses« dürfen normalerweise alle zwei Tage für eine halbe Stunde in den Hof. Dabei ist es ihnen untersagt, miteinander zu sprechen. Doch wenn die Bewacher einmal nicht aufpassen, wechseln die Gefangenen heimlich ein paar Worte miteinander – etwa darüber, vor welchem Wächter man sich in Acht nehmen muss, welcher Beamte eher ein Auge zudrückt, und über anderes mehr. Unter den Männern und Frauen, die sich im Hof begegnen, befinden sich auch einige Ausländer – Tschechen, Franzosen, Ungarn. Obwohl all diese Menschen sich nicht kennen und nichts übereinander wissen, sind sie dazu verdammt, ein Schicksal zu teilen.

Im Unterschied zu manchem Mitgefangenen genießt Karlrobert Privilegien. Er kann Nahrungsmittel und Dinge des persönlichen Bedarfs empfangen, und er darf in der Regel täglich an die frische Luft. Nichtsdestotrotz sind die zurückliegenden 61 Tage und vier Stunden und die anhaltende Ungewissheit ein einziger Albtraum. Wann endet dieser?

∗

Dann aber geht es schneller als gedacht. Nachdem Karlrobert wochenlang verhört worden ist, glaubt Otto Prochnow jetzt genau zu wissen, was sich im März in Ellen Ott-Moneckes Wohnung zugetragen hat. Schließlich habe der Beschuldigte gestanden, die ihm zur Last gelegten Äußerungen getan zu haben, auch wenn er das alles nicht so gemeint haben wolle. Für Prochnow ist der Fall Kreiten damit dennoch erledigt. Ihm ist es gleichgültig, aus welcher Motivation heraus und mit welcher Ernsthaftigkeit Karlrobert gehandelt haben will. Tatsache ist, dass diese Bemerkungen offensichtlich gefallen sind – und nur das ist für Otto Prochnow ausschlaggebend. Was die Bewertung von Karlroberts Handeln angeht, so ist das in Prochnows Augen Sache der Gerichte. Er schreibt seinen Abschlussbericht, und am 6. Juli 1943, einem Dienstag, erlässt das Amtsgericht Berlin Haftbefehl. Noch am selben Tag wird Karlrobert Kreiten aus der Gestapohaft entlassen und in das Polizeigefängnis am Alexanderplatz überstellt.

Die »Rote Burg«, wie das Berliner Polizeipräsidium im Volksmund heißt, dient in der Regel als Durchgangsstation für die anderen Strafvollzugsanstalten der Reichshauptstadt. Wer hier einsitzt, hat das Schlimmste oft noch vor sich. Karlrobert wird in einen Raum gepfercht, der mit 150 Personen hoffnungslos überfüllt ist. Die Luft ist stickig, und es riecht nach Ausdünstungen. Man hört alle möglichen Sprachen, denn unter den Inhaftierten befinden sich auch Ausländer, die irgendwie in die Fänge der Polizei geraten sind. Sosehr Karlrobert sich auch freut, dass er die Gestapozentrale verlassen konnte, sosehr empfindet er seinen neuen Aufenthaltsort als Vorhof zur Hölle. Seine Blicke wandern umher. Er schaut in Gesichter, die Verletzungen aufweisen; manche Menschen weinen, andere machen einen apathischen Eindruck, die allermeisten wirken verängstigt. Inmitten der Menge entdeckt Karlrobert plötzlich einen Mann, den er zu kennen glaubt. Zunächst kann er ihn nur von der Seite sehen, doch als er auf ihn zugeht, dreht der Mann sich um, und die beiden schauen sich in die Augen. Es ist Karlroberts Freund Pál Kiss.

Pál ist neun Jahre älter als Karlrobert und ebenfalls Pianist. Im ungarischen Tolna geboren, lebt er seit Ende der Zwanzigerjahre in Berlin. Hier studierte er am Stern'schen Konservatorium bei Claudio Arrau, der dann ja auch Karlroberts Klavierlehrer wurde. Nachdem Pál 1932 den Mendelssohn-Preis gewonnen hatte, begann eine erfolgreiche Karriere, die ihn sogar zu Schallplattenaufnahmen nach London führte. Er musizierte mit den Berliner Philharmonikern und im vergangenen Jahr mit der Preußischen Staatskapelle unter der Leitung von Herbert von Karajan. Irgendwann haben sich Pál und Karlrobert, die beide bei der bekannten Konzertdirektion Curt Winderstein unter Vertrag stehen, kennen- und schätzen gelernt. Da ihr Repertoire durchaus unterschiedlich ist, sind sie sich bislang künstlerisch nicht ins Gehege gekommen. Pál liebt etwa die Musik von Haydn, Mozart, Bartók und Kodály, während Karlrobert neben Chopin insbesondere Komponisten wie Debussy, Ravel und Prokofjew schätzt. Die Klavierwerke von Franz Liszt verehren allerdings beide gleichermaßen.

Man kann sich gut vorstellen, wie nun die Häftlinge Pál Kiss und Karlrobert Kreiten in ihrem Verlies im Berliner Polizeipräsidium beieinanderhocken und sich ihre Geschichten erzählen. Auch Pál ist denunziert worden, wenn auch aus anderen Gründen als Karlrobert. Irgendjemand war hinter sein großes Geheimnis gekommen, das er doch so lange und erfolgreich hatte wahren können: Pál Kiss ist Jude. Die Tarnung funktionierte geraume Zeit nahezu perfekt, denn Pál präsentierte sich als vorbildlicher Künstler, der sogar Benefizkonzerte für die »Hitlerjugend« gab. Als er dann aber mit seiner »arischen« Freundin Charlotte an der Heiden in eine gemeinsame Wohnung zog, kam plötzlich der Vorwurf der »Rassenschande« auf. Am 2. Juni wurde er verhaftet. Pál hat keinen blassen Schimmer, wer ihn verraten haben könnte. Er versteht das alles nicht und hadert: »Warum muss ich mit dem Tod bestraft werden«, schreibt er in einem Brief, »nur weil ich nicht in einer den heutigen Anforderungen entsprechenden Familie geboren bin, warum muss ich am Schicksal einer Rasse teilhaben, wenn ich keinerlei Bezug zu den Juden hatte und heute noch habe?«

Am 8. Juli, also schon nach zwei Tagen, wird Karlrobert erneut verlegt, diesmal in das Zellengefängnis in der Lehrter Straße im Stadtteil Moabit. Pál Kiss bleibt im Gefängnis am Alexanderplatz zurück.

∗

Karlrobert Kreiten an seine Eltern, Donnerstag, 8. Juli 1943: »Das habt Ihr fein gemacht, mich so schnell gefunden zu haben. Nun muss ich mich noch einige Tage gedulden. Ich bin glücklich, dass ich von der Gestapo entlassen bin, denn jetzt geht meine Sache den geordneten Rechtsweg u. ich kann einem Urteil entgegensehen. […] 2 Tage war ich auf dem Alexanderplatz. Ich werde Euch später erzählen, wen ich dort getroffen habe. […] Ich habe hier ein nettes helles Zimmerchen mit Aussicht auf die Bahnanlagen des Lehrter Bahnhofes u. fühle mich soweit ganz wohl. Nur nachts geht es leider nie ohne Wanzen. […] Wie geht es Euch allen? Ist Rosemarie nun zurück? Habt Ihr Platz genug in der Wohnung? Was wird das für eine Freude geben, wenn ich erst einmal wieder bei Euch bin!! Ich kann es schon bald nicht mehr glauben, dass ich eines Tages in Freiheit kommen werde. Über 2 Monate Untersuchungshaft ist doch eine lange Zeit!«

*

Als Tullio Mobiglia vor etwas mehr als zwei Jahren nach Berlin kam und sich dort niederließ, begann für nicht wenige Musikliebhaber eine neue Zeitrechnung. Der zweiunddreißigjährige Italiener mit dem eleganten Äußeren, den streng nach hinten frisierten Haaren und dem Menjoubärtchen gehört zu den besten Jazzsaxophonisten und Kapellmeistern seiner Zeit. Dabei war dieser Erfolg zunächst kaum vorherzusehen gewesen. Geboren in Carezzano, einem verschlafenen Nest im norditalienischen Piemont, hatte Tullio zwar eine fundierte Ausbildung am Konservatorium in Genua erhalten, musste sich dann aber die ersten Jahre mit unbedeutenden Engagements über Wasser halten. Ein paarmal reiste er als Mitglied einer Bordkapelle in die USA, danach trat er eine Zeit lang im Casino von San Remo auf. Doch erst in Berlin zündete der Funke, und seither kennt seine Karriere nur eine Richtung: nach oben. Ja, man hat den Eindruck, als habe das hauptstädtische Publikum nur auf ihn gewartet.

Im Sommer 1943 gastieren Tullio Mobiglia und sein Sextett im Konzertcafé Rosita am Bayerischen Platz. Bis vor Kurzem ist dieses Nachtlokal noch als Rosita-Bar stadtbekannt gewesen, doch der Inhaber hat dann den Namen des Etablissements geändert, um einer behördlichen Schließung zu entgehen. Seit Goebbels den »totalen Krieg« proklamiert hat, steht das Nachtleben bekanntlich unter besonderer Beobachtung der Behörden. Von der Umbenennung abgesehen, hat sich dort aber nicht viel geändert. Die Art, wie Tullio Mobiglia und seine Männer spielen, ist in Berlin überaus angesagt. Oft sind es amerikanische Jazzstandards, denen er zur Tarnung irgendwelche deutschen Fantasienamen verpasst. Aus dem Song »Joseph, Joseph« der berühmten Andrew Sisters wird das Lied »Sie will nicht Blumen und nicht Schokolade«. Das Original darf in Deutschland nicht gespielt werden, denn die Textdichter Sammy Cahn und Saul Chaplin sowie die Komponistin Nellie Casman sind allesamt Juden. Über Ella Fitzgeralds »A-Tisket, A-Tasket« legt Tullio kurzerhand die Zeilen eines Kinderliedes: »Laterne, Laterne«. Zur Sicherheit schneiden die Musiker von den Notenblättern noch die Kopfzeilen ab, damit die Originaltitel nicht mehr zu entziffern sind. Natürlich wird die Bar auch regelmäßig von der zuständigen Reichsmusikkammer überprüft. Doch die Kontrolleure erkennt man mit ihren Aktentaschen und den sauertöpfischen Gesichtern in der Regel schon aus hundert Metern Entfernung, sodass dem Studenten, der auf der Straße vor dem Haus gerade Wache schiebt, immer genug Zeit bleibt, die Musiker zu warnen. Wenn die Beamten die Bar betreten, wird einfach von »You Can't Stop Me from Dreaming« auf »Rosamunde« umgestellt.

Tullio behauptet von sich, der schönste Saxophonist der Welt zu sein. Vor jedem Auftritt scheitelt er sein schwarzes Bärtchen auf der Oberlippe. Wenn er dann im weißen Dinnerjacket die kleine Bühne der Bar betritt, liegt ihm das Publikum zu Füßen. Zu Tullios Truppe gehörte bis vor

Kurzem auch der Gitarrist Heinz Schumann. Der neunzehnjährige Berliner hatte ursprünglich Klempner gelernt, doch seine große Leidenschaft war die Swingmusik. Schon bevor er zu Tullios Band stieß, hatte Heinz einige Engagements vorzuweisen, weshalb er in den einschlägigen Lokalen gut bekannt war. Tullio sagte kurzerhand, Heinz stamme aus Mailand. Dass der kein Wort Italienisch sprach und obendrein noch stark berlinerte, scherte niemanden. Doch es gab da etwas, das tunlichst niemand erfahren sollte: Heinz war Jude.

In den Pausen schickte Tullio seinen hübschen jungen Freund zu bestimmten Tischen, damit er den dort sitzenden Damen den Hof machte. »Haben Sie später schon etwas vor?«, fragte Heinz dann. »Herr Mobiglia würde Sie gerne treffen.« Einmal geriet er an eine Französin, die das »H« in Heinz nicht aussprechen konnte und ihm umgehend den Spitznamen »Coco« verpasste. Im März 1943 flog die Tarnung aber plötzlich auf. Heinz Schumann wurde verhaftet und in das Konzentrationslager Theresienstadt deportiert.

Tullios Erfolg in Berlin ist den Chefs der Deutschen Grammophon und ihrer Tochterunternehmen nicht verborgen geblieben. In diesem Jahr haben »Tullio Mobiglia und sein Bar-Orchester«, wie es auf den Etiketten der Schellackplatten heißt, bereits gut zehn Aufnahmen gemacht. Die letzte Sitzung hat erst Anfang Juni stattgefunden, wobei an jenem Tag auch der Foxtrott »Melodie in F« aufgezeichnet wurde. Dabei handelt es sich um eine Bearbeitung des gleichnamigen Klavierwerks von Anton Rubinstein. Tullio spielt die Nummer aber so swingend, dass das Ganze wie ein völlig neues Stück klingt. Kaum jemandem dürfte jedenfalls aufgefallen sein, dass es sich um eine heimliche Hommage an den großen russischen Komponisten und Pianisten des 19. Jahrhunderts handelt. Rubinstein war nämlich Jude gewesen, und seine Musik ist im »Dritten Reich« verboten.

Joseph Goebbels erreichen derweil immer wieder Klagen, dass die Tanzorchester zu »hot« spielen würden. Er hält das zunächst für übertrieben, doch als auch Hans Hinkel, einer seiner engsten Mitarbeiter, in dieses Horn stößt, lässt sich Goebbels Mitte Mai 1943 einige aktuelle Platten vorführen. »Die Musik ist zwar modern, aber nicht undeutsch«, kommentiert der Minister daraufhin in seinem Tagebuch. »Wenn wir nur nach den Wünschen der Spießer und der Gestrigen gingen, so müsste die deutsche Musik beim Rheinländer und beim Walzer zum Abschluss gekommen sein.«

✳

Das Zellengefängnis in der Lehrter Straße wurde in den 1840er-Jahren errichtet. Damals galt es als besonders fortschrittlich, die Gefangenen in Einzelzellen unterzubringen, anstatt wie bis dahin üblich in Gemeinschaftsräumen. So modern der wuchtige Bau mit den fünf sternförmig angeordneten Flügeln seinerzeit auch gewesen sein mag, heute ist er hoffnungslos in die Jahre gekommen.

Die Anstalt besteht aus vier Etagen, die einen hohen Lichthof umschließen. Zwischen den Stockwerken sind Drahtnetze gespannt, um Selbstmordkandidaten am Herunterspringen zu hindern. Die einzelnen Zellen messen etwa zehn Quadratmeter und sind mit einem Eisenbett, einem kleinen Tisch samt Hocker und einer Art Spind ausgestattet. Fließendes Wasser oder gar ein WC sind nicht vorhanden –

die Gefangenen müssen sich mit Wasser aus einem Steinkrug waschen und einen Abortkübel benutzen. Die Zellen wie überhaupt das gesamte Gebäude machen einen verwahrlosten und dreckigen Eindruck. Die Heizungsanlage ist völlig veraltet und fällt im Winter regelmäßig aus, sodass der alte Kasten auch bei strengem Frost längere Zeit nicht geheizt werden kann. In den dicken Gemäuern hat sich Feuchtigkeit ausgebreitet, die modrig stinkt. Belastend ist auch der ohrenbetäubende Lärm: Jedes Wort und jedes Türenschlagen, Klappern oder Schlüsselrasseln schallt ungehindert durch die offenen Stockwerke. Für die Insassen besonders unangenehm sind die im Gefängnis allgegenwärtigen Wanzen. In den eisernen Bettgestellen, in Türritzen oder Mauerspalten – überall nistet das Ungeziefer. Vor ein paar Jahren hat die Gefängnisleitung versucht, die Viecher mithilfe irgendwelcher Giftpulver auszurotten, was allerdings misslang. Der Wanzenplage ist einfach nicht Herr zu werden, und so hat man schließlich kapituliert. Fast alle Gefangenen klagen über zerstochene Arme oder Beine, manche reagieren allergisch auf die Bisse, und es kommt zu Schwellungen.

Der Tagesablauf im Zellengefängnis in der Lehrter Straße ist an Eintönigkeit nicht zu übertreffen. Karlrobert steht gegen 6 Uhr auf und macht dann zunächst einige Fingerübungen. Dabei stellt er sich vor, der Tisch in seiner Zelle sei ein Flügel und die Tischplatte die Klaviatur. Er setzt sich vor den Tisch, legt die Hände auf das Möbel und bewegt seine Finger so, als spiele er gerade an einem richtigen Musikinstrument. Bach, Mozart, Chopin, Liszt oder Ravel – da Karlrobert sein gesamtes Repertoire auswendig im Kopf hat, benötigt er keine Noten. Er will mit diesem ungewöhnlichen Training in Form bleiben für die Zeit nach seiner Entlassung, wenn er endlich wieder konzertieren kann. Um 7 Uhr kommt das Frühstück, das aus Kaffeeersatz und einer Scheibe trockenem Brot besteht. Alle zwei Tage gibt es dazu einen Klecks Rübenkraut. Um 12 Uhr erhält Karlrobert zum Mittagessen eine Schüssel Suppe. Die Gefangenen müssen mehrere Stunden am Tag Zwangsarbeit leisten. Manche schneiden und packen Toilettenpapier, andere stellen Bürsten und Besen her, und wiederum andere fertigen Strohgeflechte an. Karlrobert muss gefütterte Taschen produzieren. Das Abendessen um 18 Uhr umfasst wiederum eine Scheibe Brot und eine Tasse Muckefuck. Dreimal pro Woche gibt es statt des abendlichen Kaffeeersatzes eine Suppe, und manchmal findet sich auf seinem Tablett auch ein kleines Stückchen Wurst, das allerdings oftmals schon stinkt. Nicht wenige Gefangene verlieren innerhalb eines Monats 15 bis 20 Kilo Gewicht. Im Gegensatz zur Gestapohaft in der Prinz-Albrecht-Straße darf Karlrobert im Zellengefängnis keine Lebensmittel erhalten. Er muss mit dem wenigen auskommen, das ihm dort zugeteilt wird. In der Regel geht er abends hungrig zu Bett.

*

Als Emmy, Sophie und Rosemarie, mit der S-Bahn von Westen kommend, in die Station Lehrter Stadtbahnhof einfahren, befindet sich das Zellengefängnis unübersehbar zu ihrer Linken. Ein dunkler Klinkerbau, der an eine riesige Zitadelle mit Türmen, Zinnen und Schießscharten sowie mächtigen Portalen erinnert. Irgendwo hinter den hohen Mauern sitzt

Karlrobert, der den Besuch von Mutter, Großmutter und Schwester kaum erwarten kann. Anders als in der Prinz-Albrecht-Straße darf er im Zellengefängnis üblicherweise einmal im Monat Familienangehörige treffen. Diese müssen dafür allerdings bei der zuständigen Staatsanwaltschaft eine Besuchserlaubnis beantragen. Wird diese gewährt, was völlig willkürlich geschieht, denn ein Anspruch besteht nicht, erhält man einen sogenannten Sprechzettel, mit dem man sich an einem bestimmten Tag im Gefängnis zu melden hat. An diesem Dienstag, dem 13. Juli 1943, ist es so weit. Die drei Frauen gehen über die Lehrter Straße auf den Haupteingang des Gebäudes zu. Mit jedem Schritt wächst die Freude auf das Wiedersehen und zugleich das Unbehagen, Karlrobert nach dem Besuch wieder zurücklassen zu müssen, ihn nicht einfach nach Hause mitnehmen zu können. Wie wird er wohl aussehen? Wie wird es ihm in der monatelangen Haft ergangen sein? Emmy konnte ihren Sohn ja noch für einen Moment im Heidelberger Gefängnis treffen, doch für Sophie und Rosemarie ist es die erste Begegnung mit ihm seit Anfang Mai.

Links vom Tor befindet sich ein Büro, in dem sich die Besucherinnen zu melden haben. Danach werden sie von einem Beamten über einen Hof geführt, bevor sie durch eine Glastür das eigentliche Hauptgebäude der Anstalt betreten. Dort müssen sie erneut in einem Dienstzimmer vorsprechen und die Besuchsgenehmigung vorzeigen. Nachdem diese geprüft wurde – das alles dauert gefühlt eine Ewigkeit –, bringt man Emmy, Sophie und Rosemarie in einen Besprechungsraum. In dem Zimmer befinden sich lediglich ein Tisch und ein paar Stühle, und die Fenster sind wie überall im Haus vergittert. Ein Polizist weist die Frauen noch einmal nachdrücklich darauf hin, dass über den Fall nicht gesprochen werden dürfe. Kein Wort über das, was man dem Häftling vorwirft, über die Ermittlungen und über die Haft. Wenn sie sich daran nicht hielten, sei die Besuchszeit ruckzuck zu Ende. Dann verlässt er den Raum. Einige Minuten später öffnet sich die Tür, und Karlrobert wird hereingeführt.

*

In Bayreuth werden am 15. Juli die diesjährigen Richard-Wagner-Festspiele eröffnet. Auf Hitlers ausdrücklichen Wunsch steht Wilhelm Furtwängler am Pult, die Bühnenbilder stammen von Wagners Enkel Wieland. Die Aufführungen finden als sogenannte Kriegsfestspiele vor ausgesuchtem Publikum statt. Es sind vor allem verwundete Soldaten mit ihrem Pflegepersonal sowie Rüstungsarbeiter, die mit viel Aufwand in die fränkische Provinz kutschiert werden. Hitler selbst hat seine Teilnahme kriegsbedingt abgesagt; er war das letzte Mal im Sommer 1940 in Bayreuth.

Furtwängler hat privat gerade einige Turbulenzen hinter sich. Die Scheidung von seiner ersten Frau Zita – die Eheleute lebten bereits seit 1931 getrennt – gestaltete sich so schwierig, dass er am Ende sogar Joseph Goebbels um Vermittlung bitten musste. »Er hat eine Reihe von Familiensorgen«, notiert der Minister Ende Mai trocken in sein Tagebuch. »Ich werde ihm bei ihrer Überwindung behilflich sein.« Goebbels hält Wort. Damit war Furtwängler frei, seine neue Liebe Elisabeth Ackermann zu heiraten. Nur wenige Tage vor dem Auftakt in Bayreuth hat sich das Paar – die Braut ist zweiunddreißig Jahre alt, der Bräutigam siebenundfünfzig – in Potsdam das Jawort gegeben. Hitler weiß, was er an Furtwängler hat, und entsprechend großzügig soll das Hochzeitspräsent ausfallen. »Der Führer will ihm ein Haus zum Geschenk machen«, so Goebbels. »Furtwängler steht bei ihm außerordentlich hoch im Kurs; er hält ihn für den ersten Musiker der Nation.«

Die nationalsozialistische Kulturpolitik braucht Weltstars wie Wilhelm Furtwängler, der sich seiner Ausnahmestellung durchaus bewusst ist. Seine Unverzichtbarkeit versetzt ihn in die Lage, immer wieder bei Hitler und Goebbels intervenieren zu können – auch in eigener Sache. So liefert sich der Dirigent seit geraumer Zeit ein Heugabelduell mit seinem jüngeren Kollegen Herbert von Karajan, dessen Erfolg in der Reichshauptstadt ihm ein Dorn im Auge ist. Mehrfach wurde Furtwängler bereits im Propagandaministerium vorstellig und beschwerte sich bitter über Karajan. »Der Krach zwischen Furtwängler und Karajan geht unentwegt weiter«, klagt Goebbels am 13. Juli. »Diese übereitlen Dirigenten, die sich wie Primadonnen benehmen, fallen mir allmählich auf die Nerven.«

Ob sich Wilhelm Furtwängler – der »erste Musiker der Nation« – bei Goebbels oder Hitler für Karlrobert Kreiten eingesetzt hat, wissen wir nicht. In Goebbels' sowie in Furtwänglers Tagebüchern wird eine solche Fürsprache jedenfalls nirgends erwähnt.

✳

Emmy Kreiten an ihren Sohn Karlrobert, Samstag, 17. Juli 1943: »Mein lieber Bub, Du siehst sehr bleich aus und ich lasse mir ein Attest geben von dem Arzt, der Dich zuletzt untersucht u. durchleuchtet hat aus Straßburg, und wir hoffen, da Deine Lungen angegriffen sind, dass Du dann etwas zusätzliche Kost bekommst. Wir würden Dir ja gerne wenigstens 1× in der Woche etwas bringen, Brot und Butter etc. Aber das ist leider verboten. Bei dem Gedanken kann ich auch kaum mehr was essen, ach, mein lieber Bub, wir sind alle sehr gequält, besonders Grand'maman u. Papa machen sich viel Sorge um Dich.«

＊

In der Lothringer Straße, unweit des Dresdner Elbufers, kommt Victor Klemperer ein älterer Herr entgegen. Der Mann ist auffallend gut gekleidet – Typ pensionierter höherer Beamter –, trägt einen weißen Spitzbart und dürfte etwa siebzig Jahre alt sein. Der Unbekannte geht direkt auf Klemperer zu, sodass sie einander nicht ausweichen können. Dann streckt er Klemperer die Hand hin und sagt mit feierlicher Würde: »Ich habe Ihren Stern gesehen und begrüße Sie, ich verurteile diese Verfemung einer Rasse, und viele andere tun das ebenso.«

»Sehr freundlich«, bedankt sich Klemperer, »aber Sie dürfen nicht mit mir reden, es kann mich das Leben kosten und Sie ins Gefängnis bringen.«

Er habe ihm das einfach sagen wollen und müssen, antwortet der Mann. Dann trennen sich ihre Wege. Geschehen am 18. Juli 1943.

＊

Karlrobert Kreiten an seine Eltern, Donnerstag, 22. Juli 1943: »Nach Eurem Besuch war ich noch den ganzen Tag guter

Dinge, am nächsten Tag jedoch fing der Katzenjammer an. Ich bin jetzt aber wieder gefasst und hoffe, Euch, alle meine Lieben, doch noch in diesem Jahr in Freiheit wiederzusehen. [...] Am Donnerstag voriger Woche war der Rechtsanwalt hier. Ich sprach nur kurz mit ihm. Ich glaube, er muss erst einmal die Akten haben, bevor ich ihm alles eingehender erklären kann.«

Irgendwo in Berlin. Passanten lesen auf einer Litfaßsäule eine behördliche Anordnung. »Für den Begriff ›evakuiert‹ ist grundsätzlich ›umquartiert‹ zu verwenden.«

Agonie

»Über Berlin liegt ein heißer, schwüler Sommertag«, schreibt Joseph Goebbels am 29. Juli in sein Tagebuch. »Die Atmosphäre ist wie mit Elektrizität geladen. Die Nachrichten überstürzen sich geradezu.« Was Goebbels vorsichtig andeutet: In der Reichshauptstadt ist die blanke Panik ausgebrochen. Die Alliierten haben in der Nacht zum 25. Juli mit der »Operation Gomorrha« begonnen, einer Reihe von schweren Luftangriffen auf Hamburg, die in weniger als einer Woche etwa 60 Prozent der Hansestadt in Schutt und Asche legen. Phosphorbrandbomben entfachen Feuerstürme, die tagelang wüten. Tausende verbrennen bei lebendigem Leib, ersticken oder kommen in den Luftschutzbunkern ums Leben. Es spielen sich grausame Szenen ab, wenn lichterloh brennende Menschen in größter Verzweiflung in die Kanäle der Stadt springen.

Viele Berlinerinnen und Berliner sehen in der Zerstörung Hamburgs ein Menetekel. Zwar hat die Hauptluftschutzstelle der Berliner Stadtverwaltung seit Kriegsbeginn bereits 120 Fliegeralarme verzeichnet, von einer Katastrophe wie in Hamburg ist die Stadt an der Spree bislang jedoch verschont geblieben. Nun aber fragt man sich: Ist Berlin als Nächstes an der Reihe? Was, wenn es wie Hamburg dem Erdboden gleichgemacht wird? Die Ungewissheit, ob und wann ein Angriff erfolgt, zerrt an den Nerven der Menschen.

Das Regime schürt die Panik sogar noch ungewollt, als Goebbels am 1. August in seiner Funktion als Reichsverteidigungskommissar im gesamten Stadtgebiet Flugblätter verteilen lässt, auf denen die Bevölkerung aufgefordert wird, Berlin zu verlassen. Gerüchte schießen wie Pilze aus dem Boden: Die Regierung habe den Angriffen nichts mehr entgegenzusetzen, Berlin sei verloren, rette sich, wer kann. Zehntausende Menschen belagern die Fernbahnhöfe und hoffen, ein Zugticket zu ergattern. Es herrscht Chaos.

Und Goebbels? Ihm scheint Anfang August das Heft des Handelns entglitten zu sein. »Die Ereignisse in dieser Woche haben auch ihm die Stimme verschlagen«, wird in den geheimen Lageberichten der SS eine weitverbreitete Meinung innerhalb der Bevölkerung zitiert. Doch das ficht den Minister nicht an. Goebbels zieht es inzwischen vor, bestimmte Meldungen einfach nicht mehr zur Kenntnis zu nehmen: »Die Engländer machen sich erneut stark, Berlin zu pulverisieren. Sie sagen, die Reichshauptstadt habe nur noch ein oder zwei Wochen zu leben. Allerdings haben sie das schon so oft behauptet, dass ich glaube, es wird hier gegen uns in dieser Frage ein Nervenkrieg geführt. Jedenfalls gebe ich Anweisung, dass mir solche Nachrichten nicht mehr vorgelegt werden. Ich habe keine Lust, mir von englischen Journalisten auf den Nerven herumtrampeln zu lassen.«

∗

Auch Theo Kreiten ist inzwischen von Düsseldorf nach Berlin gekommen, denn am 4. August, einem Mittwoch, haben er, Emmy und Rosemarie einen weiteren Besuchstermin im Zellengefängnis. Als Theo nun seinen Sohn das erste Mal seit dessen Verhaftung sieht, ist er erschüttert und den Tränen nahe. »Habt ihr ein Butterbrot für mich?«, fragt Karlrobert seine Eltern als Erstes. Theo gelingt es nur mit größter Mühe, seine Verzweiflung zu verbergen, aber er will Karlrobert auf keinen Fall mit der eigenen Niedergeschlagenheit zusätzlich belasten. Erst nachdem sie aus der Haftanstalt in Karlroberts Wohnung in der Motzstraße zurückgekehrt sind, wird Theo von seinen Gefühlen überwältigt. Das Bild seines abgemagerten und tief deprimierten Sohnes im Gefängnis lässt ihn buchstäblich zusammenbrechen. Emmy ergeht es kaum besser. »Mama sah in letzter Zeit sehr schlecht aus«, vertraut Rosemarie ihrem Bruder in einem Brief an, »ging um ½ 3 erst ins Bett u. stand um 7 wieder auf!«

Ist das alles schon schlimm genug, müssen die Kreitens nun auch noch ihre Evakuierung aus Düsseldorf in die Wege leiten. Zwar ist das Haus in der Rochusstraße bisher von Bombentreffern verschont geblieben, doch nach den jüngsten Angriffen, die die Düsseldorfer Altstadt in eine einzige Trümmerlandschaft verwandelt haben, scheint auch ihre Ausbombung nur noch eine Frage der Zeit zu sein. Die Familie will deshalb mit Sack und Pack ins elsässische Obermodern umziehen, wohin familiäre Verbindungen bestehen. Dort, am Fuß der Vogesen, hoffen sie, in Sicherheit zu sein. Emmy und Theo werden in gut einer Woche ins Rheinland zurückkehren, um Vorbereitungen zu treffen, Rosemarie soll derweil in Berlin die Stellung halten.

Die geplante Abreise kommt zur Unzeit, denn Karlroberts rechtliche Situation ist nach wie vor ungeklärt. Obendrein sind diejenigen, die in irgendeiner Weise als Fürsprecher für ihn infrage kämen, alle abgetaucht. Kulturreferent Wilhelm Raupp hatte sich immerhin Ende Mai in einem Brief an den Düsseldorfer Gauleiter für Karlrobert eingesetzt, war von diesem aber vertröstet worden. Nachdem Raupp am 12. Juli bei den bis dahin schwersten Luftangriffen auf Düsseldorf ausgebombt wurde und nur knapp überlebte, ist er mit seiner Frau fürs Erste nach Schlesien geflohen. Er dürfte im Augenblick jedenfalls genug eigene Probleme haben. Von Gauleiter Friedrich Karl Florian haben die Kreitens keine Hilfe zu erwarten, von Oberregierungsrat Martin Miederer haben sie nie wieder etwas gehört, und auch Wilhelm Furtwängler hüllt sich in Schweigen.

Kurz bevor Emmy und Theo aus Berlin abreisen, verpflichten sie mit Dr. Kurt Behling einen weiteren Rechtsanwalt. Der 1906 geborene Jurist soll seinen Kollegen Paul Stenig in der Vorbereitung des zu erwartenden Prozesses unterstützen. Dabei hat sich Behling noch vor nicht allzu langer Zeit geschworen, nie wieder eine politische Strafsache zu übernehmen. Nachdem er bereits fünf Jahre als Strafverteidiger am Volksgerichtshof gewirkt hatte, war er Anfang 1943 mit den Nerven völlig am Ende gewesen. Er konnte Freislers Wüten und Brüllen, dessen ständige Demütigung der Angeklagten und Pervertierung des Rechts einfach nicht mehr ertragen. Da traf er zufällig den alten Geheimrat Dr. Hans Ponfick. »Was würden Sie wohl von einem Arzt halten, der sich weigert, in ein Seuchenlazarett zu gehen?«, fragte ihn dieser. Daraufhin nahm der schlanke, schmale Mann mit der hohen Stirn seine Tätigkeit als Strafverteidiger wieder auf.

＊

Emmy Kreiten an ihren Sohn Karlrobert, Freitag, 6. August 1943: »So froh wir waren, Dich wiedergesehen zu haben, besonders Papa, der Dich so lange nicht gesehen hatte, so viel Herzeleid hatten wir aber auch, dass wir Dich so bleich und abgemagert vorfanden! Du warst ein gutes, reichliches u. kräftiges Essen gewöhnt, u. auch bei der Gestapo erhieltst Du viele Lebensmittelpakete, sodass der Übergang zu krass für Dich und Deinen Gesundheitszustand war. [...] Ich vergaß, Dich zu fragen, ob Du nachts jetzt schlafen kannst oder ob Du noch immer Wanzen hast? Du kannst dies auch melden, hat man mir gesagt. Heute morgen war ich in Alt-Moabit, also ganz in Deiner Nähe, ohne dass ich es merkte, ganz in Gedanken, war ich plötzlich in der Lehrterstr. 3. Ich blieb lange dort u. betrachtete das Gebäude, aber mit dem besten Willen sah ich nirgends einen III. oder IV. Stock, wo Du untergebracht sein sollst, das ganze Gebäude hat doch nur 2 Stockwerke mit Ausnahme eines Turmes! In einem hohen grünen Baum an der Straßenbahnhaltestelle miaute in den höchsten Ästen ein kleines Kätzchen. Siehst Du, das war nun auch gefangen, das Arme!«

＊

Am frühen Sonntagmorgen werden Ruth Andreas-Friedrich und ihr Lebensgefährte Leo Borchard unsanft aus dem Schlaf gerissen. Auf der Straße vor ihrem Haus hört man das Klackern von Stiefeln, dann ertönt ein Trommelwirbel, wie man ihn von Militärparaden kennt. Ruth und Leo liegen sich in ihrem Bett gegenüber. Schlaftrunken öffnen sie die Augen und blicken einander an. Es ist der 8. August 1943.

»Berliner! Berlinerinnen!«, schreit draußen jemand mit heiserer Stimme. »Der Feind setzt den Luftterror gegen die deutsche Zivilbevölkerung rücksichtslos fort. Es ist dringend erwünscht und liegt im Interesse jedes Einzelnen, der nicht aus beruflichen oder sonstigen Gründen zum Verbleiben in Berlin gezwungen ist – Frauen, Kinder, Pensionäre, Rentner und so weiter –, sich in weniger luftgefährdete Gebiete zu begeben.« Erneut erklingt ein Trommelwirbel, dann klackern die Stiefel auf dem Asphalt, und die Gruppe zieht weiter.

Mittlerweile ist auch Ruths achtzehnjährige Tochter Karin von dem Spektakel aufgewacht. »Habt ihr gehört?«, ruft sie aus dem Nebenzimmer. »Herrn Goebbels wird es mulmig in Berlin.«

»Ich bleibe hier«, erklärt Ruth ebenso entschieden wie verschlafen.

»Ich auch«, lallt Leo und dreht sich auf die andere Seite.

✳

»Auf dem Heimweg kränkten mich Beschimpfungen eines gutgekleideten, intelligent aussehenden Jungen von etwa elf, zwölf Jahren«, klagt Victor Klemperer am 17. August in seinem Tagebuch. Der Junge scheint aus ordentlichem Elternhaus zu kommen. Wenn Hitler nicht Reichskanzler wäre, müsste Professor Klemperer keinen »Judenstern« tragen und nicht in ausgebeulten Hosen herumlaufen. Man würde ihm ansehen, dass er ein besserer Herr ist. Vermutlich würde der Knirps ihn artig mit »Guten Tag, Herr Professor!« grüßen. Vielleicht würde er in ein paar Jahren sogar studieren und bei Professor Klemperer Vorlesungen über französische Literatur hören. Doch die Nazis sind an der Macht, und so ruft der Junge:»Totmachen! – Alter Jude, alter Jude!« Auch als Klemperer zu Hause angekommen ist, lässt ihm der Vorfall keine Ruhe.»Der Junge muss doch Eltern haben, die das unterstützen, was ihm in der Schule und bei den Pimpfen beigebracht wird.«

*

Im Rundfunk läuft am 19. August ab 20.20 Uhr eine Aufnahme von Ernst von Dohnányis Variationen über ein Kinderlied op. 25 für Klavier und Orchester. Dohnányi hat bei einem Schüler von Franz Liszt studiert und gehört zu den berühmtesten Pianisten der Gegenwart. Auch als Komponist ist er erfolgreich, denn seine Symphonien, Klavierkonzerte und Kammermusikwerke erfreuen sich großer Beliebtheit und werden von den bedeutendsten Musikern aufgeführt. Ernst von Dohnányis Sohn Hans ist Jurist und war bis vor Kurzem im Widerstand gegen Hitler aktiv. Doch am 5. April ist er von der Gestapo verhaftet worden und befindet sich seither in Haft.

Die Aufnahme, die an diesem Abend gesendet wird, entstand am 6. April im Berliner Haus des Rundfunks. Es spielt das Große Berliner Rundfunkorchester unter der Leitung von Walter Lutze. Der Pianist heißt übrigens Pál Kiss – und der sitzt immer noch im Polizeigefängnis am Alexanderplatz.

*

Karlrobert Kreiten an seine Familie, Freitag, 20. August 1943:»An einem Tag erhielt ich die Briefe von Mama u.

201

Anneli u. von Großmama aus D'dorf. Das war für mich ein Festtag, sind doch Eure Briefe meine einzige Freude hier. Draußen ist es wieder warm u. schön. Gelbe Schmetterlinge tummeln sich im Gemüsegarten und flattern manchmal hinauf bis zu meinem Fenster. O, Freiheit, Du höchstes Glück!

Mit der Ernährung geht es mir nun etwas besser. Leider bekomme ich aber nie Salat oder etwas Gemüse, sodass die Ernährung, Brot u. Suppe u. einmal in der Woche Kartoffeln, doch recht einseitig ist. Übrigens, liebes Muckelchen, hast Du recht. Die 4 Gebäude A, B, C, D haben nur 3 Etagen, der Keller zählt aber mit, sodass es doch 4 sind. Die Mauern sind hier so dick, dass bei Fliegeralarm keine Gefahr besteht, es müsste dann schon ein Volltreffer sein. Im Keller ist man aber davor auch nicht sicher. [...] Meine Magensache möchte ich dem Arzt nicht melden. Ich hoffe doch, die längste Zeit hier gewesen zu sein. Wie freue ich mich schon auf die Arbeit und auf meine Konzerte!«

∗

Anweisungen der Pressekonferenz der Reichsregierung, 20. August 1943: »Für den Begriff ›evakuiert‹ ist grundsätzlich ›umquartiert‹ zu verwenden.«

∗

Berichte über den 126. Fliegeralarm am Montag, dem 23. August 1943, und Dienstag, dem 24. August 1943:

Verdunkelungserleichterung zu Ende 23.27 Uhr
Luftgefahr 23.35 Uhr

Fliegeralarm 23.41 Uhr
Luftgefahr vorbei und Entwarnung 02.35 Uhr
Verdunkelungserleichterung 02.49 Uhr

∗

Erich Kästner notiert am 25. August 1943 in sein Tagebuch:
»Der neue Gruß heißt jetzt in Berlin: ›Bleiben Sie übrig!‹«

∗

Geheimer Lagebericht des Sicherheitsdienstes der SS vom
26. August 1943: »Die militärischen Ereignisse seit der Aufgabe Siziliens, die neuerliche Räumung Charkows, die
andauernden sowjetischen Massenangriffe an fast allen Teilen der Front und die weiteren Luftangriffe auf deutsche
Städte, vor allem auch auf die Reichshauptstadt, haben in
der gesamten Bevölkerung die Sorge und die Furcht vor
dem, was kommt, noch wesentlich vertieft. [...] Man treffe
auf nicht wenige Menschen, die wie die anderen täglich
ihre Pflicht nach besten Kräften tun, es im Grunde ihres Herzens aber als bittere Gewissheit mit sich herumtrügen, dass
wir den Krieg schon nicht mehr gewinnen könnten, und
dies in persönlichsten Unterredungen mit alten Freunden
und allernächsten Bekannten auch zu erkennen gäben.«

∗

Victor Klemperer hat am 26. August einen neuen Witz gehört: »Wer zehn neue Leute für die Partei wirbt, darf aus der
Partei austreten; wer ihr zwanzig neue Leute zuführt, erhält
eine Bescheinigung, dass er ihr nie angehört hat.«

＊

Mittlerweile haben Dr. Dr. Paul Stenig und Dr. Kurt Behling Einsicht in die Ermittlungsakten nehmen können. Als erfahrene Strafverteidiger machen sie sich nun keine Illusionen, in welch gefährlicher Lage sich ihr Mandant befindet: Aller Wahrscheinlichkeit nach wird man Karlrobert wegen »Wehrkraftzersetzung« anklagen.

Eine »Zersetzung der Wehrkraft« liegt im »Dritten Reich« dann vor, wenn jemand »öffentlich den Willen des deutschen oder verbündeten Volkes zur wehrhaften Selbstbehauptung zu lähmen oder zu zersetzen sucht«. Demnach hätte Karlrobert durch sein Reden Ellen Ott-Moneckes »Wehrwillen« angegriffen. Nach dem Gesetz ist die »Wehrkraftzersetzung« jedoch nur strafbar, wenn sie öffentlich begangen wird. Das war an jenem Märztag in der Wohnung am Lützowufer eigentlich nicht der Fall. Die Öffentlichkeit sei freilich auch dann gegeben, so die Rechtsprechung, wenn man die Äußerungen zwar vor einem geschlossenen oder begrenzten Personenkreis mache, aber damit rechnen müsse, dass sie zur Kenntnis weiterer Personen gelangen könnten. Da Frau Ott-Monecke das Gespräch mit Karlrobert im Haus herumgetratscht hat, wird der Staatsanwalt voraussichtlich das öffentliche Handeln unterstellen.

Das alles bedeutet für Karlrobert nichts Gutes. Erschwerend kommt hinzu, dass durch eine Verordnung vom 29. Januar 1943 auch minder schwere Fälle von »Wehrkraftzersetzung« neuerdings dem Volksgerichtshof zugewiesen und nicht wie bisher von den Oberlandesgerichten verhandelt werden. Doch das Gesetz lässt eine kleine Hintertür offen, durch die Stenig und Behling vermutlich zu schlüpfen beabsichtigen. Der Oberreichsanwalt hat als oberster Ankläger die Möglichkeit, einzelne Verfahren an die Generalstaatsanwaltschaften bei den Oberlandesgerichten abzugeben. Um eine Verhandlung vor dem Volksgerichtshof zu verhindern, müssen Karlroberts Anwälte also alles daransetzen, dass die Reichsanwaltschaft das Verfahren delegiert.

Was Stenig und Behling nicht wissen: Erst vor wenigen Tagen – am 13. August – hat Reichsjustizminister Thierack in einer Rundverfügung auf eine nachdrückliche Ahndung der »Wehrkraftzersetzung« gedrungen. Es seien vor allem die Täter gefährlich, so Thierack, deren Äußerungen bei ihrem Ansehen, ihrer Vorbildung oder ihrer beruflichen Stellung besonderes Gewicht hätten. Derartige »Verräter« müssten einer schnellen und harten Bestrafung zugeführt werden. Muss Karlrobert am Ende etwa befürchten, dass ihm seine Prominenz als Künstler zum Verhängnis wird?

✳

Wie geht es Hans Rosenthal? Ab und zu kommt Großmutter Agnes vorbei und bringt ihrem Hansi Brot und Kartoffeln, davon abgesehen lebt er von Ida Jauchs Lebensmittelrationen, die diese mit ihrem Schützling teilt. So sehr sich Hans über die Besuche der Großmutter freut, so sehr fürchtet er, dass jemand sie gesehen haben oder ihr gefolgt sein könnte. Es ist ein Leben in ständiger Angst. Jedes Mal, wenn sich jemand der Laube nähert, hält Hans in seinem Verschlag die Luft an. Jedes Niesen, Husten oder Räuspern könnte ihn verraten. Als einmal in der Nachbarschaft eine Bombe niedergeht und die Fensterscheiben von Frau Jauchs Laube bersten, melden Männer der NSDAP-Kreisleitung ihren Besuch an, um den Schaden zu inspizieren. »Hansi, wir müssen diese Leute zu uns kommen lassen«, sagt Frau Jauch beschwichtigend. »Du legst dich einfach unter die Matratze. Wirst es schon überstehen.« Die folgende Inspektion wird für ihn zum Albtraum. Während er unter dem Bett liegt, hört er, wie die Männer die Laube und deren Hinterzimmer betreten. Dann setzen sie sich auf das Bett. Hans erstarrt in Todesangst. Für alle Fälle hat er ein Messer bei sich. »Wenn sie mich entdecken sollten«, sagt er sich, »einen von ihnen würde ich mit ins Jenseits nehmen!« Als einer der Männer seine Sitzposition ändert, drückt plötzlich eine Matratzenfeder direkt auf Hans' Brust. Ihm wird schwarz vor Augen. Doch das Schlimmste ist der Hustenreiz, der durch den Staub auf dem Boden verursacht wird. Es ist eine Höllenqual, ihn zu unterdrücken. »Lieber Gott, lass sie endlich fortgehen!«, denkt Hans. Nach ein paar Minuten erheben sich die Männer endlich und verlassen die Laube wieder. Hans ist vorläufig in Sicherheit. Diese wenigen Minuten, so erinnert er sich später, hätten ihn »um Jahre älter gemacht«.

Die Laube verlassen kann Hans Rosenthal nur bei nächtlichem Fliegeralarm. Wenn alle anderen sich beim Anflug der englischen Bomber in ihre Keller verkriechen, schleicht der Achtzehnjährige aus seinem Verschlag. Manchmal legt er sich einfach ins Gras, verschränkt die Arme hinter dem Kopf und beobachtet die Maschinen, wie sie den Berliner Himmel durchkreuzen. »Wenn die Piloten da oben wüssten«, sinniert er dann, »wie mir hier unten zumute ist, wie sie mich erfreuen mit ihrem Flug ...« Manchmal denkt er auch an seinen Freund Ralph Bendheim, von dem er schon so lange nichts mehr gehört hat.

Etwas Abwechslung vom Einerlei bringt die tägliche Lektüre der *Berliner Morgenpost*, die Frau Jauch von einer Bekannten erhält. Hans reißt ihr das Blatt jedes Mal buchstäblich aus den Händen. Auch wenn die Zeitung größtenteils Nazipropaganda verbreitet, so ist sie für Hans doch eine wichtige Verbindung zur Außenwelt. Als Frau Jauch für ihn ein Kurbelradio auftreibt, ist er daher überglücklich. Auf seiner Pritsche liegend, versucht Hans, die verschiedenen Sender zu empfangen, was unterschiedlich gut gelingt. Manchmal hört er über seine Kopfhörer nur ein undeutliches Rauschen, doch oft hat er Glück, und das jeweilige Programm ist klar zu verstehen. Mitten in der Nacht, wenn die deutschen Sender bereits abgeschaltet sind, stellt er die Nadel des Suchers auf BBC London ein. Die Stimme der Freiheit. Dann und wann hört Hans sich auch Reden von Propagandaminister Joseph Goebbels an. So muss der Teufel klingen, denkt er. Wenn er diesen Krieg überleben sollte, schwört er sich nicht nur einmal, will er unbedingt zum Rundfunk. Weil er der Welt etwas zu sagen hat. Vor allem, dass Juden keine schlechteren Menschen sind als alle anderen.

Die Hölle auf Erden. In der ersten Nachkriegszeit sind von Haus III des Strafgefängnisses Plötzensee nur noch die Außenmauern erhalten. Unmittelbar daneben steht mit geöffneten Türen der einstige Hinrichtungsschuppen. »Er ist diesen letzten Weg ganz gefasst und ruhig gegangen, er ist gut gestorben.«

Plötzensee

Am 1. September 1943 sind Paul Stenig und Kurt Behling mit ihrem Latein am Ende. Es ist dieser eine Satz, der ihre Verteidigungsstrategie krachend scheitern lässt: »Ich beantrage, gegen den Angeschuldigten Karlrobert Kreiten die Hauptverhandlung vor dem Volksgerichtshof anzuordnen, die Fortdauer der Untersuchungshaft zu beschließen und ihm einen Verteidiger zu bestellen.« Auf sieben Seiten hat Staatsanwalt Karl-Heinz Domann die Vorwürfe gegen Karlrobert ausformuliert und das Papier dann seinem Chef, Oberreichsanwalt Ernst Lautz, zur Unterschrift vorgelegt. Karlrobert habe »öffentlich den Willen des deutschen Volkes zur wehrhaften Selbstbehauptung zu lähmen oder zu zersetzen gesucht«, darüber hinaus habe er »gehässige Äußerungen über den Führer, die Reichsregierung und die deutsche Presse- und Propagandapolitik gemacht«.

Domanns Anklage stützt sich auf die Angaben, die Karlrobert während der Verhöre gemacht hat, sowie auf die Aussagen von Ellen Ott-Monecke. Kurioserweise wird auch Otto Prochnow als Zeuge genannt. Die dem Angeklagten vorgeworfenen Äußerungen kann er zweifellos nicht bestätigen, da er bei dem Gespräch ja gar nicht anwesend war. Doch mit solchen Spitzfindigkeiten hält der Staatsanwalt sich nicht auf. »Der Angeschuldigte ist im Wesentlichen geständig«, fasst Domann zusammen. »Soweit er noch bestritten hat, wird er durch die glaubhaften Bekundungen der Frau Ott-Monecke überführt. Die Äußerungen des Angeschuldigten, dass in zwei bis drei Monaten die Revolution in Deutschland ausbrechen würde, dass der Führer, Göring, Göbbels und Frick einen Kopf kürzer gemacht würden, dass der zweite Weltkrieg für Deutschland den Untergang bedeute, sind geeignet, den Willen des deutschen Volkes zur wehrhaften Selbstbehauptung zu lähmen und zu zersetzen.«

Warum man Karlrobert einen Pflichtverteidiger zur Seite stellen will, wo er doch zwei eigene Advokaten hat, bleibt rätselhaft.

✳

»Ein neues Tischgebet von uns«, schreibt Erich Kästner am 1. September in sein Tagebuch: »Komm, Herr Jesus, sei unser Gast, und iss mit uns, wenn Du Marken hast.«

✳

Am nächsten Morgen – es ist der 2. September 1943 – betritt ein Wachmann Karlroberts Zelle. Er habe ihm etwas auszuhändigen, nuschelt der Beamte. Dann schaut er auf seine Taschenuhr und notiert die Uhrzeit auf einem Formular, vermutlich eine Zustellungsurkunde, übergibt Karlrobert die restlichen Blätter und verlässt den Raum. Karlrobert weiß zunächst nicht, was er davon halten soll. Seine Blicke kreisen unruhig über die erste Seite des Konvoluts. Er liest die Worte »Anklageschrift« und »Volksgerichtshof«, dann »Geschäftsstelle des 1. Senats« und schließlich »Ladung zu der am 3. September 1943, 14 Uhr vor dem 1. Senat des Volksgerichtshofs anstehenden Hauptverhandlung«. Das ist ja schon morgen, schießt es ihm durch den Kopf. Am nächsten Tag, einem Freitag, soll also sein Prozess stattfinden. Karlrobert wird von dieser Entwicklung völlig überrumpelt. Eigentlich müsste er sich nun mit seinen Anwälten besprechen und sich von ihnen bestmöglich auf die bevorstehende Verhandlung vorbereiten lassen. Bestimmt würde er auch gerne seine Eltern in Düsseldorf informieren. Wer weiß, ob die resolute Emmy nicht kurzerhand bei Wilhelm Furtwängler anrufen und ihn bitten würde, umgehend bei Goebbels zu intervenieren, in der Hoffnung, der Prozess ließe sich doch noch abwenden. Aber nichts davon geschieht. Weder die Anwälte Stenig und Behling noch die Familienangehörigen werden über die bevorstehende Verhandlung informiert. Man lässt Karlrobert mit der Anklageschrift alleine.

∗

Wenn Roland Freisler morgens vor seiner Villa in der Habelschwerdter Allee im beschaulichen Dahlem in seinen Dienstwagen steigt und sich zum Volksgerichtshof in die Bellevuestraße kutschieren lässt, hat er das Gefühl, an die Front zu fahren. Freisler sieht sich als »politischen Soldaten«, wie er Hitler versichert hatte, sein Einsatzort ist der Gerichtssaal. Ein Privatleben hat er schon lange nicht mehr. Seine Frau Marion und die beiden Söhne Roland und Harald sieht er nur selten. Wenn es um den »Endsieg« geht, so Freislers Überzeugung, muss die Familie zurücktreten.

Für den Vormittag des 3. September hat er sich den Fall

zweier Kellner vorgenommen, die Anfang August in einer Gaststätte in Ostpreußen über die desaströse Kriegslage palavert hatten. Hitler könne sich nur noch auf seine SS verlassen, waren die beiden sich sicher, und die werde demnächst von Göring und seiner Luftwaffe zerschlagen. Das ist offensichtlicher Nonsens und zeugt von einer kompletten Fehleinschätzung der Machtverhältnisse im Reich. Man könnte die beiden Kellner also für kleine Fische halten, die womöglich ein Glas zu viel getrunken haben. Nicht so Roland Freisler. Sein Ton in der Verhandlung ist hochfahrend und arrogant, schon die Fragen zur Person und zum Lebenslauf der Beteiligten werden mit unsachlichen und sarkastischen Kommentaren durchsetzt. Der Vorsitzende bemüht sich in keiner Weise, seine Voreingenommenheit zu kaschieren. Für ihn sind der neunundvierzigjährige Erich Perbandt und sein zehn Jahre älterer Kollege Richard Buchwald Schwerverbrecher. »Der Volksgerichtshof glaubt auch nicht etwa deshalb von der schwersten Strafe absehen zu können, weil es sich nur um ein einzelnes Gespräch handelte«, begründet Freisler am Ende sein Urteil. »Denn er sieht in diesem Gespräch eine rohe unmittelbare Gefahr für unser Reich, wenn so etwas Schule macht. Deshalb muss man mit derartigen Reden [...] gleich zu Beginn mit aller Energie Schluss machen. Und darum hat der Volksgerichtshof beide zum Tode verurteilt.«

Während Freisler sein Urteil über die beiden Kellner spricht, wird Karlrobert, an Händen und Füßen gefesselt, aus seiner Zelle geholt und in eine Grüne Minna verladen. Der Weg vom Zellengefängnis zur Bellevuestraße am Potsdamer Platz ist kurz, die Fahrt dauert nur ein paar Minuten.

Der Volksgerichtshof ist in einem Gebäude ansässig, das früher einmal das Königliche Wilhelms-Gymnasium war. Die Schule hat eine Reihe bedeutender Denker und Künstler hervorgebracht, darunter die Schriftsteller Walter Mehring, Theodor Wolff und Kurt Tucholsky, den Chemiker Franz Oppenheim, den Industriellen und Politiker Walther Rathenau und den Komponisten Manfred Gurlitt. Doch das ist schon lange her. Wo einst Latein, Griechisch und Französisch gepaukt, die großen Klassiker studiert und das Einmaleins gelehrt wurden, befindet sich heute Dr. jur. Roland Freisler im Kriegseinsatz.

In der Bellevuestraße angekommen, führt man den Häftling Kreiten in einen Besprechungsraum, wo Karlrobert von einem Mann in einer Anwaltsrobe erwartet wird. Der Unbekannte stellt sich als Dr. Gustav Schwarz vor – er sei Karlrobert als Pflichtverteidiger zugewiesen worden. Viel Zeit, den Fall zu besprechen, bleibt den beiden nicht, wenngleich Schwarz ein erfahrener Strafverteidiger in politischen Angelegenheiten ist. Ob Schwarz überhaupt Einsicht in die Akten nehmen konnte, ist unklar. Paul Stenig, Kurt Behling sowie Karlroberts Eltern haben jedenfalls immer noch keinen blassen Schimmer, dass der Prozess in Kürze beginnen wird.

Um kurz vor 14 Uhr bringt man Karlrobert in den großen Sitzungssaal, wo er auf der Anklagebank Platz nehmen muss. Ängstlich schweift sein Blick durch den großen Raum. Links und rechts von ihm sitzen Wachmänner, in der Reihe vor ihm bezieht Dr. Schwarz Position. Ihnen gegenüber befindet sich offenbar der Bereich der Staatsanwaltschaft. Man sieht Gerichtsdiener, die letzte Vorbereitungen treffen.

An der Wand oberhalb des Richtertisches prangt ein überdimensionaler Reichsadler, der in seinen Klauen ein Hakenkreuz hält. Einige Fenster sind geöffnet, durch die frische Luft strömt. Mit knapp 20 Grad ist es heute für die Jahreszeit etwas zu kühl.

Die Zuschauer unterhalten sich leise miteinander. Dann wird eine Tür geöffnet, und fünf Männer betreten schnellen Schrittes den Saal. Alle im Raum erheben sich. Die Männer stellen sich hinter den Richtertisch und heben den rechten Arm. Ein lautes »Heil Hitler!«, dann kurzes Stühlerücken. Nachdem sich alle gesetzt haben, herrscht für einen Moment gespannte Stille. Karlrobert blickt unsicher nach vorne. Den Mann in der Mitte könnte er aus der Presse kennen. Es ist Roland Freisler, Präsident des Volksgerichtshofs und Vorsitzender des 1. Senats. Die anderen vier – Landgerichtsdirektor Martin Stier, Paul Heinsius, Brigadeführer des Nationalsozialistischen Kraftfahrkorps, Hauptgemeinschaftsleiter Emil Winter sowie Ortsgruppenleiter Koch – sind ihm allerdings sicher unbekannt. Der vierzigjährige Stier hat im Februar neben Freisler an der Verurteilung der Geschwister Scholl und von Christoph Probst mitgewirkt, die drei anderen Männer sind Laienrichter. Als Vertreter des Oberreichsanwalts hat sich Karl-Heinz Domann eingefunden, aus dessen Feder ja die Anklageschrift stammt.

Nachdem der Vorsitzende die Personalien des Angeklagten festgestellt hat, kommt er sofort zur Sache. Was ihm denn einfalle, fragt Freisler Karlrobert, eine »gläubige Nationalsozialistin« wie Ellen Ott-Monecke in ihrem Glauben an den Führer irremachen zu wollen? Karlrobert erwidert, dass er das, was er sagte, nicht so gemeint habe. Er habe doch nur Gerüchte wiedergegeben, die er auf langen Bahnfahrten aufgeschnappt habe. Damit habe er Frau Ott-Monecke, die politisch total unwissend sei, ärgern wollen. »Als ob ein Unterschied zwischen solch massierter Behauptung derartiger Gerüchte und ihrer Aufstellung als Tatsachenbehauptung wäre!«, wird Freisler später in seiner Urteilsbegründung schreiben. »Und was heißt es mehr als eine dumme Ausrede, er habe Frau Ott-Monecke nur als Parteigenossin ärgern wollen; zumal wenn man bedenkt, dass er selbst Parteianwärter ist. Nein, was er getan hat, ist ein schmutziger Angriff auf die Gläubigkeit einer deutschen Volksgenossin. Er hat damit öffentlich unsere Kraft zu mannhafter Selbstbehauptung in unserem Schicksalskampf angegriffen (§ 5 KSSVO). Öffentlich, denn jeder muss damit rechnen, dass ein deutscher Volksgenosse, der so etwas hört, das, wie es Frau Ott-Monecke auch getan hat, der nächsten zuständigen Stelle in Partei oder Staat weitergibt. Öffentlich auch deshalb, weil unser nationalsozialistisches Reich will, dass sich jeder Volksgenosse mit Politik befasst, und weil deshalb, was politisch ausgesprochen wird, einen Teil des politischen Gedankenfundus unseres Volkes bildet, zum Guten oder, wie bei dieser Handlungsweise Kreitens, zum Schlechten. Wer so wie Kreiten handelt, tut darüber hinaus gerade das, was unsere Feinde möchten; er macht sich zu ihrem Handlanger in ihrem Nervenkrieg gegen die Haltung unseres Volkes (§ 91b StGB).«

Als Gustav Schwarz darauf hinweist, dass sein Mandant Ausländer sei, fährt ihm Freisler in die Parade. »Dieses schwere Verbrechen wird in nichts dadurch gemildert, dass der Angeklagte – obwohl in Deutschland geboren und aufgewachsen – holländischer Bürger ist, weil sein Vater Holländer ist. Umso weniger, als Kreiten selber sich als Deutscher betrachtet; denn er hat ja vor einigen Jahren um seine Aufnahme in die NSDAP gebeten.«

Nachdem Freisler den jungen Mann vor seinem Richterstuhl eine Zeit lang angeschrien, beleidigt und verhöhnt hat, scheint er irgendwann genug zu haben. Als hätte er plötzlich die Freude an dem von ihm inszenierten Schmierentheater verloren, sagt er, dass das Gericht nun ausreichend informiert sei und sich eine Meinung bilden könne. Freisler und die vier anderen Richter, die kein Wort gesagt haben, ziehen sich zur Beratung zurück. Karlrobert nimmt wieder auf der Anklagebank Platz.

Wie viel würde es Karlrobert bedeuten, wenn seine Eltern oder seine Schwester bei ihm sein könnten! Wie gerne würde er seiner über alles geliebten Mutter – seinem »Muckelchen« – in die Augen schauen, um in ihren Blicken Trost zu suchen und zu finden! Stattdessen ist er ganz alleine. Ob in den Besucherreihen wohl jemand sitzt, der schon einmal ein Konzert von ihm gehört hat? Noch vor wenigen Monaten haben die Menschen im Beethoven-Saal ihm zugejubelt, doch heute ist er nur mehr zu bemitleiden. Gustav Schwarz' Miene ist ernst. Was soll er, der Anwalt, seinem Schützling auch sagen? Die beiden haben sich ja eben erst kennengelernt. Soll er Karlrobert Mut machen und ihm sagen, dass es schon nicht so schlimm werde? Darf ein Rechtsanwalt seinen Mandanten belügen?

Eine echte Erörterung des Falls durch die fünf Richter findet während der Sitzungspause nicht statt, denn Freislers Urteil stand schon fest, als er sich am Vormittag auf den Weg zum Gericht machte. Nach einer Weile kehren die Richter in den Saal zurück. »Im Namen des deutschen Volkes«, beginnt Freisler die Urteilsverkündung. »Karlrobert Kreiten hat mitten im totalen Krieg die kämpferische Widerstandskraft einer deutschen Volksgenossin durch niedrigste Verunglimpfungen des Führers, das Voraussagen der Revolution und den Rat, sich vom Nationalsozialismus abzukehren, volksverräterisch zu zersetzen gesucht und dadurch unserem Kriegsfeind geholfen. Ein solcher Mann hat sich für immer ehrlos gemacht. Er ist in unserem jetzigen Ringen – trotz aller beruflicher Leistungen als Künstler – eine Gefahr für unseren Sieg. Er muss zum Tode verurteilt werden. Denn unser Volk will stark und einig und ungestört unserem Siege entgegenmarschieren. Als Verurteilter muss Kreiten die Kosten tragen.«

*

Anweisungen der Pressekonferenz der Reichsregierung, 3. September 1943: »Aus gegebenem Anlass wird gebeten, bei propagandistisch wirksamen Meldungen Künstler, auch wenn sie im feindlichen Lager stehen, nicht als Juden zu bezeichnen, sofern dies nicht zutrifft.«

*

Irgendwann im Laufe des Nachmittags klingelt in Karlroberts Wohnung in der Motzstraße 10 das Telefon. Vielleicht rechnet Rosemarie mit einem Anruf ihrer Mutter aus Obermodern. Denkbar wäre auch, dass sich Dr. Stenig oder Dr. Behling mit Neuigkeiten melden. Oder ein Freund der Familie möchte sich nach Karlrobert erkundigen. Rosemarie ist jedenfalls arglos, als sie den Hörer von der Gabel nimmt. Wer da sei, fragt sie. Das tue nichts zur Sache, sagt eine ihr unbekannte Stimme. Dann fällt dieser eine Satz, der Rosemarie buchstäblich den Boden unter den Füßen wegzieht: Karlrobert Kreiten sei vorhin vom Volksgerichtshof zum Tode verurteilt worden. Noch bevor Rosemarie irgendetwas sagen kann, legt der Unbekannte auf.

Rosemarie hält diese Mitteilung zunächst für einen makabren Irrtum. Falls man Karlrobert heute wirklich den Prozess gemacht hätte, wären die Anwälte und die Familie doch vorab informiert worden. Das Ganze muss ein Missverständnis sein. Was aber, wenn der anonyme Anrufer doch die Wahrheit gesagt hat?

Rosemarie informiert jedenfalls sofort die Anwälte, die sich ihrerseits bei der Justizverwaltung erkundigen. Es dauert nicht lange, und das Unvorstellbare erweist sich als real. Nach der Verurteilung hat man Karlrobert in das Zellengefängnis zurückgebracht. Dort harrt er nun vorerst der Dinge. Demnächst wird man ihn wohl in die Strafanstalt Plötzensee überstellen, wo zum Tode verurteilte Gefangene in einem eigenen Zellenbau – dem sogenannten Todeshaus – untergebracht sind. Besuch darf er ab sofort nicht mehr erhalten. Doch dann geschieht in der darauffolgenden Nacht etwas, das alles verändern wird.

✳

Berichte über den 130. Fliegeralarm am Freitag, dem 3. September 1943, und Sonnabend, dem 4. September 1943:

Verdunkelungserleichterung zu Ende 23.15 Uhr

Luftgefahr 23.20 Uhr

Fliegeralarm 23.23 Uhr

Luftgefahr vorbei und Entwarnung 01.58 Uhr

Verdunkelungserleichterung 02.17 Uhr

*

In der Nacht zum 4. September greifen 295 britische Flugzeuge Berlin an und werfen 906 Tonnen Bomben ab. Das ist
der bislang schwerste Angriff der Alliierten auf die deutsche
Reichshauptstadt. Besonders stark betroffen sind die inner-
städtischen Verwaltungsbezirke Mitte, Tiergarten, Wedding,
Charlottenburg und Wilmersdorf. Insgesamt sterben 711
Menschen, 35 000 werden obdachlos. Die Schäden sind ganz
erheblich. Neben zahllosen Wohngebäuden und Fabrik-
anlagen wird auch das Rudolf-Virchow-Krankenhaus teilweise zerstört.»Im Laufe des Angriffs bekomme ich Meldung, dass das Deutsche Opernhaus und das Schiller-Theater
in Brand geworfen worden sind«, schreibt Joseph Goebbels
in sein Tagebuch.»Ich dirigiere an diese beiden Stellen starke Löschkräfte, um zu versuchen, die beiden Häuser zu
retten.«

Was der Minister zu diesem Zeitpunkt noch nicht weiß:
Im Stadtteil Plötzensee wird das dortige Strafgefängnis getroffen. Sprengbomben erschüttern Haus III der Anlage, in
dem die zum Tode verurteilten Gefangenen einsitzen, in seinen Fundamenten. Mehrfach verschlossene Türen werden
wie von Geisterhand aus den Angeln gehoben, und in die
Außenmauern werden große Löcher gerissen. Die Detona-
tionen sind so stark, dass in dem an Haus III angrenzenden
Hinrichtungsraum das Dach abgedeckt und die Guillotine

aus ihrer Verankerung im Boden gerissen werden. Feuer bricht aus und droht auf benachbarte Gebäude überzugreifen. In dem Chaos können drei französische Gefangene aus der Anstalt fliehen, die übrigen Häftlinge werden umgehend auf die anderen Gebäude der Anlage verteilt. Zellen, die vormals mit einer Person belegt waren, sind nun mit bis zu sechs Mann überfüllt. Als Justizminister Otto Georg Thierack davon erfährt, erteilt er seinem Mitarbeiter Wolfgang Mettgenberg den Auftrag, die Strafanstalt am kommenden Montag, dem 6. September, zu inspizieren und ihm Vorschläge zu unterbreiten, was mit den dort einsitzenden Gefangenen geschehen könne. Damit nimmt das Verhängnis seinen Lauf.

*

Als Emmy und Theo Kreiten von der Verurteilung ihres Sohnes erfahren, lassen sie alles stehen und liegen und machen sich umgehend auf den Weg nach Berlin. Dort treffen sie sich am 4. September als Erstes mit den Anwälten. Paul Stenig und Kurt Behling machen ausgesprochen nachdenkliche Gesichter. Was man denn nun tun könne, will Emmy von den beiden wissen. Man müsse doch etwas unternehmen, seufzt sie, könne doch nicht nur herumsitzen. Die Lage sei sehr ernst, gibt Dr. Stenig zu bedenken. »Todesurteile bedürfen zu ihrer Vollstreckung keiner Bestätigung«, zitiert er den entsprechenden Paragrafen der Reichsstrafprozessordnung. Und weiter: »Die Vollstreckung ist jedoch erst zulässig, wenn die Entschließung der zur Ausübung des Gnadenrechts berufenen Stelle ergangen ist, von dem Begnadigungsrechte keinen Gebrauch machen zu wollen.«

Ob Emmy verstehe, was er damit sagen wolle? Emmy schaut ihn fragend an. Das Gnadenrecht liege einzig und allein beim »Führer«, erklärt Behling. Und solange Hitler eine Begnadigung nicht abgelehnt habe, dürfe ein Urteil nicht vollstreckt werden. Mit anderen Worten: Man müsse irgendwie an Hitler herankommen.

Doch das ist leichter gesagt als getan. Hitler befindet sich derzeit in seinem Hauptquartier »Wolfsschanze« in Ostpreußen. Am besten werde man in der »Kanzlei des Führers« eine förmliche Bitte um Begnadigung einreichen, so der Vorschlag der Anwälte. Darüber hinaus will Theo über seinen alten Freund Wilhelm Raupp versuchen, den Düsseldorfer Gauleiter Friedrich Karl Florian doch noch zu einem eigenen Gnadengesuch zu veranlassen. Das Wort eines Mannes wie Florian hätte großes Gewicht, so die Hoffnung. Außerdem beabsichtigt Theo, Fritz von Borries um Hilfe zu bitten. Der fünfzigjährige Komponist ist seit ein paar Jahren als Referent in der Musikabteilung des Propagandaministeriums tätig und gilt als ein großer Bewunderer von Karlroberts Kunst. Über ihn könne man vielleicht mit Joseph Goebbels Kontakt aufnehmen.

Es ist Samstag, folglich sind die Behörden und Ämter geschlossen. Doch gleich am Montag wollen Theo, Emmy und Rosemarie in aller Frühe damit beginnen, ihre Vorhaben in die Tat umzusetzen. Da ist jedenfalls wieder ein Funke Hoffnung.

Was Stenig und Behling nicht wissen können: Hitler hat kurz zuvor eine weitreichende Anordnung erlassen, die der Chef der Reichskanzlei, Hans Heinrich Lammers, daraufhin Justizminister Thierack mitteilte: »Der Führer betonte, es sei notwendig, die Entscheidung über die Vollstreckung der Todesurteile beschleunigt zu treffen. Der Führer ist daher damit einverstanden, dass Sie für die Dauer der derzeitigen erhöhten Gefahr schwerer Luftangriffe von der Einholung des Einvernehmens oder der Stellungnahme anderer Dienststellen zur Gnadenfrage absehen und selbständig die Vollstreckung der Todesurteile anordnen.«

✳

War Konsistorialrat Karl Mettgenberg ein gottesfürchtiger Mann, dem nichts über Barmherzigkeit und Gnade ging, so geht seinem Sohn Wolfgang nichts über das Gesetz. Der 1882 geborene Wolfgang Mettgenberg gilt als Kapazität auf dem Gebiet des Völkerrechts. Sein Spezialgebiet ist das Auslieferungsrecht, das regelt, unter welchen Umständen eine mit Haftbefehl gesuchte Person in ein anderes Land überstellt werden kann. Seit 1920 ist er für das Reichsjustizministerium tätig, neuerdings im Rang eines Ministerialdirigenten in einem Referat für politische Strafsachen. Zu seinen Aufgaben gehört unter anderem die Inspektion der Hinrichtungsstätten. Im vorigen Dezember hat er einmal einer Hinrichtung beigewohnt: »Ich wollte sehen, ob das human, würdig und ordnungsmäßig vor sich ging, und habe deshalb mein inneres Widerstreben überwunden und bin hingegangen.« Er hatte nichts zu beanstanden. Solange die geltenden Gesetze eingehalten werden, ist er mit sich und der Welt im Reinen. Mitglied der NSDAP ist er übrigens nicht.

Am Abend des 6. September nun wird Wolfgang Mettgenberg zum Vortrag zu Otto Georg Thierack befohlen. Der

Justizminister fühlt sich nicht wohl, weshalb die Besprechung in seiner Wohnung stattfindet. Wie sich aktuell die Situation in Plötzensee darstelle, will er von Mettgenberg wissen. »Nach dem Ergebnis der Besichtigung muss Plötzensee schnell und stark entlastet werden«, erläutert dieser. Mettgenberg schlägt vor, die vorgeschriebenen Gnadenverfahren erheblich zu beschleunigen, sodass die Hinrichtungen der zum Tode Verurteilten in den nächsten Tagen stattfinden könnten. Am besten sei es, so der Ministerialdirigent, wenn Referenten einen jeden Fall kurz und bündig mündlich vortrügen und der Minister dann umgehend entscheide, ob Gnade gewährt werde oder nicht.

Thierack erklärt sich damit einverstanden und beauftragt seinen Staatssekretär Curt Rothenberger mit der Entscheidung über die Gnadengesuche. Er wolle die Angelegenheit am nächsten Tag erledigt wissen, poltert der Minister. Notfalls müsse Rothenberger eben die gesamte Nacht durcharbeiten.

Emmy und Theo Kreiten glauben derweil immer noch, dass ihnen etwas Zeit bleibt. Am Mittwoch, dem 8. September, wollen Emmy und Rosemarie ein offizielles Gnadengesuch in der »Kanzlei des Führers« einreichen. Solange Hitler nicht entschieden hat, wird ihrem Karlrobert schon nichts passieren.

✳

Dienstag, 7. September 1943. Am frühen Morgen betritt ein Wachtmeister Karlroberts Zelle und fordert ihn auf, schleunigst seine Sachen zu packen. Er werde in ein anderes Gefängnis verlegt, brummt der Mann und verlässt den Raum.

Karlrobert verstaut seine Wäsche, die Bücher, die Emmy ihm bringen durfte, sowie die Briefe, die er von seiner Familie erhalten hat, in einem kleinen Koffer. Kurz darauf kommen zwei Wärter zurück, fesseln Karlrobert und führen ihn ab. Die Fahrt vom Zellengefängnis zur Strafanstalt Plötzensee dauert knapp 20 Minuten. Dort muss zunächst ein Aufnahmebogen ausgefüllt werden. Der guten Ordnung halber, wie der diensthabende Polizist sagt. In das Feld »Art und Dauer der Haft« schreibt der Beamte das Wort »Todesstrafe«. Es ist mittlerweile 8 Uhr.

Etwa zu dieser Zeit klingelt in der Dienstwohnung von Oberregierungsrat Paul Vacano das Telefon. Vacano ist seit gut fünfzehn Jahren Direktor der Strafanstalt Plötzensee. Dr. Thierack sei am Apparat, teilt man Vacano mit, es sei wichtig. Es ist in der Tat kein alltäglicher Vorgang, dass ein Reichsjustizminister einen untergeordneten Beamten persönlich anruft. Das trifft insbesondere auf Thierack zu, der sein Ministerium außerordentlich autoritär führt. Der vierundfünfzigjährige Jurist gilt als brutaler Gewaltmensch, dessen Skrupellosigkeit nur noch von seinen grobschlächtigen Umgangsformen übertroffen wird. Vacano verachtet seinen Dienstherren und nennt ihn hinter vorgehaltener Hand nur den »Bluthund«. Der Oberregierungsrat erwartet also kein angenehmes Telefonat, als er den Hörer in die Hand nimmt und Thierack begrüßt. Das Gespräch verläuft dann auch in größter Erregung, und schon nach kurzer Zeit brüllen die beiden Männer sich an. Vacano knallt den Hörer auf die Gabel und rennt aus der Wohnung.

✳

»Aber das ist doch Wahnsinn!«, platzt es aus Peter Buchholz heraus. »Das können Sie doch nicht zulassen!« Buchholz ist normalerweise die Ruhe selbst. Doch das, was er gerade von Paul Vacano erfahren hat, bringt ihn vollkommen aus der Fassung. Wie ein wildes Tier läuft er durch Vacanos Dienstzimmer. Ebenfalls anwesend ist Harald Poelchau, der die beiden entgeistert anschaut. Peter Buchholz ist der katholische Gefängnisseelsorger in Plötzensee, Poelchau ist sein evangelischer Amtsbruder. Beide Pfarrer versuchen so gut es geht, den todgeweihten Männern und Frauen in ihren letzten Tagen beizustehen. Sie nehmen Abschiedsbriefe an sich und schmuggeln diese aus dem Gefängnis, hören zu, wenn Menschen angesichts des nahen Todes eine Lebensbeichte ablegen wollen, sprechen Gebete und richten den Angehörigen letzte Grüße aus.

»Außerdem ist es unmöglich, diesen schändlichen Befehl auszuführen«, fährt Buchholz nach einer kurzen Weile fort. »Das Fallbeil ist doch beim letzten Angriff verbrannt!« Er spricht diesen Satz, als habe er soeben einen Geistesblitz gehabt. Doch der vermeintlich rettende Gedanke erweist sich als Missverständnis. Paul Vacano, der den beiden Geistlichen vertraut und ihnen gegenüber aus seiner Ablehnung des Nationalsozialismus keinen Hehl macht, stellt klar, dass von der Guillotine keine Rede sei. Thierack habe vielmehr angeordnet, die zum Tode Verurteilten erhängen zu lassen. Er, Vacano, bitte die Herren Pfarrer, sich auf das Schlimmste einzustellen; bei Anbruch der Dunkelheit würden die Vollstreckungen beginnen.

✳

Heinz Drewes, Leiter der Musikabteilung im Ministerium für Volksaufklärung und Propaganda: »Ich habe daraufhin Herrn von Borries beauftragt, sich sofort mit dem Justizministerium in Verbindung zu setzen und zum Ausdruck zu bringen, welche Wertschätzung Kreiten als Künstler besäße. Ich selbst habe mich mit dem Leiter der Rechtsabteilung des Propagandaministeriums in Verbindung gesetzt und mich erkundigt, was von unserer Seite für Kreiten getan werden könnte. Mir wurde bedeutet, dass diese Angelegenheit keine fachlich Musikalische wäre und mich nichts angehe. Die Bemühungen des Herrn von Borries [...] blieben, wie er mir später sagte, leider erfolglos.«

*

Im Gefängnis Plötzensee greift am Nachmittag hektische Betriebsamkeit um sich. Gefangene, die mit der Beseitigung der Bombenschäden beauftragt waren, werden auf einmal in ihre Zellen beordert. Das bedeutet in der Regel, dass Wilhelm Röttger im Anmarsch ist. Auch Victor von Gostomski muss zurück in sein Verlies. Der Fünfunddreißigjährige sitzt bereits seit geraumer Zeit in Plötzensee ein, wo er sich als Diener in der Gefängniskirche verdingt. Bevor der Wachmann die Tür zu Gostomskis Zelle verschließt, schlüpft Peter Buchholz für einen Moment herein. »Sie hängen alle auf«, ruft der Pfarrer in höchster Erregung. Noch ehe Gostomski fragen kann, was das heißen soll, ist Buchholz auch schon wieder weg. Gostomski überkommt plötzlich eine lähmende Angst. »Alle« – sind damit die zum Tode verurteilten Gefangenen gemeint? Oder auch diejenigen, die wie er nur eine Haftstrafe zu verbüßen haben? Als Victor von Gostomski aus dem Fenster schaut, sieht er zufällig, wie drei dunkel gekleidete Männer über den Gefängnishof in Richtung der Baracke gehen, in der die Hinrichtungen stattfinden. Diese war nach dem Bombenangriff in großer Eile provisorisch wiederhergerichtet worden.

Wilhelm Röttger ist seit dem Vorjahr Scharfrichter im »Vollstreckungsbezirk IV«, zu dem auch Plötzensee gehört. Der Neunundvierzigjährige stammt ursprünglich aus Hannover und hat Schlosser gelernt. Als er in diesem Beruf keine Anstellung fand, heuerte er 1925 als Gehilfe bei einem Bestattungsunternehmen an, ehe er 1940 in den Dienst des Hannoveraner Henkers Friedrich Hehr trat. So kam er zum Töten. In Berlin lebt Röttger im Stadtteil Moabit; in seiner dortigen Stammkneipe Sängerklause lernte er die Brüder Richard und Arnold Thomas kennen, die er dann als seine Gehilfen anwarb. Röttger ist verheiratet und hat ein Kind.

Das Vollstrecken der Todesstrafe ist für Röttger und seine Henkersknechte eine lukrative Angelegenheit. Röttger erhält eine feste Vergütung von 3000 Mark, darüber hinaus werden ihm und jedem seiner Gehilfen für Hinrichtungen in Berlin Sondervergütungen in Höhe von 30 Mark pro Kopf gezahlt. Werden die drei außerhalb der Reichshauptstadt tätig, erhält Röttger sogar 60 Mark für jede zu Tode gebrachte Person, die Gehilfen wiederum bekommen jeweils 40 Mark.

Auch die Justizwachtmeister in Plötzensee verdienen an den Hinrichtungen. Für jeden Todeskandidaten, den sie aus den Zellen zur Richtstätte führen, erhalten sie jeweils acht Zigaretten. »Einmal hörte ich«, so erinnerte sich Victor von Gostomski später, »wie sich zwei Wachtmeister stritten. Der eine warf dem anderen vor, sich beim Hinrichtungsdienst vorgedrängt und ihn damit um die Zigaretten betrogen zu haben.«

Im Hinrichtungsraum treffen Röttger und die Gebrüder Thomas nun ihre Vorbereitungen. Röttger überprüft insbesondere den Eisenträger und die an ihm montierten Haken. Diese sind so konstruiert, dass sie beweglich sind. Damit der zum Tode Verurteilte die hängenden Körper der bereits Exekutierten nicht sehen kann, werden sie zur Seite geschoben und hinter schwarzen Längs- und Quervorhängen versteckt, ehe man sie nach einiger Zeit abnimmt.

In der Zwischenzeit hat sich Staatsanwalt Hans Stoltz im Amtszimmer des Gefängnisleiters Paul Vacano eingerichtet. Alle paar Minuten klingelt dort das Telefon, das Stoltz sichtlich nervös abnimmt. Am anderen Ende der Leitung meldet sich dann ein Referent des Reichsjustizministeriums, der dem Staatsanwalt die Häftlinge nennt, deren Gnadengesuche von Staatssekretär Curt Rothenberger soeben abgelehnt wurden. Stoltz notiert diese Namen handschriftlich auf einem Blatt Papier; wenn ein paar Namen zusammengekommen sind, übergibt er diese Liste den diensthabenden Wachtmeistern, die die jeweiligen Häftlinge sogleich aus ihren Zellen holen.

Gegen 19.30 Uhr beginnen die Vollstreckungen. Die Delinquenten sind in mehreren Gliedern zu jeweils acht Personen hintereinander angetreten. Sie stehen da mit nackten Oberkörpern und auf den Rücken gefesselten Händen, zunächst ungewiss, was mit ihnen geschehen wird. Dann treten Harald Poelchau und sein Amtsbruder Peter Buchholz vor die Gruppe. »Liebe Freunde«, sagt Buchholz mit bebender Stimme. »Jetzt ist es so weit. In wenigen Augenblicken steht ihr vor eurem Herrgott ...« Nicht jeder versteht auf Anhieb, was der Pfarrer damit meint, denn unter den Männern befinden sich auch zahlreiche Ausländer – insbesondere Tschechen und Franzosen –, die der deutschen Sprache nicht mächtig sind. Diejenigen aber, die seine Worte begreifen, können diese zugleich nicht fassen. Manche verharren völlig regungslos und starren ins Leere, andere brechen zusammen, nicht wenige weinen. Einer ruft: »Aber mein Gnadengesuch läuft doch noch!« Ein anderer brüllt in Todesangst: »Ein Irrtum! Ich bin verwechselt worden!« Wieder ein anderer wirft sich auf den Boden und fängt an zu schreien, bis sich vier Beamte auf ihn stürzen und ihn wegbringen.

Je acht Mann werden anschließend namentlich aufgerufen und müssen vortreten. Im Abstand von wenigen Minuten werden sie nacheinander in den Vollstreckungsraum geführt. Unter den Zurückbleibenden hört man hin und wieder ein Flüstern mit den beiden Geistlichen, ein leise gesprochenes Gebet. Karlrobert Kreiten befindet sich irgendwo in der Gruppe. Als Pfarrer Buchholz zu ihm kommt, entwickelt sich ein kurzes Gespräch. »Diese eine Versicherung kann ich Ihnen geben«, wird Buchholz später an Emmy und Theo schreiben: »Er ist diesen letzten Weg ganz gefasst und ruhig gegangen, er ist gut gestorben. Leider hatte ich nicht viel Zeit für den einzelnen, aber an Ihren Karlrobert erinnere ich mich besonders gut, weil er mich gleich ansprach und mir der Name Kreiten bekannt war und weil mir sein Schicksal besonders naheging. Darum habe ich mich seiner vor allem angenommen, habe mir seine Wünsche notiert, seine letzten Grüße an die Seinigen, Eltern, Grand'maman und Schwester mitgenommen, habe dann mit ihm Reue und Leid erweckt und ein kurzes Gebet gesprochen und ihn so bereit gemacht für seinen Weg hin zu Gott.«

Einmal müssen Röttger und seine Henkersknechte ihre Tätigkeit unterbrechen, weil Bomben in der Nähe krachend niedersausen. Die angetretenen Männer werden wieder in ihre Zellen eingeschlossen, bis man sie kurze Zeit später erneut vorführt.

Mittlerweile ist es halb elf, stockfinster und kühl geworden. Die Männer frieren. Ab und zu wird die Dunkelheit durch weitere Bombeneinschläge in der Umgebung erhellt. Dann erahnt man wie in einem Blitzlicht die Konturen der umliegenden Gebäude und blickt in ängstliche Gesichter, während die Lichtkegel der Flakscheinwerfer den Himmel durchschneiden. Plötzlich wird der Name Karlrobert Kreiten aufgerufen.

Zwei Beamte packen Karlrobert an den Armen und führen ihn in den Hinrichtungsraum, der mit ein paar Kerzen nur schwach beleuchtet ist, da die gesamte Anstalt wegen der »Luftgefahr« verdunkelt sein muss. In der Mitte des Raums erkennt man mit etwas Mühe einen schwarzen Vorhang, davor ein einfacher Holztisch, hinter dem zwei Männer stehen. Der eine in schwarzer Robe ist Richter, der andere scheint ein Staatsanwalt zu sein. Darüber hinaus sieht man eine Person im weißen Kittel, bei der es sich um den Anstaltsarzt handeln dürfte. Einer der Männer erklärt kurz und bündig, dass ein Gnadenerweis abgelehnt worden sei.

In diesem Moment wird der Vorhang mit einem zischenden Geräusch aufgezogen, und die Gebrüder Thomas erscheinen. Sie haken Karlrobert unter und führen ihn in die hintere Raumhälfte. Der Fußboden ist an einer Stelle aufgebrochen – dort stand bis vor Kurzem die Guillotine. Auf der linken Seite ist ein Waschbecken an die Wand montiert. Vor der Fensterfront wartet auf einer Art Podest Wilhelm Röttger, der etwas in seinen Händen zu halten scheint. Als Karlrobert dort angekommen ist, drehen die beiden Männer ihn um 180 Grad, sodass Karlrobert nun in Richtung des Eingangs schaut. Röttger steht jetzt hinter ihm, legt ihm blitzschnell eine Schlinge um den Hals und zieht diese zu, während die Gebrüder Thomas Karlrobert etwa einen halben Meter in die Höhe heben. Am anderen Ende der Schlinge befindet sich eine Schlaufe, die Röttger nun in einen Haken legt, der an dem Eisenträger über ihm angebracht ist. Augenblicklich lassen die Henkersknechte Karlroberts Körper fallen. Anders als beim sogenannten »langen Fall«, der einen Genickbruch zur Folge hat, wird beim »kurzen Fall«, den Röttger praktiziert, durch das Zusammendrücken der Kopfschlagadern (Arteria carotis) und der Wirbelsäulenschlagadern (Arteria vertebralis) die Durchblutung des Gehirns unterbrochen. Nach etwa zehn Sekunden wird Karlrobert bewusstlos, während krampfartige Zuckungen seinen Körper ergreifen. Das Sterben dauert fünf bis zehn Minuten, dann erst tritt der Tod ein. Ein Beamter notiert den Todeszeitpunkt, um ihn später dem Standesamt Charlottenburg, in dessen Zuständigkeit das Gefängnis Plötzensee gehört, melden zu können: 7. September 1943, 22.50 Uhr.

Der in der Schlinge hängende Leichnam Karlrobert Kreitens wird mithilfe des beweglichen Hakens auf der Schiene zur Seite geschoben, um Platz für den nächsten Delinquenten zu schaffen. Nachdem jeweils acht Tote eine Zeit lang wie Schlachtvieh an den Haken hingen, werden sie abgenommen und in einen angrenzenden Raum gelegt. Als Wilhelm Röttger und die Gebrüder Thomas insgesamt 186 Menschen auf diese Weise hingerichtet haben, ist in Berlin längst ein neuer Tag angebrochen. Sie seien völlig erschöpft und bräuchten eine Pause, erklärt Röttger gegen 8 Uhr morgens. Am Abend des 8. September werden die Vollstreckungen dann fortgesetzt. Insgesamt finden bis zum 10. September 125 Tschechen, 57 Deutsche, 32 Franzosen, 11 Belgier, 8 Niederländer, 7 Polen, 5 Österreicher und 5 Sowjetbürger den Tod. Zu den 250 Opfern gehören auch sechs Männer, deren Hinrichtungen überhaupt nicht angeordnet worden waren. Als dieses »Versehen« auffällt, ordnet das Justizministerium eine Untersuchung an, wie es dazu kommen konnte. Doch mit derlei Kollateralschäden hält Otto Georg Thierack sich nicht auf. Der Minister erklärt diese Vollstreckungen rückwirkend für rechtens.

*

Am Vormittag des 8. September 1943 suchen Emmy und Rosemarie die »Kanzlei des Führers« in der Voßstraße 4 auf, um dort ein Gnadengesuch für Karlrobert einzureichen. Der Beamte, der das Schriftstück entgegennimmt, versichert den beiden Frauen, dass nun alles seinen geordneten Gang gehe. In dem Augenblick, in dem ein Gnadengesuch vorliege, werde die Urteilsvollstreckung bis zur Entscheidung über den Antrag ausgesetzt. Man werde nun sofort das Reichsjustizministerium unterrichten.

Emmy und Rosemarie sind fürs Erste erleichtert, glauben

sie doch, wertvolle Zeit gewonnen zu haben. Zur Sicherheit suchen sie nun noch das Justizministerium auf, das sich nur einen Steinwurf von der Kanzlei entfernt befindet, um dort eine Durchschrift der Eingabe abzugeben. Doch merkwürdigerweise lassen sich die zuständigen Beamten, die ihnen an der Pforte des Gebäudes genannt werden, sämtlich verleugnen. Nachdem die beiden Frauen eine Weile über die Flure geirrt sind, treffen sie zufällig auf einen Staatsanwalt, der sie in sein Zimmer bittet. Als Emmy ihm erläutert, worum es geht, verliert der Mann für einen kurzen Moment die Fassung und verlässt den Raum. Nach ein paar Minuten kehrt er zurück und teilt ihnen sichtlich betroffen mit, dass das Urteil bereits am Vorabend vollstreckt worden sei.

✳

Emmy Kreiten an den Vorstand des Strafgefängnisses Berlin-Plötzensee, 11. September 1943:
»Mein Sohn Karlrobert Kreiten hat sich im dortigen Gefängnis bis zu der am 7.9.43 stattgefundenen Urteilsvollstreckung befunden. Ich bitte um Aushändigung seiner Kleidungsstücke und persönlichen Gegenstände nebst Briefschaften. Die Sendung bitte ich zu richten an folgende Adresse:
Obermodern (Unterelsass)
Adolf Hitlerstr. 175.

Heil Hitler!
Frau Emmy Kreiten«

✳

Als Emmy diese Zeilen an das Gefängnis richtet, liegt der Leichnam ihres Sohnes immer noch zusammen mit den anderen 249 Toten im Schuppen neben dem Hinrichtungsraum. Man hat die entstellten und bleichen Leiber zu einem Berg aufeinandergeschichtet. Mittlerweile hat der Verwesungsprozess eingesetzt, und irgendwann ist der Gestank, der von den Leichen ausgeht, so stark, dass sich die Anwohner der Strafanstalt beschweren.

Nach etwa zwölf Tagen tritt Fritz Pachaly auf den Plan. Pachaly – Ende fünfzig, kleiner gedrungener Körper, Stiernacken – ist Diener am Anatomischen Institut der Berliner Universität. Dessen Direktor Hermann Stieve arbeitet seit 1935 eng mit dem Reichsjustizministerium zusammen, wobei man einen Handel zum gegenseitigen Vorteil verabredet hat: Während der Professor die Leichname der Hingerichteten für seine medizinischen Experimente zur Verfügung gestellt bekommt, müssen sich die Beamten nicht um deren Entsorgung kümmern. Fritz Pachaly ist dabei der Mann fürs Grobe. Dass er den Exekutierten etwaige Goldzähne entfernt und diese einsteckt, wird stillschweigend toleriert.

In Stieves Auftrag macht sich Pachaly nun ans Werk, die vielen Körper in die Anatomie in der Luisenstraße zu schaffen. Als der Justizbeamte Walter Strelow zufällig an dem Schuppen vorbeigeht, will er mit Entsetzen beobachtet haben, wie Pachaly einer Leiche den Kopf absägt. Offensichtlich war es ihm nicht gelungen, die Goldzähne mit herkömmlichen Methoden zu gewinnen.

Nach ein paar Tagen sind alle Leichen abtransportiert. Was Stieve mit ihnen anstellt, wird sich nicht mehr klären lassen. Später werden die Körper oder das, was von ihnen übrig ist, im Krematorium Wilmersdorf verbrannt. Die Asche wird auf verschiedenen Berliner Friedhöfen anonym bestattet.

＊

Mitteilung im *12 Uhr Blatt* vom 15. September 1943:»Am 7. September 1943 ist der 27 Jahre alte Pianist Karl-Robert Kreiten aus Düsseldorf hingerichtet worden, den der Volksgerichtshof wegen Feindbegünstigung und Wehrkraftzersetzung zum Tode verurteilt hat. Kreiten hat durch übelste Hetzereien, Verleumdungen und Übertreibungen eine Volksgenossin in ihrer treuen und zuversichtlichen Haltung zu beeinflussen versucht und dabei eine Gesinnung an den Tag gelegt, die ihn aus der deutschen Volksgemeinschaft ausschließt.«

＊

Die Nachricht von Karlrobert Kreitens Verurteilung und Hinrichtung wird auch von Dresdner Blättern gedruckt. Als Victor Klemperer auf der Suche nach Worten der LTI in einer Zeitung den kurzen Text liest, hält er bei dem Begriff »Wehrkraftzersetzung« inne. »›Kraft‹ – nicht ›Macht‹«, wundert er sich, »also nicht etwa eine verhetzende Tätigkeit im Heer, sondern etwas ganz Allgemeines. Die kleinste ›defätistische‹ Äußerung genügt.«

＊

Geheimer Lagebericht des Sicherheitsdienstes der SS vom 16. September 1943:»Die in den letzten Tagen in der gesamten Presse veröffentlichten Notizen über die Todesurteile, die gegen Defaitisten gefällt wurden, finden in allen Kreisen immer stärkere Beachtung. Es sei erfreulich, so werde bemerkt, dass hier endlich einmal durchgegriffen wird und dass man nicht nur ›den kleinen Mann‹ bestraft. Es sei dies das einzige Mittel, so heißt es vor allem in Kreisen von Parteigenossen, böswilligen Schwätzern ›den Mund zu stopfen‹. Man könne beobachten, dass Volksgenossen diese Urteile als warnende Beispiele vorhalten.«

∗

Werner Höfer ist unschlüssig. Er muss am morgigen Samstag den Text seiner neuen Kolumne in der Redaktion des *12 Uhr Blatts* einreichen und hat noch keinen blassen Schimmer, was er schreiben soll. Viel Zeit hat er nicht mehr, der Artikel soll am kommenden Montag, dem 20. September, erscheinen. Höfer könnte die Befreiung Benito Mussolinis zum Thema machen (der »Duce« war Ende Juli abgesetzt und verhaftet worden), doch die Zeitungen sind bereits voll mit Berichten über dieses Husarenstück. SS-Hauptsturmführer Otto Skorzeny, der Leiter der Operation, ist in aller Munde. Was soll er, Schriftleiter Werner Höfer, der Kämpfer an der »Heimatfront«, dem noch hinzufügen? Höfer könnte aber auch *Zirkus Renz*, den neuesten Kinofilm der Terra-Filmkunst GmbH, besprechen. Der Streifen hat erst vor ein paar Tagen Premiere gefeiert, seither strömen die Menschen in die Kinos. Im Mittelpunkt steht das Waisenmädchen Bettina, das von den Artisten Renz und Harms umsorgt wird. Zu dritt reisen sie nach Berlin, um dort einen eigenen Zirkus aufzubauen. Im Laufe der Zeit gelingt es ihnen, dem Großstadtpublikum ein umjubeltes Programm zu präsentieren, doch

dann verlieben sich beide Männer in die mittlerweile er-
wachsene Bettina. Nach einem heftigen Streit verlässt
Harms das gemeinsame Unternehmen und heuert bei der
Konkurrenz an. Ein dramatischer Zwischenfall bringt die
Kontrahenten schließlich wieder zusammen, und in der
Manege entscheiden sich die Zukunft des Zirkus Renz und
das Liebesglück Bettinas. Die männlichen Hauptrollen spie-
len die Publikumslieblinge René Deltgen (Renz) und Paul
Klinger (Harms), in der Rolle der Bettina ist die erst zwanzig-
jährige Angelika Hauff zu sehen.

Doch auch darüber mag Werner Höfer nicht schreiben.
Diese Geschichte ist zu seicht, zu unpolitisch. Dann interessiert ihn schon eher eine Meldung, die am 10. September
über die Ticker gekommen war: Heinz Drewes, der Musik-
chef in Goebbels' Propagandaministerium, erklärte anlässlich eines Treffens der Oberbürgermeister der vom Krieg besonders hart getroffenen Städte, dass die Aufrechterhaltung
des Musiklebens unentbehrlich sei. Die Menschen bedürf-
ten geistiger und seelischer Erbauung, verkündete der
Beamte, und daher müsse die leichte Muse eines Franz von
Suppè und Karl Millöcker wieder zu ihrem Recht kommen.
Höfer hält inne. Stand nicht erst vor wenigen Tagen eine
Agenturmeldung über die Hinrichtung eines jungen Musi-
kers in allen überregionalen Zeitungen? Endlich hat Werner
Höfer sein Thema gefunden: die Stellung und die Verant-
wortung des Künstlers in Kriegszeiten.

Höfer setzt sich an seinen Schreibtisch, nimmt die Ab-
deckung von der Schreibmaschine, legt ein Blatt ein und
tippt:»Wie unnachsichtig jedoch mit einem Künstler verfahren wird, der statt Glauben Zweifel, statt Zuversicht Ver-

leumdung und statt Haltung Verzweiflung stiftet, ging aus einer Meldung der letzten Tage hervor, die von der strengen Bestrafung eines ehrvergessenen Künstlers berichtete. Es dürfte heute niemand Verständnis dafür haben, wenn einem Künstler, der fehlte, eher verziehen würde als dem letzten gestrauchelten Volksgenossen. Das Volk fordert vielmehr, dass gerade der Künstler mit seiner verfeinerten Sensibilität und seiner weithin wirkenden Autorität so ehrlich und tapfer seine Pflicht tut, wie jeder seiner unbekannten Kameraden aus anderen Gebieten der Arbeit. Denn gerade Prominenz verpflichtet!«

✳

Victor Klemperer will ein Buch lesen, um das er immer einen weiten Bogen gemacht hat. Der Titel ist erstmals vor gut achtzehn Jahren, im Sommer 1925, erschienen. Nie hätte sich Professor Klemperer in früheren Zeiten vorstellen können, diesen Wälzer auch nur in die Hand zu nehmen, zu unreinlich wäre ihm der Kontakt vermutlich erschienen. Doch nun – Ende September 1943 – ist er auf der Suche nach der Sprache des »Dritten Reichs«. Auf seinem Nachttisch im »Judenhaus« liegt deshalb Adolf Hitlers *Mein Kampf*. Weit ist er mit der Lektüre allerdings noch nicht gekommen: »Nach dem Nachtdienst vier Stunden Tagschlaf, vorher Abwasch, nachher Abwasch und Kohlrabi geputzt, zwei Mahlzeiten – was bleibt für Tagebuch und Hitler?«

Werner Höfer ist im Nachkriegs-
deutschland eine journalistische
Institution. Über fünfunddreißig Jahre
führt er Sonntag für Sonntag plaudernd
und Moselwein trinkend durch den
Internationalen Frühschoppen. Als der
Spiegel im Dezember 1987 Höfers
Wirken im »Dritten Reich« enthüllt,
ist seine Karriere beendet. »Man muss,
man darf ihm gar nichts glauben.«

Nachleben

Robert Dorsay ist neununddreißig Jahre alt. In wenigen Stunden wird er sterben. Früher war er ein bekannter Schauspieler, Kabarettist und Sänger, der in gut 30 Filmen mitwirkte. Doch wenn man heute – im Oktober 1943 – einen dieser Streifen anschaut, taucht sein Name nirgendwo auf. Weder im Vor- noch im Abspann. Dass er einmal mit Berühmtheiten wie Zarah Leander, Heinz Rühmann, Luis Trenker und Gustaf Gründgens spielte, darf nicht mehr erwähnt werden. Es ist, als wäre Robert Dorsay vor seiner Zeit gestorben. Während er in seiner Gefängniszelle hockt, denkt er darüber nach, wie es so weit kommen konnte. Hätte er besser seinen Mund gehalten! Und hätte er diesen Brief doch nie geschrieben!

Noch vor wenigen Jahren stand der 1904 geborene Dorsay hoch in der Gunst von Joseph Goebbels. Als der Propagandaminister im Spätsommer 1938 eine Aufführung des »KadeKo«, des Kabaretts der Komiker am Lehniner Platz, besuchte, zeigte er sich von Dorsays unterhaltsamen Conférencen sehr angetan. Goebbels soll an jenem Abend Tränen gelacht haben. Er war so begeistert, dass er schließlich versuchte, Dorsay für die Partei zu gewinnen. Über Hans Hinkel, den Geschäftsführer der Reichskulturkammer, ließ er ihm ausrichten, dass er doch bitte schön der NSDAP beitreten möge. Solche Leute wie ihn brauche man, flötete der Beamte, doch Dorsay winkte ab. Hinkel versuchte es kurze Zeit später erneut – und erhielt wiederum einen Korb. Offenbar formulierte Dorsay seine Absage aber recht undiplomatisch, weshalb Hinkel den widerspenstigen Künstler pikiert wissen ließ: »Das wird Ihnen der Herr Minister sehr übel nehmen, Herr Dorsay!«

Und das tat Goebbels dann auch. Im Juli 1939 erteilte das Propagandaministerium ein Filmverbot für Robert Dorsay. Damit war seine Leinwandkarriere beendet. Fortan tingelte er durch verschiedene Varietés, bevor er von der Freizeitorganisation »Kraft durch Freude« (KdF) zur Truppenbetreuung verpflichtet wurde. Bei einem Gastspiel in Brüssel traf er zufällig mit Hans Hinkel zusammen. »Ja, Dorsay, das hätten Sie alles nicht nötig gehabt«, ätzte dieser. »Sie könnten heute noch filmen, wenn Sie in die Partei eingetreten wären.« Es kam noch schlimmer, denn Mitte 1942 wurde Dorsay zum Kriegsdienst eingezogen. Zwar blieb er als Kraftfahrer von direkten Kampfhandlungen verschont, doch hatte er sich fortan als Soldat in die militärische Hierarchie einzufügen. In seinen Kabarettprogrammen hatte sich Dorsay regelmäßig über das Militär lustig gemacht, und nun war er selbst ein Teil dieses Systems. Er musste gehorchen, was ihm sichtlich schwerfiel. Viel lieber spielte er im Kreis seiner Kameraden die Stimmungskanone und erzählte Witze über Hitler und Goebbels. Auch im März 1943 gab er im Restaurant des Deutschen Theaters Berlin einen Witz über den »Führer« zum Besten. Was, wenn ein Spitzel der Gestapo mitgehört hätte? Doch Robert Dorsay war ausgesprochen leichtsinnig, ja, er kam anscheinend gar nicht auf die Idee, man könnte ihn verraten.

Ende März 1943 begeht Dorsay dann einen folgenschweren Fehler. In einem Brief an einen Bekannten macht er sich über sein Soldatentum lustig: »Eigentlich ärgere ich mich darüber, dass ich unserem geliebten Führer beim Endkampf nicht helfen kann, zu dumm. Ich hätte so gern mein Leben eingesetzt für die herrliche Idee der NSDAP. [...] Wann ist endlich Schluss mit dieser Idiotie.« Und weiter: »Die bösen Engländer scheinen ja in Berlin großes Interesse zu haben – Sie kommen ja immer häufiger, häufiger ist gut.« Zu guter Letzt folgen ein paar gehässige Bemerkungen über Joseph Goebbels und Hermann Göring.

Durch einen fatalen Zufall wird der Brief nicht zugestellt, sondern landet stattdessen bei der Wehrmachtskommandantur. Die Behörde leitet daraufhin ein Ermittlungsverfahren ein, in dessen Verlauf man Dorsay als Schreiber identifiziert. Anfang Juni wird er wegen »Wehrkraftzersetzung« angeklagt und im Wehrmachtsuntersuchungsgefängnis im Berliner Stadtteil Tegel inhaftiert. Zunächst scheint er noch glimpflich davonzukommen, denn das Sonder-Standgericht verhängt Anfang August lediglich eine Zuchthausstrafe von drei Jahren. Als jedoch Generalfeldmarschall Wilhelm Keitel als zuständiger Gerichtsherr für die Wehrmacht davon erfährt, hebt er das Urteil als zu milde auf und verweist den Fall an das Gericht der Wehrmachtskommandantur.

Irgendwann im August muss auch Joseph Goebbels Kenntnis von der Angelegenheit erhalten haben, denn er schreibt in sein Tagebuch: »Im Film- und Theatersektor stellt man einige unsichere Kantonisten fest, die im Augenblick etwas frech werden, weil sie glauben, Morgenluft zu wittern. Ich bin eifrig bestrebt, einen exemplarischen Fall herauszufinden, um dann ein Strafgericht vorzunehmen.« Das gewünschte Exempel ist in der Person Robert Dorsays schnell ausfindig gemacht. Vielleicht hat man dem Propagandaminister in der Zwischenzeit auch schon von den Witzen berichtet, die der Schauspieler über ihn und Hitler zu reißen pflegte. Wie auch immer – Goebbels sinnt auf Rache. Am 8. Oktober wird Robert Dorsay in einem erneuten Gerichtsverfahren zum Tode verurteilt. Nun beginnt ein Wettlauf gegen die Zeit. Dorsays Frau Louise und sein Anwalt bitten prominente Zeitgenossen, darunter etwa Gustaf Gründgens, um Vermittlung bei Goebbels – ohne Erfolg. »Viele Berliner Schauspieler setzen sich für ihn ein«, notiert der Minister kühl, »aber ich lasse mich dadurch nicht beirren. Die Künstler haben nicht Schimpf- und Defaitismusfreiheit im Kriege. Auch sie müssen sich den allgemeinen Gesetzen der Ordnung und der nationalen Disziplin einfügen; wenn sie das nicht wollen, verlieren sie wie jeder andere Bürger den Kopf.«

Seit drei Wochen wartet Robert Dorsay nun auf seine Hinrichtung. Louise darf ihn seit der Urteilsverkündung nicht mehr besuchen. Am Morgen des 29. Oktober überschlagen sich die Ereignisse. Eine Grüne Minna bringt ihn vom Wehrmachtsuntersuchungsgefängnis zur Hinrichtungsstätte in Plötzensee. In der dortigen Todeszelle diktiert Dorsay seinem Anwalt sein Testament. Er ist an Händen und Füßen gefesselt. Die Stunden vergehen quälend langsam. Irgendwann kommt jemand, der ihm den Hinterkopf rasiert, um den Nacken für die Klinge des Fallbeils freizulegen. Um kurz vor 17 Uhr wird Robert Dorsay von zwei Wachmännern abgeholt. Die Beamten lösen seine Handschellen für einen Moment und geben ihm zu verstehen, dass er sein Oberhemd ausziehen und seine Schuhe gegen bereitgestellte Holzpantinen tauschen möge. Dorsay tut wie ihm geheißen. Daraufhin führen die Wachmänner ihn über den Gefängnishof zum Hinrichtungsschuppen. Die Holzpantinen klappern auf dem Kopfsteinpflaster. Im Vorraum angekommen, wird kurz die Identität festgestellt und noch einmal das Urteil verlesen. Dann heißt es: »Scharfrichter, walten Sie Ihres Amtes!« Es ist 17.00 Uhr.

Joseph Goebbels hält sich zu dieser Stunde in seinem Ferienhaus in Lanke nordwestlich von Berlin auf. Der Minister feiert heute seinen sechsundvierzigsten Geburtstag. Ehefrau Magda und die sechs gemeinsamen Kinder überraschen ihn mit einer Familienfeier, am Abend erwartet man eine kleine Gesellschaft. Bevor die Gäste kommen, hat Goebbels ein paar Minuten Zeit, einen Blick auf die Post zu werfen. »Der Briefeingang an diesem Tage ist enorm. Aus allen Briefen kann ich entnehmen, mit welcher Anteilnahme größte Teile des Volkes und insbesondere der Front meine Arbeit verfolgen. Das gibt mir ein Gefühl tiefer Befriedigung; ersehe ich doch daraus, dass ich auch in diesen kritischen Zeiten auf dem richtigen Wege bin und ungezählte wohlwollende und besorgte Menschen im ganzen Reich diese meine Arbeit mit wärmster innerer Anteilnahme verfolgen.«

∗

An diesem 29. Oktober 1943 erstellt ein Beamter der Berliner Gerichtskasse eine Kostenrechnung, die er »an die

Erben des Pianisten Karlrobert Kreiten« richtet. Für das Strafverfahren vor dem Volksgerichtshof ist eine Gebühr in Höhe von 300 Mark fällig. Die 63 Tage, die Karlrobert im Zellengefängnis verbracht hat, schlagen mit 1,50 Mark pro Tag zu Buche. Das sind insgesamt 94,50 Mark; die Gestapohaft ist unentgeltlich. Die Bestellung des Pflichtverteidigers wird mit 122,40 Mark berechnet. Fast genauso viel wird für Karlroberts Hinrichtung aufgerufen: 122,18 Mark. Alles in allem müssen Emmy und Theo Kreiten innerhalb von acht Tagen 639,20 Mark bezahlen.

*

Anweisungen der Pressekonferenz der Reichsregierung, 17. Dezember 1943: »Eine deutsche Zeitung vertrat in einem längeren Bericht die These, dass das Erdinnere einen Hohlraum darstelle, in den am Nordpol der Golfstrom einfließe. Dieses Beispiel gibt Veranlassung, darauf hinzuweisen, dass es nötig ist, auch die unpolitischen Mitarbeiter-Beiträge zu prüfen, um nicht dem Ruf der Lächerlichkeit ausgesetzt zu werden.«

*

»In Dresden herrscht überall namenlose Angst«, vertraut Victor Klemperer am letzten Tag des Jahres 1943 seinem Tagebuch an. Nach den schweren Luftangriffen vom 4. Dezember auf Leipzig, in deren Verlauf alliierte Bomber nahezu 1400 Tonnen Spreng- und Brandbomben auf die Messestadt abgeworfen haben, fragen sich viele Dresdener, wann ihre Stadt an der Reihe ist. »Es gibt sicher heute keinen Menschen hier, der sich nicht mit einem Fuß im Grabe fühlt.

Dabei wird Dresdens Verschontbleiben immer rätselhafter.«
Weiter heißt es:»Wir sind beide völlig abgekämpft. Ich
mache uns bloß noch ein paar Pellkartoffeln. Wir haben
eben erst Kaffee getrunken und wollen baldmöglich zu Bett.
Silvester 1943!«

*

Es ist immer der gleiche Albtraum, der Ellen Ott-Monecke
seit einem halben Jahr heimsucht: Sie verlässt ihr Haus am
Lützowufer in Berlin und tritt auf den Bürgersteig, wo ein
kleiner Junge steht. Das Kind ist wie angewachsen und
blickt stoisch auf das Gebäude. Als der Junge Ellen Ott-
Monecke sieht, ruft er laut:»Mörderin!« Frau Ott-Monecke
will schnell weitergehen, doch mit jedem Schritt, den sie
macht, kommen plötzlich weitere Personen hinzu. Schon
bald fühlt sie sich umzingelt und muss stehen bleiben. Alle
um sie herum deuten auf sie, Ellen Ott-Monecke, und rufen
wie zuvor bereits der Junge:»Mörderin!« Männer, Frauen
und Kinder, Alte und Junge – sie alle skandieren unaufhörlich dieses eine Wort. Sie rufen es so laut, dass es durch die
Straßen schallt und die vielfältigen Echos sich gleichsam zu
einer gewaltigen Anklage verdichten: Ellen Ott-Monecke ist
eine Mörderin!

Wenn Frau Ott-Monecke aus ihrem Angsttraum erwacht,
sagt sie sich, dass das doch nicht wahr sei. Sie sei gar keine
Mörderin, habe ja nur ihre Pflicht getan – das, was sich im
Krieg eben nicht vermeiden lässt. Aber auch wenn die Menschen sie im echten Leben nicht beschimpfen und nicht mit
Fingern auf sie zeigen, glaubt sie, in den Blicken ihrer Nachbarn einen Vorwurf zu spüren. Sie hadert mit sich. Warum

hatte sie sich nur in diese Geschichte hineinziehen lassen? Dass ausgerechnet ihr das passieren musste! Wo sie doch immer alles richtig machen will.

Anfang März 1944 flieht Ellen Ott-Monecke zu ihrer Schwester in die unterfränkische Kleinstadt Klingenberg. Sie flüchtet vor den Bomben, die wie Hagelkörner aus dem Himmel fallen und Berlin mehr und mehr in Schutt und Asche legen. Idyllisch am Main und inmitten von Weinbergen gelegen, ist Klingenberg dagegen noch vom Krieg verschont. Hier hofft sie, ihre Albträume hinter sich lassen zu können. Wenn sie doch nur »diese Geschichte« vergessen könnte, die längst zu »ihrer Geschichte« geworden ist!

Der Gasthof Goldenes Fass ist ein schmucker zweigeschossiger Sandsteinbau aus dem vorigen Jahrhundert. Adam Spall, der Eigentümer des Hauses, wirbt mit Zentralheizung sowie fließend warmem und kaltem Wasser auf beiden Etagen. Ellen Ott-Monecke bezieht ein Gästezimmer im oberen Stockwerk. Neben ihr logieren ein junger Ingenieur aus Offenbach sowie ein älterer Herr. Beide hat sie bereits mehrfach im Treppenhaus sowie beim Frühstück im Gastraum gesehen.

Am Abend des 10. März 1944 geht Ellen Ott-Monecke um 11 Uhr zu Bett. Etwa zwei Stunden später, gegen viertel nach eins, wacht sie mit dem Gefühl auf, als kitzele ihr jemand mit einer Daunenfeder die Nase. Doch der Eindruck täuscht. Was in ihrer Nase juckt, ist vielmehr dichter Qualm, der durch die Ritzen der Zimmertür dringt. Als die Feuerwehr nach wenigen Minuten am Gasthof eintrifft, hat der Brand bereits das gesamte Haus erfasst. Eine Flucht durch das Treppenhaus ist unmöglich geworden. Ellen Ott-Monecke öffnet die beiden Flügel des Fensters und steigt auf das Brett. Ein Feuerwehrmann legt eine Leiter an die Fassade und ruft, dass sie warten möge. Man hole sie über die Leiter. Ellen Ott-Monecke ist wie erstarrt. Während das Gebäude lichterloh in Flammen steht, blickt sie apathisch in die Tiefe. »Hören Sie mich?«, fragt der Feuerwehrmann und klettert die Leiter empor. Sie antwortet nicht. Als der Retter nur noch wenige Meter von ihr entfernt ist, macht Ellen Ott-Monecke einen Schritt nach vorne.

✳

Pál Kiss ist durch die Hölle gegangen. Nach sechs Monaten Haft im Polizeigefängnis am Alexanderplatz wird er im Dezember 1943 in ein sogenanntes Arbeitserziehungslager nach Berlin-Wuhlheide gebracht, wo er sieben Monate bleiben muss. Danach kommt er im Juli 1944 in ein Sammellager in die Große Hamburger Straße im Bezirk Mitte. »Eine Woche schon lag ich hier in einem kleinen Kellerloch gemeinsam mit 42 Häftlingen – nackt in einer unerträglichen Hitze bei minimaler Ernährung«, schreibt er an einen Bekannten. »Das Leid schien sogar die Tränen vertrocknen zu lassen – Apathie.« Doch das Schlimmste steht ihm noch bevor. Anfang September 1944 wird er mit etwa 40 weiteren Personen nach Auschwitz deportiert. Das letzte Lebenszeichen datiert vom Dezember: Pál bittet in einem Brief, man möge ihm Noten schicken, da er ein Konzert für die Lagerprominenz vorbereiten wolle. Musik im Angesicht des Todes. »Eine Sendung scheint angekommen zu sein«, erinnert sich seine Lebensgefährtin Charlotte an der Heiden, »eine andere kam als unbestellbar zurück.«

Mitte Januar 1945 beginnt die SS mit der Räumung des Lagerkomplexes. Etwa 60 000 Menschen werden bei eisigen Temperaturen von bis zu minus 15 Grad in mehreren Marschkolonnen Richtung Westen geschickt. Wer zu schwach ist, wird unterwegs erschossen. Um den 18. Januar verlässt auch Pál Kiss in Begleitung einiger Tausend weiterer Häftlinge das Lager, darunter sein Freund Günther von Martiny, den er in Auschwitz kennengelernt hat. Mit jedem Kilometer, den der Elendszug vorankommt, schwinden Páls Kräfte. Er fällt innerhalb der Kolonne immer weiter zurück. In Höhe der oberschlesischen Kleinstadt Pless ist Pál Kiss am Ende des Zugs angekommen. Er kann keinen Schritt mehr tun. Günther von Martiny sorgt sich um seinen Freund. Er sucht ihn innerhalb der Menschenmenge, kann ihn aber nirgends entdecken. Als er sich schließlich noch einmal umdreht, sieht er, wie ein SS-Mann Pál Kiss erschießt.

✳

Vor Oberstabsarzt Dr. Rolf Schleicher liegt ein schwerer Gang: Er will seinem Bruder Rüdiger das Leben retten. Rüdiger Schleicher gehört zu den Verschwörern vom 20. Juli 1944. Wäre das Attentat auf Hitler geglückt, hätte der erfahrene Verwaltungsjurist Schleicher die Neuorganisation der deutschen Luftfahrt verantworten sollen. Doch es kam anders. Rüdiger Schleicher wurde Anfang Oktober verhaftet und am gestrigen Tag, dem 2. Februar 1945, vom Ersten Senat des Volksgerichtshofes unter dem Vorsitz von Roland Freisler zum Tode verurteilt. Als Rolf davon erfuhr, machte er sich sofort auf den Weg von Stuttgart nach Berlin.
Er muss das Unmögliche wagen. Die Zeit drängt, denn die

Abstände zwischen den Verurteilungen und Hinrichtungen werden immer kürzer. Er muss »ganz oben« vorsprechen, ist sich Rolf schnell im Klaren, nicht bei untergeordneten Ministerialbeamten, die ihm doch nur ausweichen würden. Am besten sucht er Otto Georg Thierack persönlich auf. Dem Reichsjustizminister steht schließlich das Begnadigungsrecht zu. Thierack, so Rolfs Kalkül, könnte Freislers Urteil mit einem Federstrich aufheben. Dass das Gebäude des Justizministeriums im Dezember 1944 durch Bomben weitgehend zerstört wurde, hält ihn nicht von seinem Plan ab. Irgendwo in der Ruinenlandschaft der Wilhelmstraße muss der Minister doch zu finden sein, denkt er.

Oberstabsarzt Dr. Rolf Schleicher ist soeben im Begriff, die U-Bahn am Potsdamer Platz zu verlassen, als um 10.39 Uhr Fliegeralarm ausgelöst wird. Sofort bringen sich er und die anderen Passagiere in den Bahntunneln in Sicherheit. In den folgenden knapp anderthalb Stunden überfliegen mehr als 950 amerikanische Maschinen in zwei großen Wellen das Stadtgebiet und werfen über 2000 Tonnen Sprengbomben sowie 250 Tonnen Brandbomben ab. Die Folgen sind verheerend: An die 25 000 Menschen kommen ums Leben, 20 000 werden verletzt, und 120 000 Personen sind nun obdachlos.

»Einen Arzt! Wir brauchen einen Arzt!«, ruft jemand, nachdem die Bomber abgezogen sind. Rolf Schleicher meldet sich zur Stelle und wird in den Innenhof des nahe gelegenen Volksgerichtshofs in der Bellevuestraße zu einem Mann geführt, der von einem Bombensplitter getroffen worden ist. Das Dach des Gebäudes brennt lichterloh, die Fensterscheiben sind zersprungen, und beißender Qualm ver-

255

pestet die Luft. Der Verletzte liegt auf dem Boden, um ihn herum stehen einige Männer in Roben. Rolf Schleicher fordert die Anwesenden auf, beiseitezutreten. Dann beugt er sich über den Mann und blickt ihm ins Gesicht. Als er ihn erkennt, erfasst ihn blankes Entsetzen. Ihm schießen Gedanken durch den Kopf, die ihm als Arzt zu denken verboten sind. Er fühlt dem Verletzten den Puls. Der Mann ist tot. Als Rolf sich erhebt und von einem der Anwesenden nach seinen Personalien gefragt wird, antwortet er: »Ich bin der Bruder desjenigen, der gestern unschuldig von diesem Mann zum Tode verurteilt wurde.«

*

So ändern sich die Zeiten: Noch vor einem Jahr zitterten die Gefangenen der Gestapo vor Otto Prochnow, wenn er sie verhörte, sie bedrängte und zu überführen gedachte. Nun jedoch – Mitte März 1946 – ist Prochnow selbst ein Gefangener.

Otto Prochnow hatte sich in den letzten Kriegstagen nach Kiel abgesetzt, wo er von einer englischen Spezialeinheit aufgegriffen wurde, die ihn daraufhin in das berüchtigte Verhörzentrum OSDIC nach Bad Nenndorf westlich von Hannover brachte. Der Geheimdienst geht mit den dortigen Gefangenen nicht zimperlich um; viele Inhaftierte werden geschlagen und misshandelt. Auch Prochnow wird tagelang vernommen. Man will von ihm erfahren, wie das Reichssicherheitshauptamt funktioniert hat, wofür seine Abteilung zuständig war und wo seine einstigen Kollegen abgeblieben sind. Otto Prochnow hinterlässt dabei einen zwiespältigen Eindruck. Prochnows Verhöroffizier schreibt in seinem Abschlussbericht vom März 1946: »Der Gefangene ist eine ölige, kriechende Kreatur, die weder Charakter noch Ideale hat und weder körperlichen noch moralischen Mut besitzt. Als Beamter scheint er seinem Typ treu geblieben zu sein, offensichtlich stolz auf seine eigene Effizienz, äußerst erfreut darüber, dass er nie zu wichtigen Entscheidungen aufgefordert wurde, und nicht im Geringsten an Ereignissen interessiert, die sich außerhalb seines eigenen sehr begrenzten Horizonts abspielen. Der Gefangene ist nicht in der Lage, klar zu denken, und es gab während des Verhörs Schwierigkeiten, klare, prägnante Aussagen zu erhalten. Sein Gedächtnis ist übrigens nur durchschnittlich. Es wird davon ausgegangen, dass die gegebenen Informationen zuverlässig sind, da der Gefangene darauf bedacht war, zu gefallen, und es wird angenommen, dass er zu feige ist, um Informationen zu verfälschen oder zurückzuhalten.«

Irgendwann im Frühjahr 1946 wird Otto Prochnow aus dem Bad Nenndorfer Lager entlassen. Danach verlieren sich seine Spuren im Dickicht der Nachkriegszeit.

∗

Ende 1946 leben Theo und Emmy, Rosemarie und der fünfjährige Edgar sowie die Grand'maman Sophie immer noch in Obermodern. Die Versorgung mit Lebensmitteln ist im Elsass besser als im zerbombten Düsseldorf, sodass es der Familie auf den ersten Blick vergleichsweise gut geht. Sie müssen keinen Hunger leiden und haben ein Dach über dem Kopf.

Auch nach über drei Jahren vergeht kein Tag, an dem die Kreitens nicht an Karlrobert denken, über ihn sprechen, ihn

vermissen. An manchen Tagen ist der Schmerz kaum auszuhalten. Theo hat einen ganz eigenen Weg gewählt, um seine
Trauer zu bewältigen. Unter dem Titel *Wen die Götter lieben*
hat er ein Buch über seinen Sohn geschrieben, das demnächst in einem Düsseldorfer Verlag erscheinen soll. Rosemarie ist derweil voller Hass und Wut. »Die beiden noch
lebenden Denunziantinnen sind noch immer unbehelligt«,
schreibt sie an Karlroberts ehemaligen Anwalt Kurt Behling,
»und wäre es an der Zeit, dass sie für ihre Untat zur Verantwortung gezogen würden.« Mehr noch: Am liebsten würde
Rosemarie das Deutsche Reich auf eine Wiedergutmachung
in Höhe von vier Millionen Reichsmark verklagen, wie sie
Behling wissen lässt, doch der winkt ab. Das Deutsche Reich
existiere nicht mehr, so der Anwalt, allerdings böte sich
nach Gesetz Nr. 10 des Alliierten Kontrollrates die Gelegenheit, gegen die Damen Passavant und Windmöller wegen
Verbrechens gegen die Menschlichkeit vorzugehen. Am
10. Oktober 1946 reichen Emmy und Theo Kreiten tatsäch-
lich auf dieser Grundlage Klage ein, und die Staatsanwaltschaft beim Landgericht Düsseldorf beginnt mit ihren
Ermittlungen. Als Annemarie Windmöller von der Anzeige
erfährt, versucht sie umgehend, Kontakt mit Christine von
Passavant aufzunehmen. »Ich glaube, Tini wäre auch froh,
wenn sie meine Anschrift bekommt«, schreibt sie an eine
gemeinsame Bekannte, »denn wir werden auch jetzt noch
gemeinsam Schweres durchzustehen haben.«

Annemarie und Hermann Windmöller haben Berlin Ende
März 1945 verlassen und sich nach Lengerich im Tecklen-
burger Land zwischen Münster und Osnabrück durch-
geschlagen, wo sie bei ihrer Familie im großelterlichen Haus

untergekommen sind. Dort findet Ende Januar 1947 eine
erste polizeiliche Vernehmung statt. Als Beruf gibt Annemarie Windmöller Hausfrau an; ihr Gatte Hermann, einst
ein richtiger Ministerialrat, müsse sich nun als einfacher
Arbeiter verdingen. Annemarie Windmöller ist jetzt zwei-
undfünfzig Jahre alt. Nach Berlin – in die »Ostzone« – wollen sie und ihr Mann keinesfalls zurück. Lengerich sei ihre
neue Heimat.

Nein, mit der Angelegenheit des Pianisten habe sie nichts
zu tun gehabt, gibt sich Frau Windmöller ahnungslos. Das
sei alles das Werk der Ott-Monecke gewesen. »Sie verlangte
von mir, ihr den Weg zu zeigen, wo man diesen jungen
Mann zur Anzeige bringen könnte«, gibt sie zu Protokoll.
»Ich lehnte diese Anzeige ab, weil ich den jungen Menschen
nicht kannte. Außerdem war mir Ott-Monecke als sehr
überspannt bekannt. Weil sie aber dauernd auf mich ein-
redete, sagte ich, dass ich diesen Fall mit Frau von Passavant
besprechen wollte, weil diese im Propagandaministerium
tätig war und Verbindungen mit der Reichskulturkammer
hatte.« Ein paar Tage später habe Christine von Passavant
bei ihr, Annemarie Windmöller, angerufen und eine förmliche Anzeige seitens der Frau Ott-Monecke gefordert. Da
Ellen Ott-Monecke keine Schreibmaschine besessen habe,
habe sie, die Windmöller, ihr in nachbarschaftlicher Ver-
bundenheit angeboten, »sie könne in meine Wohnung kommen und mir die Aussage in die Maschine diktieren«. Das
sei alles gewesen. Mehr könne sie dazu nicht sagen. Und
überhaupt sei sie sich keiner Schuld bewusst.

Streitet Annemarie Windmöller gegenüber der Polizei
jede Verantwortung ab, zeigt sie derweil in einem Brief vom

Oktober 1947 an ihre Freundin Christine von Passavant, wes Geistes Kind sie ist:»Ich hatte sogar durch Zufall die Gelegenheit, eine Gedächtnisfeier für den großen, so früh hingemordeten Künstler mitzumachen. Ein Freund des Hauses K. [Kreiten] veranstaltete sie ohne Wissen meiner Verwandten anlässlich eines Hauskonzertes in ihrer Villa! Taktvoll, nicht wahr?«

*

Nachdem Christine von Passavant vor Staatsanwalt Dr. Hermann Jager und der Justizangestellten Theissen Platz genommen hat, öffnet Dr. Jager eine graue Kladde und wirft dem Fräulein Theissen einen fragenden Blick zu, ob sie bereit sei. Die Justizangestellte, die das Protokoll führen muss, nickt. Dann beginnt er zu diktieren:»Düsseldorf, den 14. Mai 1947. Auf Vorladung erscheint Frau Christine von Passavant, geschiedene Frau Schwab, geborene Debüser, geboren am 4. Juni 1891 in Köln.« Ob das korrekt sei? Frau von Passavant bejaht.

Wie schon Annemarie Windmöller zeigt sich auch Christine von Passavant arglos. Sie sei ohne ihr Zutun in diese leidige Angelegenheit hineingezogen worden.»Ich verkehrte persönlich überhaupt nicht mit Frau Ott-Monecke, war auch niemals bei ihr in der Wohnung, auch war Frau Ott-Monecke niemals bei mir. Ein persönlicher Verkehr hat also nicht bestanden. Ich traf sie nur bei Veranstaltungen der Singgruppe. Mit dem Ehepaar Windmöller waren mein Mann und ich befreundet, etwa seit Beginn des Krieges, und wir besuchten uns gegenseitig häufiger.«

Wie es denn nun zu der Anzeige gekommen sei, will

Dr. Jager wissen. Eines Tages, so Passavant, habe Frau Ott-Monecke bei ihr angerufen. Sie sei furchtbar aufgeregt gewesen und habe von einem Musiker berichtet, der ein paar Tage bei ihr gewohnt und so abfällige Bemerkungen über Hitler und die Partei gemacht habe, dass sie diese telefonisch nicht wiedergeben könne. Frau Ott-Monecke habe wissen wollen, was man gegen den jungen Mann unternehmen könne. Er spiele nämlich demnächst ein Konzert in der Philharmonie, das unterbunden werden müsse. Sie, Christine von Passavant, habe mit dieser Angelegenheit aber nichts zu tun haben wollen und Frau Ott-Monecke den Rat gegeben, sich an die Reichsmusikkammer zu wenden. Bei ihr sei sie falsch, für Künstler sei die jeweilige Kammer zuständig.

»In der gleichen Stunde kam noch ein Anruf der Frau Windmöller«, fährt Passavant in der Vernehmung fort. »Sie sagte mir, dass Frau Ott-Monecke ganz fassungslos zu ihr gekommen sei, um Hilfe in der Sache zu erhalten. Sie selbst, also Frau Windmöller, halte auch die Äußerungen des Kreiten für schwerwiegend und fragte auch, ob man vom Propagandaministerium aus nichts zur Verhinderung des Konzertes unternehmen könne.«

Ob das die Frau Windmöller wirklich gesagt habe, hakt Dr. Jager nach. Christine von Passavant nickt. »Es kamen am gleichen Tage noch andere Anrufe in der gleichen Sache, vor allem auch am nächsten Tage nach dem Konzert. Bei diesen Anrufen handelte es sich wiederholt um solche der Frau Ott-Monecke und der Frau Windmöller, es riefen aber auch andere an, meiner Meinung nach Frauen der Frauenschaft, denen die Äußerung des Kreiten schon mitgeteilt worden war.« Diese vielen Anrufe seien ihr irgendwann zu bunt geworden, weshalb sie sich von ihrer Kollegin Margot Röhrmann am Telefon habe verleugnen lassen.

Christine von Passavant fährt fort: Am Karfreitag 1943 habe Frau Ott-Monecke sogar in ihrer Privatwohnung angerufen. Sie habe im *Völkischen Beobachter* eine Notiz gelesen, wonach Karlrobert Kreiten auf Einladung des Propagandaministeriums demnächst eine Italientournee antreten würde. Das müsse unter allen Umständen verhindert werden. Sie, Passavant, habe jedoch ihre Ruhe haben wollen und der Anruferin sinngemäß gesagt, dass sie die Sache schriftlich einreichen müsse, sonst könne man nicht tätig werden. Bereits am Dienstag nach Ostern habe die Hauspost im Ministerium dann eine schriftliche Anzeige von Frau Ott-Monecke gebracht, die dem zuständigen Beamten, Regierungsrat Dr. Immanuel Schäffer, vorgelegt worden sei. Schäffer habe entschieden, die Anklage unbearbeitet liegen zu lassen. Das werde sich von selbst erledigen.

Frau Ott-Monecke habe aber keine Ruhe gegeben. Zwei oder drei Tage später – also am Donnerstag oder Freitag nach Ostern – sei sie höchst erregt in Christine von Passavants Büro im Ministerium erschienen und habe sich nach dem Stand der Dinge erkundigt: »Sie habe am Morgen vor dem Bild des Führers gestanden und sei noch einmal mit ihrem Gewissen zu Rate gegangen und habe dann dem Führer vor dem Bild versprochen, dass sie in dieser Sache so handeln würde, wie ihr Gewissen es ihr vorschriebe.« Daraufhin sei die Ott-Monecke zur Gestapo gegangen und habe Kreiten offiziell angezeigt. Regierungsrat Dr. Schäffer habe sich von der Gestapo übrigens unangenehme Fragen gefallen lassen müssen: Warum seine Dienststelle die Anzeige nicht weitergeleitet habe und dergleichen mehr. Zu guter Letzt gibt Christine von Passavant noch zu Protokoll, dass Ellen Ott-Monecke die alleinige Schuld an dieser Tragödie trage. Sie selbst habe sich nun wirklich nichts vorzuwerfen.

Ob sie alles notiert habe, fragt Dr. Jager schließlich Fräulein Theissen. Die Justizangestellte nickt. Der Staatsanwalt nimmt daraufhin seine Brille mit beiden Händen von der Nase, faltet die Bügel zusammen und legt sie in das Etui.

✳

In den folgenden Monaten führen Hermann Jager und seine Kollegen von der Staatsanwaltschaft Köln, an die das Verfahren Mitte 1947 zuständigkeitshalber abgegeben worden ist, zahlreiche Zeugenbefragungen durch. Mit nicht unerheblichem Aufwand lässt man ehemalige Bewohner des Hauses Lützowufer 1 vernehmen, man verhört Margot Röhrmann, die die Aussagen ihrer ehemaligen Kollegin Christine von Passavant an Eides statt bestätigt, außerdem Beamte der einstigen Reichsmusikkammer sowie Angehörige der Familie Kreiten. Emmy schwört Stein und Bein, dass Ellen Ott-Monecke ihr versichert habe, die Damen Windmöller und von Passavant seien die treibenden Kräfte hinter der Anzeige gewesen. Belege kann sie dafür nicht vorlegen, zumal Frau Ott-Monecke sich dazu selbst nicht mehr äußern kann. Unglücklicherweise verstrickt sich Emmy im Laufe der Zeit in Widersprüche. Wer weiß, vielleicht spielt ihr die Erinnerung an jene schmerzvolle Zeit einen Streich, oder sie schmückt manche Begebenheit etwas aus, um sie eindringlicher erscheinen zu lassen. Den ermittelnden Beamten kommen jedenfalls Zweifel an der Stimmigkeit ihrer Aussagen. Emmy fühlt sich zunehmend in die Enge gedrängt und bezichtigt schließlich sogar einen der ermittelnden Staatsanwälte, mit Christine von Passavant unter einer Decke zu stecken. Belege kann sie freilich auch dafür nicht beibringen. »Diese Unbeherrschtheit der Frau Kreiten kann natürlich für uns nur günstig sein«, schreibt Christine von Passavants Anwalt seiner Mandantin.

Annemarie Windmöller und Christine von Passavant sind sich zwar darin einig, dass Ellen Ott-Monecke die alleinige Schuld trägt, allerdings sind auch ihre Aussagen, obwohl zweifellos abgesprochen, nicht frei von Ungereimtheiten. Eine von beiden lügt – doch wer ist es? Die meisten Zeugen bestätigen, dass Ott-Monecke und ihre Freundin Windmöller fanatische Nationalsozialistinnen gewesen seien. Aber reicht das für eine Verurteilung?

Kurz vor Weihnachten 1948 stellt der Kölner Oberstaatsanwalt das Ermittlungsverfahren ein. Da Karlrobert Holländer war, muss der Bescheid zunächst der britischen Militärregierung zur Prüfung vorgelegt werden, die sich der Einschätzung der Kölner Kollegen jedoch anschließt: »Es wird gleichfalls die Auffassung vertreten, dass kein Beweis gegeben ist, auf den sich eine Überführung in dieser Sache stützen könnte, und das Verfahren kann eingestellt werden.« Emmys Anwalt legt sofort Einspruch ein, der im März 1949 abgewiesen wird. »Wenn auch gegen die Beschuldigte Windmöller ein gewisser Tatverdacht besteht«, muss der Generalstaatsanwalt zugeben, »so reicht doch das Beweisergebnis nicht aus, um sie mit der für die Verurteilung erforderlichen Sicherheit zu überführen. Gegen die Beschuldigte von Passavant fehlt es an einer ausreichenden Belastung, sie wird vielmehr durch die eidliche Aussage der Zeugin Röhrmann entlastet.«

Der Justizmord an Karlrobert Kreiten bleibt somit ungesühnt. Christine von Passavant alias Tiny Debüser und Annemarie Windmöller werden für ihr Handeln nie zur Rechenschaft gezogen. Christine von Passavant erkrankt an Krebs und stirbt im Oktober 1957. Annemarie Windmöller überlebt Karlrobert um siebenundvierzig Jahre. Sie stirbt im Juli 1990 im Alter von fünfundneunzig Jahren in Lengerich.

∗

Paul Stenig und Kurt Behling, Karlroberts Rechtsanwälte, sind auch nach dem Zweiten Weltkrieg als Juristen tätig. Stenig wird Oberstaatsanwalt beim Amtsgericht Tiergarten, bevor er wieder eine eigene Kanzlei eröffnet. Er stirbt 1952 in Berlin. Es entbehrt nicht einer gewissen Ironie, dass ausgerechnet Kurt Behling in den Nürnberger Nachkriegsprozessen einige ranghohe Nationalsozialisten verteidigt, darunter Hans Schlegelberger, den ehemaligen Staatssekretär im Reichsjustizministerium. Behling lässt sich danach in Berlin und später in Hamburg nieder, wo er 1975 stirbt.

Gut möglich, dass Paul Stenig und Kurt Behling in der ersten Nachkriegszeit auch wieder mit Karl-Heinz Domann zu tun gehabt haben. Domann, der als Staatsanwalt die Anklageschrift gegen Karlrobert Kreiten verfasst hat, kann seine Karriere nach dem Untergang des »Dritten Reiches« zunächst nahtlos fortsetzen. Er wird Staatsanwalt in Westberlin, doch als die Öffentlichkeit von seiner Mitwirkung an Todesurteilen erfährt, wird er 1959 vom Dienst suspendiert. Domann stirbt zehn Jahre später in Berlin.

Landgerichtsdirektor Martin Stier, der unter anderem an den Todesurteilen gegen die Geschwister Scholl, Christoph Probst und Karlrobert Kreiten beteiligt war, kommt am 6. Februar 1945, nur drei Tage nach seinem Chef Roland Freisler, bei einem alliierten Fliegerangriff ums Leben.

Otto Georg Thierack, Hitlers Justizminister, nimmt sich im Oktober 1946 in der Haft das Leben; sein einstiger Staatssekretär Curt Rothenberger begeht im September 1959 ebenfalls Suizid. Thieracks ehemaliger Mitarbeiter Wolfgang Mettgenberg wird in Nürnberg zu zehn Jahren Zuchthaus verurteilt und stirbt im April 1950 im Landsberger Kriegsverbrechergefängnis.

Wilhelm Röttger drückt am 20. April 1945 ein letztes Mal den Auslöser, der das Fallbeil der Guillotine niedersausen lässt. Danach setzt er sich nach Northeim, etwa 90 Kilometer südlich von Hannover, ab, wohin zuvor seine Frau evakuiert worden war. Dass der neue Mitbürger insgesamt etwa 2000 Menschen enthauptet oder gehängt hat, ahnt in Northeim niemand. Als Röttger Anfang Mai 1946 einen Schlaganfall erleidet, wird er in ein Krankenhaus in Hannover eingewiesen. Dort stellt man fest, dass der Zweiundfünfzigjährige an Syphilis im fortgeschrittenen Stadium leidet. »Psychisch waren erhebliche Veränderungen festzustellen«, schreibt der behandelnde Arzt in seinem Bericht, »die in völliger Desorientierung, Zwangsweinen und dergl. zum Ausdruck kamen. Eine Entlassung aus dem Krankenhaus als Pflegefall war vorgesehen.«

Doch dann erhalten die *Hannoverschen Neuesten Nachrichten* Kenntnis von dem berüchtigten Patienten und veröffentlichen einen Artikel über den »Henker des 20. Juli«. Röttger wird verhaftet und in das Gefängniskrankenhaus verlegt, wo sich sein Zustand rapide verschlechtert. »Nach meinem Befund habe ich den Eindruck, dass bei R. die ›irdische Gerechtigkeit‹ zu spät kommt«, notiert der Anstaltsarzt. Wilhelm Röttger stirbt kurze Zeit später, am 6. September 1946 frühmorgens um 2 Uhr.

✳

Theo und Emmy Kreiten kehren 1950 aus dem elsässischen Obermodern nach Düsseldorf zurück und beziehen zusammen mit der Grand'maman Sophie eine Neubauwohnung in der Wasserstraße. Theo nimmt seine Lehrtätigkeit wieder auf und schreibt Musikkritiken, während seine Frau wie eh und je ein offenes Haus führt. Regelmäßig veranstalten die Kreitens Hauskonzerte, bitten zu Lesungen, begrüßen Künstler und Intellektuelle. Es dauert nicht lange, und das neue Heim ist einer der kulturellen Begegnungsorte der Stadt am Rhein.

Karlroberts Schwester Rosemarie lässt sich 1945 von Bruno Musolf scheiden und heiratet vier Jahre später Helfrid von Studnitz, einen ehemaligen Oberst der deutschen Panzertruppen, den sie in Russland kennengelernt hat. Doch auch diese Ehe hält nicht lange und wird 1953 geschieden. Rosemarie von Studnitz wandert ein Jahr später mit ihrem 1950 geborenen Sohn Gilbert nach Amerika aus, wo sie sich in Los Angeles niederlässt und einen Kunstverlag gründet. Nach Deutschland kehren sie und der kleine Gilbert in den Folgejahren regelmäßig zurück. Edgar Musolf,

Rosemaries Sohn aus erster Ehe, wächst derweil bei den Großeltern in Düsseldorf auf.

Theo Kreiten stirbt im Januar 1960, Sophie Liebergesell, die Grand'maman, im Jahr darauf und Rosemarie von Studnitz im September 1975 in Los Angeles. Emmy Kreiten bleibt bis zu ihrem Tod mit einundneunzig Jahren im Januar 1985 ein Teil der Düsseldorfer Gesellschaft.

*

Werner Höfer versteht die Welt nicht mehr! Als Gastgeber der Sendung »Internationaler Frühschoppen« hat er sich doch nun wirklich um den freiheitlichen Journalismus verdient gemacht, glaubt er. Seit August 1953 diskutiert er jeden Sonntag mit sechs Journalisten aus fünf Ländern die Lage der Welt im Allgemeinen und die Deutschlands im Besonderen. Da Höfer ausgesprochen eitel ist, geht es dabei auch immer um ihn selbst. Er lenkt die Plauderrunde, erteilt oder entzieht das Wort, fährt renommierten Kolleginnen und Kollegen charmant über den Mund und vollzieht sprachakrobatische Übergänge von einem Thema zum nächsten. Währenddessen wird geraucht und Moselwein getrunken. Werner Höfer und seine Sendung sind populär. Zur 1000. Ausgabe im März 1971 kommt sogar der damalige Bundeskanzler Willy Brandt ins Studio und gratuliert persönlich. Doch warum in Gottes Namen bringt der *Spiegel* nun diese alte Geschichte wieder aufs Tapet? Ausgerechnet jetzt – im Dezember 1987, kurz vor Weihnachten. Hat er, Höfer, nicht alles dazu gesagt?

In der Tat hat sich Werner Höfer in den zurückliegenden Jahren immer wieder zu seinem Wirken im »Dritten Reich«

geäußert. Als im Frühjahr 1962 Albert Norden, Mitglied des Politbüros des ZK der SED sowie oberster Propagandachef der DDR, Höfers Text über jenen »ehrvergessenen Künstler« ans Tageslicht brachte, reagierte der Autor mit einer Ehren-erklärung: Die Redaktion habe damals ohne sein Wissen und ohne seine Billigung Änderungen an seinen Texten vor-genommen. »Ich versage es mir auch, darauf zu verweisen, dass der Name und der Fall Kreiten überhaupt nicht er-wähnt sind.« Das ist das Narrativ, das Höfer über Jahrzehnte strapaziert, und die Verteidigungsstrategie funktioniert er-staunlich gut. Selbst als die *Bild am Sonntag* im Februar 1978 die mittlerweile vierundachtzigjährige Emmy Kreiten inter-viewt und diese sich mit dem Satz »Stünde Höfer heute vor mir – ich würde ihm die Tür weisen!« zitieren lässt, bleibt der Frühschöppner unbehelligt.

Dass es mit der Glaubwürdigkeit von Höfers Beteuerung nicht so weit her sein kann, hätte man gleichwohl nach der vollständigen Lektüre des besagten Artikels leicht erkennen können. Der Text steuert dramaturgisch zielgerichtet auf Karlroberts Fall zu. Ohne dessen Erwähnung würde die Pointe fehlen, der Beitrag bliebe Fragment. Man hätte es also bereits 1962 besser wissen können, doch damals schaute man nicht so genau hin. Ein Jahr nach dem Bau der Berliner Mauer wollte man es Albert Norden und der SED nicht zu-gestehen, einen geschätzten westdeutschen Journalisten zu Fall bringen zu können. Geschickt bläst Höfer in dieses Horn, wenn er jahrein, jahraus behauptet, dass man mit den Angriffen nicht ihn, sondern das liberale bundesrepublika-nische Fernsehen treffen wolle. Das ist Höfers Überlebens-garantie.

Im Dezember 1987 sind die Zeiten aber andere. Zwei Jahre zuvor führte Bundeskanzler Helmut Kohl den amerikanischen Präsidenten Ronald Reagan auf einen Soldatenfriedhof in Bitburg, auf dem neben deutschen Soldaten auch Angehörige der Waffen-SS bestattet sind. Als Versöhnungsgeste zwischen den ehemaligen Kriegsgegnern geplant, entwickelte sich diese Stippvisite zu einem Fiasko. Historiker warfen Kohl Geschichtsklitterung und Verharmlosung vor. Die Kontroverse dürfte jedenfalls noch präsent sein, als die Verantwortlichen des Westdeutschen Rundfunks, der den *Frühschoppen* produziert, am 14. Dezember 1987 in der neuen *Spiegel*-Ausgabe die öffentliche Demontage ihres Frontmanns lesen müssen. »Man muss, man darf ihm gar nichts glauben«, resümiert das Hamburger Magazin. Damit sind Höfers Tage an der Spitze des *Frühschoppens* gezählt. Hinzu kommt, dass er – mittlerweile vierundsiebzig Jahre alt – zunehmend altersstarr wirkt. Der WDR will ihn nur noch loswerden. Am 17. Dezember stellt Intendant Friedrich Nowottny dem Kollegen ein Ultimatum, fünf Tage später erklärt der seinen Rückzug: »Ich ersuche den WDR, sich und mir jedwede öffentliche Bekundung zu ersparen zu meinem 75. Geburtstag und bei meinem Ableben.« Werner Höfer stirbt im November 1997 in Köln.

∗

»Kannst du dir ein Leben mit mir vorstellen?«, fragt Adolf Friedländer die junge Frau im Lager Theresienstadt. Margot Bendheim nickt wortlos. Beide haben unfassbares Leid erfahren und werden in den folgenden mehr als fünfzig Jahren ihres gemeinsamen Lebens miteinander nie groß darüber sprechen.»Ja, wir hatten das Gleiche erlebt und mussten beide damit zurechtkommen, dass es unsere Angehörigen nicht geschafft hatten«, erinnert sich Margot.»Meinen Mann hat es unglaublich geschmerzt, dass er seiner Tante helfen konnte, aber nicht seiner Mutter. Sie kam in einen Waggon nach Auschwitz und hat nicht überlebt.« Margots Bruder Ralph, ihre Mutter sowie Rachela Meisner werden am 29. Januar 1943 nach Auschwitz deportiert. Die Mutter und Frau Meisner werden unmittelbar nach der Ankunft ermordet, Ralph stirbt knapp vier Wochen später, am 24. Februar. Zu dieser Zeit lebt die einundzwanzigjährige Margot bereits in Berlin im Untergrund, muss immer wieder ihre Unterkunft wechseln, schläft heute hier und morgen dort. Dreimal entkommt sie der Gestapo nur um Haaresbreite. Verhaftet wird sie im April 1944 schließlich von jüdischen»Greifern«, die für die Nazis arbeiten. Sie wird nach Theresienstadt deportiert, wo sie den elf Jahre älteren Adolf Friedländer kennenlernt. Nach der Befreiung besteigen die Eheleute Friedländer im Juli 1946 ein Schiff, das sie nach New York bringt. Beide wollen mit Deutschland nie wieder etwas zu tun haben. Margot findet in Amerika Arbeit als Änderungsschneiderin und später als Reiseagentin, Adolf hat Anstellungen bei jüdischen Organisationen.

Doch hin und wieder klingelt in New York das Telefon, und am anderen Ende der Leitung meldet sich dann Berlin. Dass der Anrufer in Deutschland ein Star ist, dessen Ausruf »Sie sind der Meinung ... das war spitze!« ganze Generationen begeistert, weiß Margot nur vom Hörensagen. In New York empfängt sie keine deutschen Sender. Und nach Deutschland zurückzureisen, sei es auch nur für einen kurzen Besuch, käme insbesondere für ihren Mann Adolf niemals infrage. Doch die Telefonate mit Hans sind immer etwas Besonderes. »Hans Rosenthal hat mir oft gesagt: ›Wer kannte Ralph nicht – er war doch der Primus.‹ Wir haben oft miteinander telefoniert nach dem Krieg. Wir haben uns immer über Ralph unterhalten, Erinnerungen ausgetauscht, Hans Rosenthal hat oft von seinen vielen Verstecken in Berlin erzählt, er ist ja auch untergetaucht wie ich.« Begegnet sind Margot und Hans sich nie, es bleibt eine Telefonfreundschaft zwischen der Alten und der Neuen Welt. Hans Rosenthal erliegt im Februar 1987 einem Krebsleiden – wenige Monate bevor Werner Höfer von seiner Vergangenheit eingeholt wird.

Als Adolf Friedländer Ende 1997 genau einen Monat nach Werner Höfer in New York stirbt, nimmt Margot ihr Leben noch einmal selbst in die Hand. Sechs Jahre später besucht sie auf Einladung des Berliner Senats erstmals wieder ihre Geburtsstadt. Es folgen weitere Reisen, und jedes Mal bleibt sie ein wenig länger, bis sie schließlich 2010 ihre Wohnung in New York aufgibt und wieder ganz nach Berlin zieht. Ihr neues Appartement in einem eleganten Seniorenheim organisiert sie sich selbst im Internet. Zu diesem Zeitpunkt ist Margot Friedländer achtundachtzig Jahre alt. In Deutschland angekommen, erzählt sie ihre Geschichte, die auch eine Chronik des Jahres 1943 ist. Sie liest aus ihrer Autobiografie *Versuche, dein Leben zu machen*, sie spricht regelmäßig vor Jugendlichen in Schulen, vor Journalisten und vielen anderen mehr. Mit erstaunlicher Vitalität baut sie neue Kontakte auf und pflegt diese. Im November 2021 feiert sie ihren einhundertsten Geburtstag mit einhundert Freunden. Drei

Jahre zuvor, als ihr die Berliner Ehrenbürgerwürde verliehen wird, sagt sie in ihrer Dankesrede: »Hitler, Göring und Goebbels waren ebenfalls Ehrenbürger. Heute würden sie sich im Grab umdrehen, wenn sie ein Grab hätten. Denn eine Jüdin, die sie nicht als Mensch anerkannt haben, die sie umbringen wollten, was ihnen fast gelungen wäre, wird heute Ehrenbürgerin.«

*

Was, wenn Karlrobert Kreiten dieses biblische Alter erreicht hätte? Vielleicht wäre sein hundertster Geburtstag im Juni 2016 ja groß gefeiert worden? Vielleicht hätte Bundespräsident Joachim Gauck für den bedeutendsten Pianisten unserer Zeit einen Empfang gegeben, man hätte den Jubilar geehrt und mit Orden ausgezeichnet. Vielleicht hätte sich der Meister anlässlich seines Jubeltages ja sogar selbst an den Flügel gesetzt. Vielleicht. Man kann es sich gut vorstellen. Doch die Geschichte hat es anders gemeint.

Anlässlich von Karlroberts einhundertstem Geburtstag veröffentlicht ein Kölner Musiklabel eine CD mit seinen sämtlichen erhalten gebliebenen Aufnahmen, die zwischen 1934 und 1938 im Düsseldorfer »Institut für Phonotechnik« entstanden. Es ist Klavierspiel aus einer anderen Zeit: virtuos und poetisch zugleich, frei und voll jugendlichem Elan. Man versteht, warum Karlroberts Lehrer Claudio Arrau seinen Schüler als Genie pries und warum das Publikum dem Künstler zu Füßen lag. Hört man dann Frédéric Chopins melancholisches *Nocturne* bis zum Ende, glaubt man seinen Ohren nicht zu trauen. Plötzlich erklingt die Stimme eines jungen Mannes, die aus dem Jenseits zu kommen scheint.

In vollendetem rheinischem Singsang sagt er: »Ich spielte Nocturne cis-Moll von Chopin. Karlrobert Kreiten, Düsseldorf, Oktober 1934.«

Dank

Bei meiner Arbeit habe ich manche Hilfe erfahren, für die ich herzlich Dank sagen möchte, insbesondere den Mitarbeiterinnen und Mitarbeitern der konsultierten Archive und Sammlungen. Mein besonderer Dank gilt Dr. Stefan Kames, Gilbert von Studnitz sowie Prof. Dr. Johannes Tuchel für wertvolle Hinweise und Anregungen. Ich bedanke mich bei Jens Dehning vom Siedler Verlag, bei meinem Lektor Dr. Ludger Ikas und bei meiner Agentin Barbara Wenner. Zuletzt gilt mein Dank den kritischen Lesern des werdenden Manuskripts, allen voran Peter Franzek.

Anmerkungen

Stalingrad

Seite 13: »**Ich habe das Gefühl**«: Zit. nach: Theo Kreiten, *Wen die Götter lieben. Erinnerungen an Karlrobert Kreiten*, Düsseldorf 1947, S. 28.

Seite 15: »**Meine Lebenslinie**«: Ebd., S. 34.

Seite 16: »**er sehr dumm**«: Thomas Mann, *Tagebücher 1940–1943*, Frankfurt/Main 1982, S. 515.

Seite 16: »**Wie dieser korrupte**«: Ebd., S. 519.

Seite 16 f.: »**Die Exekutionen sind**«: Durchführungsbestimmungen für Exekutionen, Arolsen Archives, International Tracing Service, 0.4, 075/0767a.

Seite 17: »**In einer Bäckerei**«: Victor Klemperer, *Tagebücher 1943*, Berlin 1999, S. 6.

Seite 18: »**Werden ›sie‹ heute kommen?**«: Victor Klemperer, *Tagebücher 1942*, Berlin 1999, S. 215 f.

Seite 18: »**Mir fällt ein**«: ebd.

Seite 19: »**Was jemand willentlich**«: Victor Klemperer, *LTI. Notizbuch eines Philologen*, Stuttgart 2020, S. 20.

Seite 19: »**Das ist mein Heldentum**«: Klemperer, *Tagebücher 1942*, S. 99.

Seite 20: »**Jäckchen zu jeder Tageszeit**«: *Die Dame*, Januar 1943, S. 14.

Seite 20: »**An der Wolga**«: Jens Ebert (Hrsg.), *Feldpostbriefe aus Stalingrad*, Göttingen 2003, S. 274.

Seite 22: **»Eine Kapitulation der 6. Armee«:** Torsten Diedrich, *Stalingrad 1942/1943*, Stuttgart 2018, S. 90.

Seite 22: **»Die Geburtstagsartikel«:** Bundesarchiv Berlin, ZSG 102.

Seite 22: **»Geburtstag«:** Hermann Göring, Tagebuch Januar 1943, Institut für Zeitgeschichte München, Archiv, ED 180, Bd. 6.

Seite 23: **Spätestens seit Mitte 1942:** Vgl. Alfred Kube, *Pour le mérite und Hakenkreuz. Hermann Göring im Dritten Reich*, München 1987, S. 324 ff.

Seite 24: **Der Reichsmarschall flüchtet:** Vgl. Eitel Lange, *Der Reichsmarschall im Kriege*, Stuttgart 1950, S. 150 f.

Seite 27: **Adolf Hitler, der sich im Führerhauptquartier:** Die Schilderung des Ablaufs orientiert sich an: Lange, *Der Reichsmarschall im Kriege*, S. 161 f.

Seite 29: **»Wir beide wissen«:** Jürgen Matthäus und Frank Bajohr (Hrsg.): *Alfred Rosenberg. Die Tagebücher von 1934 bis 1944*, Frankfurt/Main 2015, S. 467.

Seite 29: **»zur Ausgestaltung«:** Ernst Piper, *Alfred Rosenberg. Hitlers Chefideologe*, München 2005, S. 561.

Seite 30: **»aber wir wollen«:** Samuel I. Rosenman (Hrsg.), *The public papers and addresses of Franklin D. Roosevelt*, 1943 Volume, New York 1950, S. 80.

Seite 30: **»Unser Nachrichtendienst«:** Elke Fröhlich (Hrsg.), *Die Tagebücher von Joseph Goebbels*, Teil II, Bd. 7, München 1993, S. 208 f.

Seite 31: **»In der Bevölkerung«:** Heinz Boberach (Hrsg.), *Meldungen aus dem Reich. Die geheimen Lageberichte des Sicherheitsdienstes der SS 1938–1945*, Bd. 12, Herrsching 1984, S. 4735.

Seite 33: **»Meine Mutter …?«:** Margot Friedländer, *»Versuche, dein Leben zu machen«. Als Jüdin versteckt in Berlin*, Reinbek 2010, S. 108.

Seite 34: **»Sie ist gegangen«:** Ebd., S. 109.

Seite 35: **»Bitte erschrecke nicht«:** Ebert (Hrsg.), *Feldpostbriefe aus Stalingrad*, S. 312 f.

Seite 37: **»Leider lässt Göring«:** Fröhlich (Hrsg.), *Die Tagebücher von Joseph Goebbels*, Teil II, Bd. 7, S. 229.

Seite 37: »**Was dort unsere Grenadiere**«: Peter Krüger, »Etzels Halle und Stalingrad. Die Rede Görings vom 30.1.1943«, in: Joachim Heinzle und Anneliese Waldschmidt (Hrsg.), *Die Nibelungen, ein deutscher Wahn, ein deutscher Albtraum. Studien und Dokumente zur Rezeption des Nibelungenstoffs im 19. und 20. Jahrhundert*, Frankfurt/Main 1991, S. 151 ff.

Seite 38: »**Die Rede Görings**«: Fröhlich (Hrsg.), *Die Tagebücher von Joseph Goebbels*, Teil II, Bd. 7, S. 235.

Seite 38: »**Haarsträubende Botschaft**«: Mann, *Tagebücher. 1940– 1943*, S. 531.

Die Rede

Seite 44: »**Worum sich diese Herren**«: Fröhlich (Hrsg.), *Die Tagebücher von Joseph Goebbels*, Teil II, Bd. 7, S. 245.

Seite 44: »**Die ganze Öffentlichkeit**«: Ebd., S. 280.

Seite 44: »**Er vertritt hier**«: Ebd., S. 290.

Seite 45: »**Für den Ausdruck**«: Bundesarchiv Berlin, ZSG 102.

Seite 45 f.: »**Verstecken Sie mich**«: Ruth Andreas-Friedrich, *Der Schattenmann. Tagebuchaufzeichnungen 1938–1945*, Frankfurt/ Main 1986, S. 27.

Seite 48: »**Wir fürchten uns so**«: Ebd., S. 100 f.

Seite 50: »**Ein hübsches Blüschen**«: *Die Dame*, Februar 1943, S. 19.

Seite 53: »**Und ich habe Deutschland**«: Werner Maser und Harald Poelchau, *Der Mann, der tausend Tode starb*, Rastatt 1982, S. 116.

Seite 54: »**Damit glaube ich**«: Sönke Zankel, »Vom Helden zum Hauptschuldigen – Der Mann, der die Geschwister Scholl festnahm«, in: Elisabeth Kraus (Hrsg.), *Die Universität München im Dritten Reich*, Aufsätze. Teil I, München 2006, S. 584.

Seite 55: »**Ich verhafte Sie!**«: Maren Gottschalk, *Wie schwer ein Menschenleben wiegt. Sophie Scholl. Eine Biografie*, München 2020, S. 282 f.

Seite 55: »**Erschüttert steht unser Volk**«: Inge Scholl (Hrsg.), *Die Weiße Rose*, Frankfurt/Main 1993, S. 96.

Seite 57: **»Jedes Mittel ist mir recht«**: Fröhlich (Hrsg.), *Die Tagebücher von Joseph Goebbels*, Teil II, Bd. 7, S. 336 f.

Seite 58: **»Ausschnitt aus dem ganzen deutschen Volke«**: Zur Sportpalast-Rede siehe: Günter Moltmann, »Goebbels' Rede zum totalen Krieg am 18. Februar 1943«, in: *Vierteljahreshefte für Zeitgeschichte*, Bd. 12, 1964, Heft 1, S. 13–43; hier auch die folgenden Zitate.

Seite 59: **»Diese Stunde der Idiotie!«**: Curt Rieß, *Joseph Goebbels. Eine Biographie*, Baden-Baden 1950, S. 356.

Seite 60: **»Haben Sie bemerkt?«**: Albert Speer, *Erinnerungen*, Berlin 2007, S. 269.

Seite 60: **»die Meinung vertreten«**: Fröhlich (Hrsg.), *Die Tagebücher von Joseph Goebbels*, Teil II, Bd. 7, S. 375.

Seite 62: **»Es war unsere Überzeugung«**: Ulrich Chaussy und Gerd R. Ueberschär, *»Es lebe die Freiheit!« Die Geschichte der Weißen Rose und ihrer Mitglieder. Ergänzt um historische Dokumente*, Frankfurt/Main 2013, S. 230 ff.

Seite 62: **»Von meinem Standpunkt«**: Ebd., S. 254.

Seite 62: **»Das Auslandsecho«**: Bundesarchiv Berlin, ZSG 102.

Seite 63: **Wer vor dem von Freisler**: Walter Wagner, *Der Volksgerichtshof im nationalsozialistischen Staat. Mit einem Forschungsbericht für die Jahre 1974 bis 2010 von Jürgen Zarusky*, München 2011, S. 946.

Seite 63 f.: **»Dr. Freisler hat sich«**: Staatsarchiv Nürnberg, Nürnberger Prozessdokument NG 797.

Seite 64: **»krankhaften Pathologen«**: Susanne Schott, *Curt Rothenberger. Eine politische Biographie*, Univ. Diss., Halle 2001, S. 157.

Seite 64: **»abnormen Neigungen«**: Wagner, *Der Volksgerichtshof im nationalsozialistischen Staat*, S. 1005.

Seite 64: **»Würde des Gerichts«**: Günter Gribbohm, »Der Volksgerichtshof«, in: *Juristische Schulung*, 1969, S. 60.

Seite 64: **»Der Volksgerichtshof wird sich«**: Roland Freisler an Adolf Hitler, 15. Oktober 1942, zit. nach: Helmut Ortner, *Der Hinrichter. Roland Freisler, Mörder im Dienste Hitlers*, Wien 1993, S. 141.

Seite 64 f.: **bolschewistischer Lebensmittelkommissar:** Vgl. *Die Justiz. Monatsschrift für Erneuerung des deutschen Rechtswesens,* Bd. VII, Heft 10/11, Berlin 1932, S. 474 f.

Seite 65: **»ja in seiner ganzen Art«:** Henry Picker (Hrsg.), *Hitlers Tischgespräche im Führerhauptquartier,* Stuttgart 1976, S. 159.

Seite 65: **»Affentheater«:** Chaussy und Ueberschär, *»Es lebe die Freiheit!«,* S. 97.

Seite 65: **»Was wir schrieben«:** Scholl (Hrsg.), *Die Weiße Rose,* S. 197.

Seite 66: **»Da standen Menschen«:** Ebd., S. 191.

Seite 66: **»In dieser Pause«:** Ebd., S. 193.

Seite 66: **»Heute hängt ihr uns«:** Ebd., S. 185.

Seite 66: **»Ihr werdet in die Geschichte«:** Ebd., S. 65.

Seite 67: **»In wenigen Minuten«:** Ebd., S. 66.

Seite 68: **»Getan haben wir«:** Nina Schröder, *Hitlers unbeugsame Gegnerinnen. Der Frauenaufstand in der Rosenstraße,* München 2001, S. 82.

Seite 68 f.: **»Die Evakuierung der Juden«:** Fröhlich (Hrsg.), *Die Tagebücher von Joseph Goebbels,* Teil II, Bd. 7, S. 528.

Seite 69: **»Beachte zu LTI«:** Klemperer, *Tagebücher 1943,* S. 37.

Lützowufer

Seite 75: **»Mit dem vorliegenden Heft«:** *Die Dame,* März 1943, S. 1.

Seite 75: **»Ich werde ab heute«:** Erich Kästner, *Das blaue Buch. Geheimes Kriegstagebuch 1941–1945,* Zürich 2018, S. 43.

Seite 76: **»Wenn die Engländer«:** Ebd., S. 281.

Seite 76: **»Verdunklungserleichterung«:** Laurenz Demps (Hrsg.), *Luftangriffe auf Berlin. Die Berichte der Hauptluftschutzstelle 1940–1945,* Berlin 2012, S. 418.

Seite 76: **»In der vergangenen Nacht«:** Ebd., S. 426.

Seite 77: **»Die Engländer haben«:** Andreas-Friedrich, *Der Schattenmann,* S. 103.

Seite 81: **»Martha Liebermann musste«:** Ursula von Mangoldt, *Auf der Schwelle zwischen Gestern und Morgen. Begegnungen und Erlebnisse,* Weilheim 1963, S. 114.

Seite 82: »**Mittel zur Führung**«: Elke Fröhlich (Hrsg.), *Die Tagebücher von Joseph Goebbels*, Teil II, Bd. 3, München 1994, S. 525.

Seite 83: »**Die Gagen müssen herunter**«: Elke Fröhlich (Hrsg.), *Die Tagebücher von Joseph Goebbels*, Teil I, Bd. 4, München 2000, S. 185.

Seite 85: **Als Reichsfilmintendant Fritz Hippler:** Vgl. Kästner, *Das blaue Buch*, S. 85.

Seite 85: »**Was ist?**«: Willi Berthold, *Die 42 Attentate auf Adolf Hitler*, Wien 1997, S. 194.

Seite 87: »**Hitler essen zu sehen**«: Fabian von Schlabrendorff, *Offiziere gegen Hitler*, Frankfurt/Main 1959, S. 96.

Seite 89: »**Da ist mir ein Missgeschick**«: Fabian von Schlabrendorff, *Begegnungen in fünf Jahrzehnten*, Tübingen 1979, S. 229.

Seite 90: »**Ich hatte dabei**«: Ebd.

Seite 95: »**Die Engländer sind noch**«: Das folgende Gespräch wurde mittels der Strafprozessakten des Oberreichsanwalts beim Volksgerichtshof rekonstruiert. Vgl.: Bundesarchiv Berlin, R 3017/20099.

Seite 98 f.: »**Ist es nicht etwas Ungeheuerliches**«: Rudolf-Christoph Freiherr von Gersdorff, *Soldat im Untergang*, Frankfurt/Main 1977, S. 129.

Seite 102: »**Heute hätte ich den Adolf**«: Ebd., S. 132 f.

Seite 102: »**Abend-Nachrichten**«: Mann, *Tagebücher 1940–1943*, S. 554.

Seite 103: »**das Idealbild**«: Friedrich Lambart (Hrsg.), *Tod eines Pianisten. Karlrobert Kreiten und der Fall Werner Höfer*, Berlin 1988, S. 247.

Seite 103 f.: »**die zentrale Herzkammer**«: Ebd., S. 137.

Seite 106: »**Karlrobert Kreiten, der junge Wundermann**«: *Berliner illustrierte Nachtausgabe*, 23. März 1943.

Seite 107: »**Was soll ich damit?**«: Wiebke Tomescheit, »Robert Dorsay: Der Mann, der wegen eines Witzes sterben musste«, in: *Stern*, 23. August 2022.

Seite 107: »**Hansi, bei uns**«: Hans Rosenthal, *Zwei Leben in Deutschland*, Bergisch Gladbach 1980, S. 60 f.

Trügerische Ruhe

Seite 113: **»wissenschaftliche Hilfsarbeiterin«:** Bundesarchiv Berlin, R 55/22729: Personalfragebogen Christine von Passavant.

Seite 113: **Tiny Debüser war:** Vgl. Ernst Krenek, *Im Atem der Zeit. Erinnerungen an die Moderne*, Wien 2012, S. 749.

Seite 115: **»die jüdischen Mitkameraden«:** Klemperer, *Tagebücher 1943*, S. 150.

Seite 115 f.: **»Mir ist es nicht«:** Ebd., S. 55.

Seite 117: **»Ganz unten stand ich«:** Rosenthal, *Zwei Leben in Deutschland*, S. 63.

Seite 118: **»Ein zeitloses Aussehen«:** *Elegante Welt*, März 1943, S. 41.

Das ungespielte Konzert

Seite 125: **»Vor etwa zwei Jahren«:** Vernehmungsprotokoll Karlrobert Kreiten, 4. Mai 1943, Landesarchiv NRW, Abt. Rheinland, RW 0058 Nr. 36180; hier auch die folgenden Zitate.

Seite 127: **»Der Beschuldigte machte«:** Ebd.

Seite 127: **»Die Lage im Warschauer Ghetto«:** Elke Fröhlich (Hrsg.), *Die Tagebücher von Joseph Goebbels*, Teil II, Bd. 8, München 1993, S. 206.

Seite 129: **»Ach, Sie sind die Mutter«:** Aussage Emmy Kreiten, 16. März 1948, Landesarchiv NRW, Abt. Rheinland, Gerichte Rep. 231 Nr. 88.

Seite 131: **»Auf Grund des § 1«:** Landesarchiv NRW, Abt. Rheinland, RW 0058 Nr. 36180.

Seite 131: **»Ach Emmychen«:** Aussage Emmy Kreiten, 16. März 1948, Landesarchiv NRW, Abt. Rheinland, Gerichte Rep. 231 Nr. 88.

Seite 132: **»Diese war äußerst empört«:** Emmy Kreiten, Eidesstattliche Versicherung, undatiert, Landesarchiv NRW, Abt. Rheinland, Gerichte Rep. 231 Nr. 88.

Seite 133: **»Die haben mich dazu«:** Aussage Emmy Kreiten, 16. März

1948, Landesarchiv NRW, Abt. Rheinland, Gerichte Rep. 231 Nr. 88.

Seite 134: »Wer hat Ihnen denn«: Ebd.

Seite 141 f.: »Sie sind mein Nachfolger«: Rudolf Goldschmit-Jentner an Walter Hammer, 4. Juni 1953, Institut für Zeitgeschichte München, Archiv, ED 106/53-35.

Seite 142: »Nehmen Sie doch«: Ebd.

Seite 142: ein Oberhemd: Gestapo-Einlieferungsbogen Karlrobert Kreiten, Landesarchiv Baden-Württemberg/Generallandesarchiv Karlsruhe, 503 Nr. 85.

Seite 144: »1. Wecken«: Das »Hausgefängnis« der Gestapo-Zentrale in Berlin. Terror und Widerstand 1933–1945, Berlin 2005, S. 41.

Seite 147: »In zahlreichen vorliegenden«: Boberach (Hrsg.), Meldungen aus dem Reich, Bd. 13, S. 5267.

Seite 148: Kriminalrat Otto Prochnow: Zur Biografie Prochnows: Bundesarchiv Berlin, R 9361-III/155678 und R 9361-III/548557.

Seite 149: »Habe 1000 Dank«: Karlrobert Kreiten an Emmy Kreiten, 29. Mai 1943, Stadtmuseum Düsseldorf, Nachlass Kreiten.

Seite 149: »Gestern Sonntag«: Emmy Kreiten an Karlrobert Kreiten, 31. Mai 1943, ebd.

Enttäuschte Hoffnungen

Seite 155: »Auf Ellens Frage«: Abhörprotokoll, 1. Juni 1943, Landesarchiv NRW, Abt. Rheinland, RW 0058 Nr. 36180.

Seite 156: »Wer flüstert, lügt«: Vgl. Klemperer, Tagebücher 1943, S. 88.

Seite 157: »Anbei 1 Briefchen«: Emmy Kreiten an Karlrobert Kreiten, 2. Juni 1943, Stadtmuseum Düsseldorf, Nachlass Kreiten.

Seite 157: »Wieder einmal habe ich mich«: Karlrobert Kreiten an Emmy Kreiten, 3. Juni 1943, ebd.

Seite 158: »Mittags: Kirschsaft«: Speiseplan von Adolf Hitler, Dokumentationszentrum Obersalzberg, Berchtesgaden.

Seite 158: »die Sache stehe«: Abhörprotokoll, 8. Juni 1943, Landesarchiv NRW, Abt. Rheinland, RW 0058 Nr. 36180.

Seite 159: »**Mütterlicherseits**«: Otto Prochnow an Staatspolizeileitstelle Düsseldorf, 4. Juni 1943, Landesarchiv NRW, Abt. Rheinland, RW 0058 Nr. 36180.

Seite 159: »**Von einem Ausländer**«: NSDAP Gauleitung Düsseldorf an den Landeskulturwalter Gau Düsseldorf, 20. August 1940, Bundesarchiv Berlin, R 9361-V/25878.

Seite 159: »**Dem Kreiten wird nachgesagt**«: Geheime Staatspolizei Düsseldorf an den Präsidenten der Reichsschrifttumskammer, 27. Februar 1941, Bundesarchiv Berlin, R 9361-V/25878.

Seite 159: »**Weitere Mitteilung**«: Gaustabsamtsleiter von der Lippe an Wilhelm Raupp, 4. Juni1943, Landesarchiv NRW, Abt. Rheinland, RW 0058 Nr. 36180.

Seite 159 f.: »**Vielleicht kann Ihr Gatte**«: Herbert Eulenburg an Magda Goebbels, Abschrift, Bundesarchiv Koblenz, N 1253: Nachlass Kurt Behling.

Seite 160: »**Jennylein**«: Wilfried Kugel, *Der Unverantwortliche. Das Leben des Hanns Heinz Ewers*, Düsseldorf 1992, S. 379.

Seite 161: »**Tantiemensadist**«: Theobald Tiger (d. i. Kurt Tucholsky), »Literatur-Walzer«, in: *Die Weltbühne*, 18.11.1920, Nr. 47, S. 586.

Seite 161: »**parfümierten Salonsadisten**«: Peter Panter (d. i. Kurt Tucholsky), »In der Strafkolonie«, in: *Die Weltbühne*, 3. Juni 1920, Nr. 23, S. 655.

Seite 162: »**Perverse Schweinerei!**«: Elke Fröhlich (Hrsg.), *Die Tagebücher von Joseph Goebbels*, Teil I, Bd. 2/III, München 2006, S. 255.

Seite 162: »**Er ist ein alter Mann**«: Martha Dodd, *Nice to meet you, Mr. Hitler! Meine Jahre in Deutschland 1933 bis 1937*, Berlin 2005, S. 96.

Seite 162 f.: »**Über das Auftreten**«: Bundesarchiv Berlin, ZSG 102.

Seite 163: »**sehr rigoros vorgehen**«: Fröhlich (Hrsg.), *Die Tagebücher von Joseph Goebbels*, Teil II, Bd. 7, S. 211.

Seite 163: »**Offenbar würden Lokale**«: Boberach (Hrsg.), *Meldungen aus dem Reich*, Bd. 13, S. 5066.

Seite 163: »**Die Imperator-Bar**«: Vgl. etwa: *Berliner illustrierte Nachtausgabe*, 12. Juli 1943.

Seite 164 f.: »**der größte Jazztempel**«: Knud Wolffram, »Ein Bulgare in Berlin. Die Geschichte des Lubo D'Orio«, in: *Fox auf 78*, Frühjahr 1990, S. 9.

Seite 165: **Als er vor ein paar Jahren:** Vgl. Bundesarchiv Berlin, R 9361-V/84018.

Seite 165: **»Die Behandlung des Themas«:** Bundesarchiv Berlin, ZSG 102.

Seite 165: **»Die Zeit wird mir«:** Emmy Kreiten an Karlrobert Kreiten, 23. Juni 1943, Stadtmuseum Düsseldorf, Nachlass Kreiten.

Seite 166: **»Der kriegt einen Genickschuss«:** Klemperer, *Tagebücher 1943*, S. 100.

Seite 166: **»Heute ist Dein Geburtstag«:** Sophie Liebergesell an Karlrobert Kreiten, 26. Juni 1943, Stadtmuseum Düsseldorf, Nachlass Kreiten.

Seite 166: **»sie müssen sofort«:** Sophie Liebergesell an Karlrobert Kreiten, 24. Juni 1943, ebd.

Seite 166: **»Die feinen Sachen«:** Karlrobert Kreiten an seine Familie, 1. Juli 1943, ebd.

Seite 167: **»Leider ist der Besuch«:** Fröhlich (Hrsg.), *Die Tagebücher von Joseph Goebbels*, Teil II, Bd. 8, S. 553.

Seite 168: **»ein Riese«:** Elke Fröhlich (Hrsg.), *Die Tagebücher von Joseph Goebbels*, Teil I, Bd. 3/II, München 2001, S. 61.

Seite 168: **»ein gottbegnadeter Erzähler«:** Elke Fröhlich (Hrsg.), *Die Tagebücher von Joseph Goebbels*, Teil I, Bd. 2/II, München 2004, S. 58.

Seite 168: **»der genialste«:** Ebd., S. 205.

Seite 168: **»Fabelhaft!«:** Elke Fröhlich (Hrsg.), *Die Tagebücher von Joseph Goebbels*, Teil I, Bd. 1/III, München 2004, S. 74.

Seite 168: **»Wenn die Regierung«:** Tore Rem, *Knut Hamsun. Die Reise zu Hitler*, Berlin 2016, S. 95.

Seite 168: **»diesen Narren«:** Ebd., S. 99.

Seite 169: **»Ich kenne niemanden«:** Ebd., S. 238.

Seite 169: **»Reformator«:** Ebd., S. 216.

Seite 170: **»Ich fühle mich«:** Ebd., S. 274.

Seite 171: **»Die Art des Reichskommissars«:** Ebd., S. 281.

Seite 171: **»Ja, dann, meine Herren«:** Ebd., S. 284 f.

Seite 171: »**Es ist außerordentlich**«: Elke Fröhlich (Hrsg.), *Die Tagebücher von Joseph Goebbels*, Teil II, Bd. 9, München 1993, S. 42.

Tanz am Abgrund

Seite 179: »**Warum muss ich**«: Klaus Riehle, *Pál Kiss. Gefangener
Nr. 193272*, Wien 2017, S. 35.

Seite 179: »**Das habt Ihr fein gemacht**«: Karlrobert Kreiten an seine
Familie, 8. Juli 1943, Stadtmuseum Düsseldorf, Nachlass Kreiten.

Seite 181: **Oft sind es:** Vgl. Michael H. Kater, *Gewagtes Spiel. Jazz im
Nationalsozialismus*, München 1998, S. 220.

Seite 181: **Aus dem Song:** Vgl. Coco Schumann, *Der Ghetto-Swinger.
Eine Jazzlegende erzählt*, München 1998, S. 44 f.

Seite 181: **Wenn die Beamten:** Vgl. Tina Hüttl und Alexander
Meschnig, *Uns kriegt ihr nicht. Als Kinder versteckt – jüdische
Überlebende erzählen*, München 2013, S. 137.

Seite 182: »**Haben Sie später**«: Schumann, *Der Ghetto-Swinger*,
S. 53.

Seite 183: »**Die Musik ist zwar**«: Fröhlich (Hrsg.), *Die Tagebücher
von Joseph Goebbels*, Teil II, Bd. 8, S. 320.

Seite 187: »**Er hat eine Reihe von**«: Ebd., S. 387.

Seite 188: »**Der Führer will ihm**«: Ebd., S. 536.

Seite 188: »**Der Krach zwischen**«: Fröhlich (Hrsg.), *Die Tagebücher
von Joseph Goebbels*, Teil II, Bd. 9, S. 94.

Seite 188 f.: »**Mein lieber Bub**«: Emmy Kreiten an Karlrobert Kreiten, 17. Juli 1943, Stadtmuseum Düsseldorf, Nachlass Kreiten.

Seite 189: »**Sehr freundlich**«: Klemperer, *Tagebücher 1943*, S. 108.

Seite 189 f.: »**Nach Eurem Besuch**«: Karlrobert Kreiten an seine
Familie, 22. Juli 1943, Stadtmuseum Düsseldorf, Nachlass Kreiten.

Agonie

Seite 195: »**Über Berlin liegt**«: Fröhlich (Hrsg.), *Die Tagebücher von
Joseph Goebbels*, Teil II, Bd. 9, S. 195.

Seite 196: **»Die Ereignisse in dieser Woche«:** Boberach (Hrsg.), *Meldungen aus dem Reich*, Bd. 14, S. 5577.

Seite 196: **»Die Engländer machen sich«:** Fröhlich (Hrsg.), *Die Tagebücher von Joseph Goebbels*, Teil II, Bd. 9, S. 311.

Seite 197: **»Habt ihr ein Butterbrot«:** Kreiten, *Wen die Götter lieben*, S. 53.

Seite 197: **»Mama sah in letzter Zeit«:** Rosemarie Musolf an Karlrobert Kreiten, 15. August 1943, Stadtmuseum Düsseldorf, Nachlass Kreiten.

Seite 198: **»Was würden Sie wohl«:** »Freisler verstand ihn nicht«, in: *Der Spiegel*, Nr. 51/1947.

Seite 199: **»So froh wir waren«:** Emmy Kreiten an Karlrobert Kreiten, 6. August 1943, Stadtmuseum Düsseldorf, Nachlass Kreiten.

Seite 200: **»Berliner! Berlinerinnen!«:** Andreas-Friedrich, *Der Schattenmann*, S. 111.

Seite 200: **»Auf dem Heimweg«:** Klemperer, *Tagebücher 1943*, S. 122.

Seite 201 f.: **»An einem Tag erhielt«:** Karlrobert Kreiten an seine Familie, 20. August 1943, Stadtmuseum Düsseldorf, Nachlass Kreiten.

Seite 202: **»Für den Begriff«:** Bundesarchiv Berlin, ZSG 102.

Seite 202 f.: **»Verdunkelungserleichterung«:** Demps (Hrsg.), *Luftangriffe auf Berlin*, S. 531.

Seite 203: **»Der neue Gruß«:** Kästner, *Das blaue Buch*, S. 131.

Seite 203: **»Die militärischen Ereignisse«:** Boberach (Hrsg.), *Meldungen aus dem Reich*, Bd. 14, S. 5675.

Seite 203: **»Wer zehn neue Leute«:** Klemperer, *Tagebücher 1943*, S. 125.

Seite 204: **»Zersetzung der Wehrkraft«:** »Verordnung über das Sonderstrafrecht im Kriege und bei besonderem Einsatz«, 17. August 1938, in: *Reichsgesetzblatt I*, S. 1455–1457.

Seite 205: **Erst vor wenigen Tagen:** Vgl. Wagner, *Der Volksgerichtshof im nationalsozialistischen Staat*, S. 281 f.

Seite 206: **»um Jahre älter gemacht«:** Rosenthal, *Zwei Leben in Deutschland*, S. 75 f.

Seite 206: **»Wenn die Piloten«:** Ebd., S. 64.

Plötzensee

Seite 211: »**Ich beantrage**«: Anklageschrift gegen Karlrobert Kreiten, 1. September 1943, Bundesarchiv Berlin, R 3017/4240.

Seite 212: »**Ein neues Tischgebet**«: Kästner, *Das blaue Buch*, S. 134.

Seite 212 f.: »**Ladung zu der**«: Vorladung, 2. September 1943, Gedenkstätte Deutscher Widerstand, Gefangenenakte Karlrobert Kreiten.

Seite 214: »**Der Volksgerichtshof glaubt**«: Strafprozessakte Erich Perbandt, Bundesarchiv Berlin, R 3017/5416.

Seite 216: **Nachdem der Vorsitzende die Personalien:** Die im Folgenden geschilderte Szene im Gerichtssaal basiert auf: Strafprozessakte Karlrobert Kreiten, Bundesarchiv Berlin, R 3017/4240.

Seite 219: »**Aus gegebenem Anlass**«: Bundesarchiv Berlin, ZSG 102.

Seite 220 f.: »**Verdunkelungserleichterung**«: Demps (Hrsg.), *Luftangriffe auf Berlin*, S. 575.

Seite 221: »**Im Laufe des Angriffs**«: Fröhlich (Hrsg.), *Die Tagebücher von Joseph Goebbels*, Teil II, Bd. 9, S. 423.

Seite 222: »**Todesurteile bedürfen**«: Karl Doerner (Hrsg.), *Reichsstrafprozessordnung. Nebst Gerichtsverfassungsgesetz und den wichtigsten Nebengesetzen*, Berlin 1943, S. 198.

Seite 223: »**Der Führer betonte**«: Hans Heinrich Lammers an Otto Georg Thierack, 17. August 1943, Bundesarchiv Berlin, R 22/1318.

Seite 224: »**Ich wollte sehen**«: Staatsarchiv Nürnberg, Nürnberger Prozessdokument NG 696.

Seite 225: »**Nach dem Ergebnis der Besichtigung**«: Staatsarchiv Nürnberg, Nürnberger Prozessdokument NG 213.

Seite 226: »**Todesstrafe**«: Gedenkstätte Deutscher Widerstand, Gefangenenakte Karlrobert Kreiten.

Seite 226: **Das Gespräch verläuft:** Vgl. die Schilderung der Ereignisse bei: Joseph Dolezal, *Im Todeshaus. Oberregierungsrat Paul Vacano*, Berlin 2013.

Seite 227: »**Aber das ist doch Wahnsinn!**«: »Die Nacht als die Henker kamen«, in: *Bunte*, 15. Mai 1985, S. 174.

Seite 228: »**Ich habe daraufhin**«: Aussage Heinz Drewes, 17. Juli 1947, Landesarchiv NRW, Abt. Rheinland, Gerichte Rep. 231 Nr. 88.

Seite 228: »**Sie hängen alle auf**«: Victor von Gostomski und Walter Loch, *Der Tod von Plötzensee*, Meitingen 1969, S. 23.

Seite 229: »**Einmal hörte ich**«: »An der Richtstätte kein Hitler-Gruß«, in: *Der Spiegel*, Nr. 8/1979.

Seite 230 f.: »**Liebe Freunde**«: »Die Nacht als die Henker kamen«, in: *Bunte*, 15. Mai 1985, S. 174.

Seite 231: »**Diese eine Versicherung**«: Kreiten, *Wen die Götter lieben*, S. 64.

Seite 233: **Ein Beamter notiert**: Vgl. Landesarchiv Berlin, P Rep. 559 Nr. 46.

Seite 235: »**Mein Sohn Karlrobert**«: Gedenkstätte Deutscher Widerstand, Gefangenenakte Karlrobert Kreiten.

Seite 236: **Als der Justizbeamte**: Vgl. Staatsarchiv Nürnberg, Nürnberger Prozessdokument NG 435.

Seite 237: »**Am 7. September**«: »Zum Tode verurteilt. Wegen Feindbegünstigung«, in: *12 Uhr Blatt*, 15. September 1943, S. 2.

Seite 237: »»**Kraft**‹ – nicht ›Macht‹«: Klemperer, *Tagebücher 1943*, S. 130.

Seite 237: »**Die in den letzten Tagen**«: Boberach (Hrsg.), *Meldungen aus dem Reich*, Bd. 15, S. 5775 f.

Seite 239 f.: »**Wie unnachsichtig jedoch**«: Werner Höfer, »Künstler – Beispiel und Vorbild«, in: *12 Uhr Blatt*, 20. September 1943.

Seite 240: »**Nach dem Nachtdienst**«: Klemperer, *Tagebücher 1943*, S. 139.

Nachleben

Seite 246: »**Das wird Ihnen**«: Roland Kopp, *Vorgeschichte und Durchführung des Kriegsgerichtsverfahrens gegen Robert Dorsay im Jahr 1943*, Göttingen 2019, S. 9.

Seite 246: »**Ja, Dorsay**«: Ebd., S. 13.

Seite 247: »**Eigentlich ärgere ich mich**«: Ebd., S. 21 f.

Seite 247 f.: »**Im Film- und Theatersektor**«: Fröhlich (Hrsg.), *Die Tagebücher von Joseph Goebbels*, Teil II, Bd. 9, S. 288.

Seite 248: »**Viele Berliner Schauspieler**«: Elke Fröhlich (Hrsg.), *Die Tagebücher von Joseph Goebbels*, Teil II, Bd. 10, München 1994, S. 200.

Seite 249: »**Der Briefeingang**«: Ebd., S. 205.

Seite 249 f.: »**an die Erben**«: Das Original dieses Dokuments befindet sich im Institut für Zeitgeschichte, Archiv, Nachlass Walter Hammer, ED 106, Band 53.

Seite 250: »**Eine deutsche Zeitung**«: Bundesarchiv Berlin, ZSG 102.

Seite 250 f.: »**Es gibt sicher heute**«: Klemperer, *Tagebücher 1943*, S. 168.

Seite 252: **Am Abend des 10. März**: Vgl. Einsatzbericht, Archiv der Feuerwehr Klingenberg am Main 1864 e.V.

Seite 253: »**Eine Woche schon**«: Riehle, *Pál Kiss*, S. 29.

Seite 253: »**Eine Sendung scheint**«: Charlotte an der Heiden an Walter Hammer, 24. Juni 1956, Institut für Zeitgeschichte, Archiv, Nachlass Walter Hammer, ED 106, Bd. 52, Nr. 63.

Seite 256: »**Ich bin der Bruder**«: Rainer Blasius, »Auf dem richtigen Gleis«, in: *Frankfurter Allgemeine Zeitung*, 10. August 2009, S. 7.

Seite 257: »**Der Gefangene ist**«: The U.S. National Archives and Records, Record Group 65: Records of the Federal Bureau of Investigation: Entry A1 136-P, Box 213, File 56874, Section 001: Prochnow, Otto.

Seite 258: »**Die beiden noch lebenden**«: Rosemarie Kreiten an Kurt Behling, 4. August 1947, Bundesarchiv Koblenz, N 1253: Nachlass Kurt Behling.

Seite 258: »**Ich glaube, Tini**«: Annemarie Windmöller an Frau Unger, 17. Juli 1946, Nachlass Hermann Unger.

Seite 259: »**Ich lehnte diese Anzeige ab**«: Aussage Annemarie Windmöller, 30. Januar 1947, Landesarchiv NRW, Abt. Rheinland: Gerichte Rep. 231 Nr. 88.

Seite 260: »**Ich hatte sogar**«: Annemarie Windmöller an Christine von Passavant, 16. Oktober 1947, Nachlass Hermann Unger.

Seite 262: »**Sie habe am Morgen**«: Aussage Christine von Passavant,

14. Mai 1947, Landesarchiv NRW, Abt. Rheinland: Gerichte Rep. 231 Nr. 88.

Seite 264: **»Diese Unbeherrschtheit«**: Dr. Artur Meynen an Christine von Passavant, 31. März 1948, Nachlass Hermann Unger.

Seite 264: **»Es wird gleichfalls«**: Legal Adviser to the Regional Commissioner Land North Rhine an das Justizministerium des Landes Nordrhein-Westfalen, 30. November 1948, Abschrift in Nachlass Hermann Unger.

Seite 264: **»Wenn auch gegen die Beschuldigte«**: Verfügung vom 2. März 1949, Landesarchiv NRW, Abt. Rheinland: Gerichte Rep. 231 Nr. 88.

Seite 264: **»Ich versage es mir auch«**: Lambart (Hrsg.), *Tod eines Pianisten*, S. 134.

Seite 266: **»Psychisch waren erhebliche«**: Ärztlicher Bericht, 24. August 1946, Niedersächsisches Landesarchiv, NdS. 761 Hannover, Nr. 3/095: Krankenakte Wilhelm Röttger.

Seite 267: **»Nach meinem Befund«**: Ärztlicher Bericht, 19. August 1946, ebd.

Seite 269: **»Stünde Höfer heute vor mir«**: »Frühschöppner Höfer im Zwielicht«, in: *Bild am Sonntag*, 19. Februar 1978.

Seite 270: **»Man muss, man darf ihm«**: Harald Wieser, »Tod eines Pianisten«, in: *Der Spiegel*, Nr. 51/1987.

Seite 270: **»Ich ersuche den WDR«**: Lambart (Hrsg.), *Tod eines Pianisten*, S. 211.

Seite 270: **»Kannst du dir ein Leben«**: Christoph Amend, »Margot Friedländer. ›Ich bin nicht bitter‹«, in: *Zeitmagazin* Nr. 44/2021.

Seite 272: **»Hans Rosenthal hat«**: Ebd.

Seite 273: **»Hitler, Göring und Goebbels«**: Redemanuskript, Privatbesitz.

Quellenverzeichnis

Arolsen Archives, International Center on Nazi Persecution
International Tracing Service
0.4, 075/0767a: Durchführungsbestimmungen für Exekutionen.

Bundesarchiv Berlin
R 2/101754: Personalakte Dr. Paul Stenig
R 22/1318: Reichsjustizministerium
R 55/22729: Personalfragebogen Christine von Passavant
R 55/24384: Personalakte Christine von Passavant
R 3017/4240: Strafprozessakte Karlrobert Kreiten
R 3017/5416: Strafprozessakte Erich Perbandt
R 3017/20099: Strafprozessakte Karlrobert Kreiten
R 3001/80575: Personalakte Hermann Windmöller
R 9361/I/2554: NSDAP-Fragebogen Wilhelm Ott-Monecke
R 9361-II/1209193: Sachakte Hermann Windmöller
R 9361-III/155678: Sachakte Otto Prochnow
R 9361-III/548557: Personalakte Otto Prochnow
R 9361-V/25878: Sachakte Theodor Kreiten
R 9361-V/55727: Sachakte Rosemarie Kreiten
R 9361-V/84018: Sachakte Lubo D'Orio (d. i. Lubomir
    Wapordjeff)
R 9361-VI/8956: Sachakte Werner Höfer

R 9361-IX Kartei / 31420848: Willy Ott-Monecke
R 9361-IX Kartei / 48881183: Annemarie Windmöller
R 9361-IX Kartei / 48881205: Hermann Windmöller
PERS 6/193333: Personalakte Willy Ott-Monecke
Sammlung BDC / NS-Frauenschaft
ZSG 102: Sammlung Fritz Sänger zur Pressepolitik des
    NS-Staates

Bundesarchiv Koblenz
N 1253: Nachlass Kurt Behling
N 1262: Nachlass Fritz Sänger

Gedenkstätte Deutscher Widerstand
Gefangenenakte Karlrobert Kreiten

Feuerwehr Klingenberg am Main 1864 e. V., Archiv
Einsatzbericht 10./11.03.1944

Institut für Zeitgeschichte München, Archiv
ED 106, Band 52: Nachlass Walter Hammer
ED 106, Band 53: Nachlass Walter Hammer
ED 180, Band 6: Nachlass Herrmann Göring
NG 1007

**Landesarchiv Baden-Württemberg, Generallandesarchiv
    Karlsruhe**
503 Nr. 85: Gestapo-Einlieferungsbogen Karlrobert Kreiten

Landesarchiv Berlin
Personalakte Paul Stenig

P Rep. 559 Nr. 46: Sterbeurkunde Karlrobert Kreiten

Landesarchiv Nordrhein-Westfalen, Abteilung Rheinland
RW 0058 Nr. 36180: Gestapoleitstelle Düsseldorf
Gerichte Rep. 231 Nr. 88

Niedersächsisches Landesarchiv, Abteilung Hannover
Nds. 761 Hannover, Nr. 3/095: Krankenakte Wilhelm
Röttger

Privatbesitz
Nachlass Hermann Unger

Staatsarchiv Nürnberg
Nürnberger Prozessdokument NG 213: Wolfgang
Mettgenberg
Nürnberger Prozessdokument NG 435: Walter Strelow
Nürnberger Prozessdokument NG 696: Wolfgang
Mettgenberg
Nürnberger Prozessdokument NG 797: Hugo Suchomel

Stadtmuseum Düsseldorf
Nachlass Kreiten

The U.S. National Archives and Records / College Park, MD
Record Group 65: Records of the Federal Bureau of
Investigation: Entry A1 136-P, Box 213, File 56874,
Section 001: Prochnow, Otto

Bildnachweis

Literatur

Amend, Christoph: »Margot Friedländer. ›Ich bin nicht bitter‹«, in: *Zeitmagazin* Nr. 44/2021.

»An der Richtstätte kein Hitler-Gruß«, in: *Der Spiegel*, Nr. 8/1979.

Berthold, Willi: *Die 42 Attentate auf Adolf Hitler*, Wien 1997.

Blasius, Rainer: »Auf dem richtigen Gleis«, in: *Frankfurter Allgemeine Zeitung*, 10. August 2009, S. 7.

Boberach, Heinz (Hrsg.): *Meldungen aus dem Reich. Die geheimen Lageberichte des Sicherheitsdienstes der SS 1938-1945*, Bde. 12–15, Herrsching 1984.

Braun, Konstanze: *Dr. Otto Georg Thierack (1889–1946)*, Frankfurt/Main 2005.

Brysac, Shareen Blair: *Mildred Harnack und »die Rote Kapelle«. Die Geschichte einer ungewöhnlichen Frau und einer Widerstandsbewegung*, Berlin 2003.

Chaussy, Ulrich und Gerd R. Ueberschär: »*Es lebe die Freiheit!*« *Die Geschichte der Weißen Rose und ihrer Mitglieder. Ergänzt um historische Dokumente*, Frankfurt/Main 2013.

Demps, Laurenz (Hrsg.): *Luftangriffe auf Berlin. Die Berichte der Hauptluftschutzstelle 1940–1945*, Berlin 2012.

Diedrich, Torsten: *Stalingrad 1942/1943*, Stuttgart 2018.

Die Justiz. Monatsschrift für Erneuerung des deutschen Rechtswesens, Band VII, Heft 10/11, Berlin 1932.

Dodd, Martha: *Nice to meet you, Mr. Hitler! Meine Jahre in Deutschland 1933 bis 1937*, Berlin 2005.

Doerner, Karl (Hrsg.): *Reichsstrafprozessordnung. Nebst Gerichtsverfassungsgesetz und den wichtigsten Nebengesetzen*, Berlin 1943.

Dolezal, Joseph: *Im Todeshaus. Oberregierungsrat Paul Vacano*, Berlin 2013.

Ebert, Jens (Hrsg.): *Feldpostbriefe aus Stalingrad*, Göttingen 2003.

Elbers, Helmut: *Intentionen, Entstehungsprozess und Wirkung von Victor Klemperers ›LTI‹*, Duisburg 1999.

Fischer-Hupe, Kristine: *Victor Klemperers ›LTI. Notizbuch eines Philologen‹. Ein Kommentar*, Hildesheim 2001.

»Freisler verstand ihn nicht«, in: *Der Spiegel*, Nr. 51/1947.

Friedländer, Margot: *Versuche, dein Leben zu machen. Als Jüdin versteckt in Berlin*, Reinbek bei Hamburg 2010.

Fröhlich, Elke (Hrsg.): *Die Tagebücher von Joseph Goebbels*, Teil I, Bd. 1/III, München 2004.

Fröhlich, Elke (Hrsg.): *Die Tagebücher von Joseph Goebbels*, Teil I, Bd. 2/II, München 2004.

Fröhlich, Elke (Hrsg.): *Die Tagebücher von Joseph Goebbels*, Teil I, Bd. 2/III, München 2006.

Fröhlich, Elke (Hrsg.): *Die Tagebücher von Joseph Goebbels*, Teil I, Bd. 3/II, München 2001.

Fröhlich, Elke (Hrsg.): *Die Tagebücher von Joseph Goebbels*, Teil I, Bd. 4, München 2000.

Fröhlich, Elke (Hrsg.): *Die Tagebücher von Joseph Goebbels*, Teil II, Bd. 3, München 1994.

Fröhlich, Elke (Hrsg.): *Die Tagebücher von Joseph Goebbels*, Teil II, Bd. 7, München 1993.

Fröhlich, Elke (Hrsg.): *Die Tagebücher von Joseph Goebbels*, Teil II, Bd. 8, München 1993.

Fröhlich, Elke (Hrsg.): *Die Tagebücher von Joseph Goebbels*, Teil II, Bd. 9, München 1993.

Fröhlich, Elke (Hrsg.): *Die Tagebücher von Joseph Goebbels*, Teil II, Bd. 10, München 1994.

»Frühschöppner Höfer im Zwielicht«, in: *Bild am Sonntag*, 19. Februar 1978.

Gersdorff, Rudolf-Christoph Freiherr von: *Soldat im Untergang*, Frankfurt/Main 1977.

Gostomski, Victor von und Walter Loch: *Der Tod von Plötzensee*, Meitingen 1969.

Gottschalk, Maren: *Wie schwer ein Menschenleben wiegt. Sophie Scholl. Eine Biografie*, München 2020.

Gribbohm, Günter: »Der Volksgerichtshof«, in: *Juristische Schulung*, 1969, S. 55 ff. und S. 109 ff.

Gundlach, Anton und Albert Panzer: *Peter Buchholz. Der Seelsorger von Plötzensee*, Meitingen 1964.

Hassell, Ulrich von: *Vom anderen Deutschland. Aus den nachgelassenen Tagebüchern 1938-1944*, Frankfurt/Main 1964.

Höfer, Werner: »Künstler – Beispiel und Vorbild«, in: *12 Uhr Blatt*, 20. September 1943.

Huber, Wolfgang (Hrsg.): *Die Weiße Rose. Kurt Hubers letzte Tage*, München 2018.

Hüttl, Tina und Alexander Meschnig (Hrsg.): *Uns kriegt ihr nicht. Als Kinder versteckt – jüdische Überlebende erzählen*, München 2013.

Jochmann, Werner (Hrsg.): *Adolf Hitler, Monologe im Führerhauptquartier 1941-1944. Aufgezeichnet von Heinrich Heim*, München 2000.

Kater, Michael: *Gewagtes Spiel. Jazz im Nationalsozialismus*, München 1998.

Kästner, Erich: *Das blaue Buch. Geheimes Kriegstagebuch 1941–1945*, Zürich 2018.

Klemperer, Victor: *LTI. Notizbuch eines Philologen*, Stuttgart 2020.

Klemperer, Victor: *Tagebücher 1942*, Berlin 1999.

Klemperer, Victor: *Tagebücher 1943*, Berlin 1999.

Kopp, Roland: *Vorgeschichte und Durchführung des Kriegsgerichtsverfahrens gegen Robert Dorsay im Jahr 1943*, Göttingen 2019.

Kreiten, Theo: *Wen die Götter lieben. Erinnerungen an Karlrobert Kreiten*, Düsseldorf 1947.

Krenek, Ernst: *Im Atem der Zeit. Erinnerungen an die Moderne*, Wien 2012.

Krüger, Peter: »Etzels Halle und Stalingrad. Die Rede Görings vom 30.1.1943«, in: Joachim Heinzle und Anneliese Waldschmidt (Hrsg.), *Die Nibelungen. Ein deutscher Wahn, ein deutscher Albtraum. Studien und Dokumente zur Rezeption des Nibelungenstoffs im 19. und 20. Jahrhundert*, Frankfurt/Main 1991, S. 151–192.

Kube, Alfred: *Pour le mérite und Hakenkreuz. Hermann Göring im Dritten Reich*, München 1987.

Kugel, Wilfried: *Der Unverantwortliche. Das Leben des Hanns Heinz Ewers*, Düsseldorf 1992.

Lange, Eitel: *Der Reichsmarschall im Kriege*, Stuttgart 1950.

MacDonogh, Giles: »Otto Horcher. Caterer to the Third Reich«, in: *Gastronomica*, Vol. 7, Nr. 1 (Winter 2007), S. 31–38.

Mangoldt, Ursula von: *Auf der Schwelle zwischen Gestern*

und Morgen. Begegnungen und Erlebnisse, Weilheim 1963.

Maser, Werner und Harald Poelchau: *Der Mann, der tausend Tode starb*, Rastatt 1982.

Matthäus, Jürgen und Frank Bajohr (Hrsg.): *Alfred Rosenberg. Die Tagebücher von 1934 bis 1944*, Frankfurt/Main 2015.

Moltmann, Günter: »Goebbels' Rede zum totalen Krieg am 18. Februar 1943«, in: *Vierteljahreshefte für Zeitgeschichte*, Bd. 12, 1964, Heft 1, S. 13–43

»Die Nacht als die Henker kamen«, in: *Bunte*, 15. Mai 1985, S. 174 f.

Oleschinski, Brigitte: *Mut zur Menschlichkeit. Der Gefängnisgeistliche Peter Buchholz im Dritten Reich. Dokumentation zu Leben und Wirken des Gefängnisseelsorgers Peter Buchholz (1888 bis 1953)*, Königswinter in Geschichte und Gegenwart, Heft 4, Januar 1991.

Ortner, Helmut: *Der Hinrichter. Roland Freisler – Mörder im Dienste Hitlers*, Wien 1993.

Panter, Peter (d. i. Kurt Tucholsky): »In der Strafkolonie«, in: *Die Weltbühne*, 3. Juni 1920, Nr. 23, S. 655.

Picker, Henry (Hrsg.): *Hitlers Tischgespräche im Führerhauptquartier*, München 1979.

Piper, Ernst: *Alfred Rosenberg. Hitlers Chefideologe*, München 2005.

Poelchau, Harald: *Die letzten Stunden. Erinnerungen eines Gefängnispfarrers*, Berlin 1987.

Poelchau, Harald: *Die Ordnung der Bedrängten. Erinnerungen des Gefängnisseelsorgers und Sozialpfarrers (1903–1972)*, Teetz 2004.

Polster, Bernd (Hrsg.): *Swing Heil. Jazz im Nationalsozialismus*, Berlin 1989.

Ramm, Arnim: *Der 20. Juli vor dem Volksgerichtshof*, Berlin 2007.

Reich-Ranicki, Marcel: *Mein Leben*, Stuttgart 1999.

Rem, Tore: *Knut Hamsun. Die Reise zu Hitler*, Berlin 2016.

Riehle, Klaus: *Pál Kiss. Gefangener Nr. 193272*, Wien 2017.

Riess, Curt: *Joseph Goebbels. Eine Biographie*, Baden-Baden 1950.

Rosenman, Samuel I. (Hrsg.): *The public papers and addresses of Franklin D. Roosevelt*, 1943 Volume, New York 1950.

Rosenthal, Hans: *Zwei Leben in Deutschland*, Bergisch Gladbach 1980.

Salomon, Ernst von: *Der Fragebogen*, Reinbek bei Hamburg 2003.

Schäfer, Hans Dieter: *Das gespaltene Bewußtsein. Vom Dritten Reich bis zu den langen Fünfziger Jahren*, Göttingen 2009.

Schlabrendorff, Fabian von: *Offiziere gegen Hitler*, Frankfurt/Main 1959.

Schlabrendorff, Fabian von: *Begegnungen in fünf Jahrzehnten*, Tübingen 1979.

Scholl, Inge (Hrsg.): *Die Weiße Rose*, Frankfurt/Main 1993.

Schott, Susanne: *Curt Rothenberger. Eine politische Biographie*, Univ. Diss., Halle 2001.

Schröder, Nina: *Hitlers unbeugsame Gegnerinnen. Der Frauenaufstand in der Rosenstraße*, München 2001.

Schumann, Coco: *Der Ghetto-Swinger. Eine Jazzlegende erzählt*, München 1998.

Sennewald, Michael: *Hanns Heinz Ewers. Phantastik und Jugendstil*, Meisenheim am Glan 1973.

Speer, Albert: *Erinnerungen*, Berlin 2007.

Stiftung Topographie des Terrors (Hrsg.), *Das »Hausgefäng- nis« der Gestapo-Zentrale in Berlin. Terror und Widerstand 1933–1945*, Berlin 2005.

Tiger, Theobald (d. i. Kurt Tucholsky): »Literatur-Walzer«, in: *Die Weltbühne*, 18. November 1920, Nr. 47, S. 586.

Tomescheit, Wiebke: »Robert Dorsay: Der Mann, der wegen eines Witzes sterben musste«, in: *Stern*, 23. August 2022.

Tuchel, Johannes: *Hinrichtungen im Strafgefängnis Berlin- Plötzensee 1933 bis 1945 und der Anatom Hermann Stieve*, Berlin 2019.

Tuchel, Johannes (Hrsg.): »*... und ihrer aller wartete der Strick«. Das Zellengefängnis Lehrter Straße 3 nach dem 20. Juli 1944*, Berlin 2014.

»Verordnung über das Sonderstrafrecht im Kriege und bei besonderem Einsatz«, 17. August 1938, in: *Reichsgesetz- blatt I*, S. 1455–1457.

Wagner, Walter: *Der Volksgerichtshof im nationalsozialis- tischen Staat. Mit einem Forschungsbericht für die Jahre 1974 bis 2010 von Jürgen Zarusky*, München 2011.

Waltenbacher, Thomas: *Zentrale Hinrichtungsstätten. Der Vollzug der Todesstrafe in Deutschland von 1937–1945*, Berlin 2008.

Wassiltschikow, Marie: *Die Berliner Tagebücher der Marie »Missie« Wassiltschikow*, Berlin 1991.

Wieser, Harald: »Tod eines Pianisten«, in: *Der Spiegel*, Nr. 51/1987.

Wolffram, Knud: »Ein Bulgare in Berlin. Die Geschichte des Lubo D'Orio«, in: *Fox auf 78*, Frühjahr 1990, S. 8–11.

Wolffram, Knud: *Tanzdielen und Vergnügungspaläste. Berliner*

Nachtleben in den dreißiger und vierziger Jahren, Berlin 2001.

Zankel, Sönke: »Vom Helden zum Hauptschuldigen – Der Mann, der die Geschwister Scholl festnahm«, in: Elisabeth Kraus (Hrsg.), *Die Universität München im Dritten Reich, Aufsätze. Teil I*, München 2006, S. 581–608.

Zuckmayer, Carl: *Geheimreport*, München 2007.

»Zum Tode verurteilt. Wegen Feindbegünstigung«, in: *12 Uhr Blatt*, 15. September 1943.